中国とインドの
経済発展の衝撃

横川信治・板垣 博 編

御茶の水書房

はしがき

　近年めざましい経済発展を遂げ、BRICs と称されて注目を浴びている 4 カ国の中にあって、中国とインドの存在感は際だっている。その理由として、まずは巨大な人口が挙げられる。2008 年の人口は、中国が 13 億 4 千万人、インドが 11 億 9 千万人に対して、ブラジルは 1 億 9 千万人、ロシアは 1 億 4 千万人と、両国は BRICs の中で桁が一つ違う。中国とインドだけで世界の推計総人口 67 億 5 千万人の実に 37％を占めている計算になる。しかも、アジアはもちろんのこと、北米、欧州、中東、アフリカと文字通り世界中の至る所で様々な形で生計を営んでいる中国人とインド人の姿を見ることができる。これも、本国での人口の大きさをさらに強調する効果があるだろう。

　次に国内経済規模の大きさであり、この点では中国が抜きんでいる。2007 年の米ドル換算による名目 GDP（国内総生産）で BRICs 4 カ国を比較すると、中国 3 兆 4,000 億ドル、インド 1 兆 1,400 億ドル、ブラジル 1 兆 3,000 億ドル、ロシア 1 兆 2,900 億ドルとなっている。中国は今やアメリカ（13 兆 7,800 億ドル）、日本（4 兆 3,900 億ドル）に次ぐ経済規模（GDP）を誇っており、経済成長率の差をみれば日本を追い越し、世界第 2 位の地位を獲得するのは時間の問題である。

　BRICs はいずれも高い経済成長率を達成しているが、本格的に市場経済への道を歩み出した後の成長率では、やはり中国とインド、なかでも中国の成長率が突出している。すなわち、1990 年から 2007 年の間の GDP は、中国が 8.4 倍、インドが 3.5 倍に拡大しているのに比して、ブラジルは 2.7 倍、ロシアは 2.3 倍である。

　国際貿易の面での大きさにおいても、中国が抜きんでいる。2007 年の輸出額（米ドル換算）は、中国 1 兆 2 千万ドル、ロシア 3,520 億ドル、ブラジル 1,600 億ドル、インド 1,450 億ドルの順であり、輸入額では中国 9,562 億ドル、インド 2,155 億ドル、ロシア 1,997 億ドル、ブラジル 1,266 億ドル

の順となる。中国は、世界の総輸出の9.4%、総輸入の7.3%を占めており、世界第1位の輸出国であり、アメリカ、ドイツに次ぐ第3位の輸入国である。また、中国とインドを足すと世界の輸出と輸入のそれぞれ1割強と1割弱を占める計算になる（以上はいずれも総務省統計局『世界の統計2009』のデータ、あるいはそれを用いて計算したものである）。

　中国とインドのインパクトは、こうした量的側面だけでなく、質的な意味でも大きい。両国とも何千年という長い歴史を有し、それぞれ古代文明発祥の地でありながら、19世紀以降はともに苦難の道を歩み、20世紀の最後になってようやく世界経済の中で急速にプレゼンスを高めることに成功した。とりわけ中国の場合、20世紀の節目節目で「眠れる獅子」がいつ目覚めるかと注目されながら、経済的にはまどろみ続けてきた。その眠れる獅子がいよいよほんとうに覚醒したのである。古代文明を築き上げ、文化・芸術・学問・宗教など様々な領域で多大な影響を世界に及ぼしてきた「眠れる獅子」と「眠れる像」が目覚め、経済大国としての威容を顕わにしつつあるというのは、それだけで世界史上の事件である。

　また経済面では、その技術吸収能力にも目を見張るものがある。コピー製品の氾濫で悪名高い？　中国であるが、裏を返せばその技術吸収力の高さを示している。ただ、一言付け加えておくと、コピー製品は何も中国の専売特許ではない。かつて猿まねと欧米諸国に揶揄された日本、その日本企業が悩まされてきた韓国・台湾のコピー製品、そして今ではオリジナリティの元祖のような顔をしているアメリカですら19世紀にはヨーロッパから物まねと批判されたことを想起すればよい。アメリカも日本も物まねの中からやがてオリジナリティを獲得したのである。それはともかく、中国の技術吸収能力＝コピー製品の氾濫は、こうした先輩たちに比べても隔絶している感がある。その結果、オートバイのコピー製品とコピー部品に悩まされたあげく、それらのコピー・メーカーをオートバイ生産の合弁相手や部品の調達先として取り込んだ本田のような事例まで現れた。インドの技術吸収能力も侮れない。インドのバンガロールを中心としたIT産業の発展はつとに知られているが、製造業においても、たとえば中国が未だに苦戦している乗用車の対先進国輸出では、ヨーロッパ向けを中心に一歩も二歩も先を行っている。

製造業における技術吸収力の中国とインドの違いを印象論風に纏めると、次のような対比が描けるのではないか。中国は一般にコピー製品の機能・品質にはあまり頓着せずに形状をまねて、すばやくビジネスチャンスをつかもうとする。インドの方は、自動車やオートバイに代表されるように、基礎的な部品から技術を積み上げて製品化していく傾向がみられる。こうしたインドのあり方は、先進国の製品を分解して機能・素材のレベルからコピーし追体験するいわゆるリバース・エンジニアリングによって技術を蓄積したかつての日本と一脈通じるところがある。時間はかかるかもしれないが、一部の製造業では将来むしろインドに軍配が上がる可能性もある

　ただし、注意すべきなのは、急速に発展しつつある国家の姿は、ちょうど望遠鏡で近くのものを見るときのように、実際以上に大きく見えるということである。一方、成熟し成長の度合いが遅くなった国の姿は、望遠鏡を逆さまにして見るときのように実態よりも過小評価されがちである。前者が中国とインド、後者が日本である。1人あたりGDPを比較すれば、日本の3万4,300米ドルに対して、中国は2,600米ドル、インドは976米ドルに過ぎない（2007年。前出『世界の統計2009』より）。むろん中国とインドを侮るのは禁物だが、過大評価による一面的な脅威論や過小評価による日本だめ論も頂けない。

　本書のベースになったのは、こうした中国とインドの質量両面にわたる強烈なインパクトを正面から論じようと、市民の方々を対象に開催された武蔵大学イブニングスクールという名称の連続講演会である（テーマ『グローバリゼーション下のアジア：中国とインドの経済発展の衝撃』開催期間：2008年2月29日～3月28日）。幸いにしてこの企画はたいへん好評を博した。そこで、講演内容を論文として纏め、それに加えて中国とインドの経済・経営に造詣の深い世界の第1線で活躍している研究者達にも寄稿してもらい1冊の書物として編まれたのが本書である。

　本書の構成は以下の通りである。

　第1章「中国とインドの工業化の衝撃」（横川信治著）は、アジアの経済発展を、動学的比較優位論や雁行型発展論など代表的な経済発展理論と関連

づけながら解き明かそうとする試みである。そうした文脈の中で、産業構造の変化、産業・貿易・技術政策、国際的な通貨体制、景気循環を焦点としながらアジアの経済発展の特徴と構造が論じられている。

　第2章「中国とインドの再台頭──先進国への影響」（ボブ・ローソン著、横川信治訳）は、中国とインドの経済発展と今後の見通しをデータに基づき概観した後、それが先進国にどのような影響を与えるかを、比較優位の変化、希少資源の需給関係、交易条件、直接投資の効果、政治と環境問題などを軸に考察している。

　第3章「中国経済発展の最近の特徴と日本経済に与える影響について」（苑志佳著）は、時系列および国際比較からみた中国経済発展の成果を確認した後、産業構造と対外開放政策、所有構造をはじめとする企業経営・労働環境・通貨政策といった多岐の論点にわたって最近の変化を論じつつ、最後に貿易・直接投資・企業間競争の面からその発展が日本に与える影響について考察している。

　第4章「日本企業 in 中国」（板垣博著）は、まず日本企業による対中国投資の推移と現状を投資の2大支柱である電機と自動車産業を軸に概観し、次いで中国における日本企業の経営の特徴を、戦略的位置づけ、現地経営陣の構成、人事管理などに焦点を据え、かつアメリカ企業などと比較しつつ考察し、最後にこうした特徴と関連づけながら日本企業が直面する課題とその解決策を論じている。

　第5章「グローバル化とインドの経済自由化」（二階堂有子著）は、独立後の経済的停滞から急速な成長によって世界的注目を浴びるに至るまでのインド経済の推移と、製造業に比してサービス部門の比重が高い現状を、時代ごとの経済政策および需要と供給の特徴と関連づけながら論じた後、貿易・直接投資・包括的経済協力とODAの各側面から日本との関係を考察している。

　第6章「東アジアに関する金融アーキテクチャー──展望と課題」（大野早苗著）は、まず資本規制の撤廃とアジアにおける金融危機との関連をいわゆる国際金融のトリレンマ（金融政策の独立性・自由な資本移動・通貨価値の安定性の3つの同時達成は不可能であるとする命題）のフレームワークの

中で論じ、次いで中国が直面する課題とそこから派生する危機を未然に防ぐには何をすべきかを、過剰流動性、資本取引の自由化、累増する外貨準備を中心に考察している。

第7章「国際金融危機：金融システムのグローバル化と中国——機関投資家の変貌」（丸淳子著）は、経済成長と証券市場の関係、金融グローバル化における機関投資家の機能、1997年のアジア通貨危機と証券市場という3つの側面からみたタイ・マレーシアなど東アジアの経験を踏まえつつ、極めて慎重に金融市場の規制緩和を進めようとしている中国の現状を機関投資家を軸に分析している。

第8章「グローバル金融恐慌：発展途上国とインド」（ジョッティ・ゴーシュ、C.P.チェンドラシェーカー著、横川信治訳）は、今回の金融危機が、発展途上国一般に、そしてインドに与えた衝撃と影響を論じている。発展途上国に与えた衝撃では恐慌の同時性・伝播機構・IMFの政策が議論され、インドについては、高成長の要因と関連づけながら、恐慌が商品とサービスの輸出・送金・資本市場・生産と雇用・生活条件・金融などの諸側面に及ぼした衝撃と、政府の対応策が論じられている。

本書を読み進めると、中国とインドの経済発展という、ともするとセンセーショナルになりがちなテーマが、しっかりとした理論的フレームワークや客観的な事実に基づいて、複合的な視点から冷静に論じられていることがおわかり頂けると思う。本書が、大きな金融・経済危機と、世界の中で日本・NIEs・ASEAN・中国・インドと続くアジアの比重と役割が飛躍的に高まるという、歴史的転換期を経験されつつある読者に対して、来し方を振り返りながら現状を見つめ、未来を展望する一助になればと願っている。

最後になったが、編者の勤務先である武蔵大学から「総合研究所プロジェクト助成金」と「公開講座・イブニング講座叢書助成金」を受けたことを記して感謝したい。また、本書の出版を快諾され、校正にいたるまで手厚くお世話いただいた御茶の水書房の橋本盛作氏と小堺章夫氏に心からお礼を申しあげる。

2010年1月　　　　　　　　　　　　　　　　　　板垣　博・横川信治

中国とインドの経済発展の衝撃
目　次

目　次

はしがき ………………………………………………………………… i

第1章　中国とインドの工業化の衝撃 ……………… 横川 信治　1

   1　はじめに　1
   2　東アジアの奇跡　2
   3　比較優位論の動態化　4
   4　キャッチアップ型工業化　11
   5　階層的国際通貨体制と金融の自由化　18
   6　世界恐慌と多極的世界システム　25
   7　結論　31

第2章　中国とインドの再台頭 ──先進国への影響──
   ………………………………… ボブ・ローソン著　横川信治訳　37

   1　中国とインドの再台頭　38
   2　先進国経済への衝撃　45
   3　政治と環境　57
   4　結論　59
   付録　中国とインドの成長予測　63

第3章　中国経済発展の最近の特徴と
      日本経済に与える影響について ……… 苑 志佳　65

   1　はじめに　65
   2　中国経済の達成　66
   3　最近の中国経済における構造変化　70
   4　おわりに──日本経済に与える影響について　88

第4章　日本企業 in 中国 ……………………………… 板垣 博　97

   1　はじめに：中国拠点の重要性　97

2　日本企業による直接投資の推移と概要　98
　3　家電産業：日本企業の中国進出と中国企業の台頭　103
　4　自動車産業：グローバル企業の戦場と台頭する民族系企業　108
　5　中国における日本企業の経営　111

第5章　グローバル化とインドの経済自由化　‥二階堂 有子　127

　1　はじめに　127
　2　インドが注目を浴び始めた背景　128
　3　インド経済の長期的動向と時期区分　133
　4　経済発展の源泉　145
　5　日本との関係　152
　6　おわりに　157

第6章　東アジアに関する金融アーキテクチャー
　　　　――展望と課題――　………………………… 大野 早苗　163

　1　はじめに　163
　2　国際金融のトリレンマとアジア諸国の通貨制度　164
　3　過剰流動性問題　174
　4　中国における海外資本取引の自由化　178
　5　累増する外貨準備　186
　6　今後の中国の課題――金融制度改革と日中を含めたアジアの通貨制度の行方　190

第7章　国際金融危機：金融システムのグローバル化と中国
　　　　――機関投資家の変貌――　………………………… 丸 淳子　199

　1　はじめに：金融市場のグローバル化と金融危機　199
　2　金融システムの2つの類型：資本市場中心と銀行中心の変質　201
　3　東南アジアの金融グローバル化と海外機関投資家　205
　4　中国の証券市場：国有企業の株式会社化と証券市場の機能　215
　5　中国国内証券市場におけるプレーヤーとしての機関投資家　220

 6 海外市場における中国の機関投資家・投資機関　225
 7 おわりに：金融危機後の規制改革と中国　228

第8章　グローバル金融恐慌：発展途上国とインド
………… ジョッティ・ゴーシュ、C.P.チャンドラシェーカー著
横川信治訳　233

 1 発展途上国に対する衝撃　233
 2 インド経済に対する衝撃　245

索　引　261
執筆者紹介　267

第1章

中国とインドの工業化の衝撃

横川 信治

1 はじめに

　アンドルー・グリン（Glyn 2006）は、「現在予想される中国の成長は、世界経済の他のすべての傾向を矮小化する」と書いた（グリン、翻訳112ページ）。100年に一度と言われているサブプライム・ローン危機以前に書かれたにもかかわらず、その確信を本書でも共有できる。資本主義による工業化が本格化する前の1820年には、中国とインドの国民所得は世界 GDP のそれぞれ28.7％と16.0％を占め3位以下に圧倒的な差をつけて世界1位と2位であった[1]。その後本格化する資本主義化・工業化によって、両国の GDP は人口のはるかに少ない英・米・独・日に追い抜かれ、また一人当たり GDP ではヨーロッパ・南北アメリカ・アジアのほとんどの国に追い抜かれた。その両国の GDP が30年後には再び1位と2位に返り咲く。サブプライム・ローン危機は、中国とインドの工業化を遅らせるというよりは、むしろ経済と政治の両面にわたって両国の世界に与える衝撃ををより大きなものにするのではないかと考えられる。

　アジアの工業化の研究は、従来次のような概念をキーワードとしてきた。

「東アジアの奇跡」（世界銀行 1994）「キャッチアップ型工業化」（末廣 2000）「雁行型発展」（Akamatsu 1962、赤松 1965）。これらの概念は、アメリカを中心とする現在の資本主義世界システムを前提に、英・米型の資本主義の発展をベンチ・マークとして、アジアの工業化を比較・検討するものである。現在進行しつつある中国とインドの工業化はこのような概念の枠組みに収まらず、研究の枠組み自体の再検討を必要とする。第1に、介入主義的な産業・貿易・技術政策（以下 ITT 政策）は、東アジアに独自な特殊な開発戦略であったのか。第2に、キャッチアップ型工業化または雁行型発展は、比較優位を前提としているが、この比較優位とリカード（Ricardo 1817）の比較優位は同じものなのか。第3に、雁行型発展は、先進国へのキャッチアップ（コンバージョン）と、先進国による引き離し（ダイバージョン）の組み合わせで、キャッチアップ国が先進国をとび越えない経済発展である。アメリカ合衆国がイギリスを追い越したような、キャッチアップ国が最先端国を追い越す不均衡発展との関係をいかに理論化できるのか。

以下、第2節で東アジアの奇跡を資本主義化・工業化の歴史の中に位置づけ、第3節で比較優位論の動学化を試み、第4節で雁行型発展とその変化を検討する。中国とインドの工業化が資本主義世界システムに与える衝撃を検討するため、第5節では国際通貨体制の変化を検討し、最後に現在のサブプライムローン危機を歴史的に位置づける。

2　東アジアの奇跡

1980年代から90年代にかけて経済学において最も物議をかもした論争の一つは「東アジアの奇跡」である。特に、日本・韓国・台湾の経済成長と介入主義的な ITT 政策・制度の関係に関する論争であった。新自由主義の経済学者（新古典派経済学）は初期には、これらの国においては介入主義的な ITT 政策・制度が少なく、自由貿易・自由市場政策をとったことが経済発展の原因であると論じた（Chang 2002、チャン 2009）。比較の対象となったのは、介入主義的な輸入代替政策をとっていた中南米・インドや計画経済を

採用していたソビエト・中国等であった。

　反対派（ケインズ派・制度学派・マルクス学派を含む非新古典派経済学）は、東アジア諸国で使われた介入主義的な ITT 政策・制度が経済発展の鍵であると主張し、東アジアにおける介入主義的な ITT 政策・制度が東アジアの経済発展に重要な役割を果たしたことを、多くの資料で実証した。これらの証拠を目の当たりにして新自由主義者は、介入主義的な ITT 政策・制度の成功を認めざるを得なくなった。そこでこの成功を、東アジアの歴史的・社会的・文化的な特殊事情による例外、「奇跡」であると主張した（チャン、翻訳 i ページ）。

　経済発展にとって保護主義が有効か自由主義が有効かという問題は、日本においてもリスト（List 1885）とスミス（Smith 1904）およびリカード（Ricardo 1817）との対立として戦前から経済学の最も重要な問題とされてきた。19 世紀後半においても 20 世紀後半においても最先進国（それぞれイギリスとアメリカ合衆国）は自由主義政策をとっていたことから、古典派や新古典派のように、自由主義こそが最善の政策・制度であるという結論を引き出すことはたやすい。しかし、問題はそれらの国が、発展途上にあるときにどのような政策をとっていたかである。

　ハジュン・チャンは、「東アジア諸国だけではなく現在の富裕国のほぼすべてが、発展途上であったときに東アジア型の貿易・産業政策を使った」ことを詳細な文献調査によって実証した（チャン、翻訳 ii ページ）。この結果、東アジアの特殊な政策と思われていたものが「18 世紀のイギリスから現在の中国まで、発展に成功したほぼすべての国が使用した一般的な政策」であることが判明した（同上）。介入主義的な ITT 政策・制度は、成功のための十分条件ではないが必要条件なのである。チャンのこの発見の意義は大きい。

　それでは、自由主義に対する信仰は、どこから生まれたのであろうか？この問題に対する、チャンの解答も非常に明快である。チャンによれば、工業化に成功した諸国は、先進国の仲間入りを果たすと、自由貿易政策と自由市場政策を支持したのである。これらの国は、第 2 次世界大戦以前には途上国を植民地化あるいは半植民地化し、保護主義を禁止し、自由主義政策を強制した。自らが途上国であったときに使った保護主義というはしごを蹴り外

し、キャッチアップを困難にしたのである。チャンは、現在の富裕国も、1980年代からIMF・OECD・WTOなどの国際機関を通じて、途上国に自由主義政策（ワシントン・コンセンサス）の採用を勧告することによって、はしごを蹴り外していると主張している（同上）。発展段階では保護主義をとり、先進国になると自由主義を支持するという富裕国の二重性を明らかにすることによって、リストかスミス＝リカードかという難問に明快な答えを与えたと評価できる。

東アジアの経済発展が奇跡ではなく、介入主義的なITT政策・制度を工業化に成功したほぼすべての国がとったことが明らかになったことで、中国とインドの工業化の分析と評価も、介入主義的なITT政策・制度から自由主義・自由貿易政策・制度への変換による成功ではなく、1970年代までのITT政策・制度と1980年代以降のITT政策・制度の違いを比較・検討するという視角からなされなければならないことになる。

3　比較優位論の動態化

(1)　リカードの静態的比較優位論

リカード（Ricardo 1817）の比較優位論によれば、すべての部門において生産性が劣っている国と優れている国の2国間でも、部門間の生産性に相対的な違い（比較優位）がある限り、貿易によって利益が得られる。リカードの理論には2つの難点がある。

第1に、それぞれの国が相対的に生産性の高い部門に特化すると、2国を合わせた総生産量は当然増大する（絶対的利益）。しかしながら、貿易を通じて得られる相対的利益は交易条件に依存するので、この絶対的利益を両国が平等に享受できるとは限らない。

第2に、現時点での比較優位を前提とする静態的な比較優位は、長期的にみると経済発展にとって必ずしも有利にはならない可能性がある。例えば、現時点で一国が農業に他国が工業に比較優位を持つとする。それぞれ農業と工業に特化することによって総生産量は増大する。また交易条件が適切に決

定されると両国はともに相対的利益を享受することができる。しかし長期的にみれば、収穫逓減の農業に特化した国は、収穫逓増の工業に特化した国と比べて不利になる。

この点を詳しく検討しよう。例えば、農業の生産性が上昇せず、工業の生産性が2倍になったとする。国内であれば、相対価格に変化のない間は、一時的に工業に特別利潤が発生する。しかし、利潤を最大化しようとする資本間の競争で工業部門と農業部門の利潤率が均等化されると、この工業製品の相対価格が下落する。この工業製品が賃金財である場合には、実質賃金に変化がない限り、貨幣賃金が低下し、平均利潤が増大することになる。賃金の低下を通じて、工業部門における生産性の上昇の恩恵を平均利潤率の上昇の形ですべての部門の資本が共有することになる（相対的剰余価値の生産）。

国際間では、このような価格メカニズムが働くのは困難である。例えば、農業に特化した国で生産性が上昇せず、工業に特化した国で生産性が2倍になったとする。工業国では生産性の上昇の結果、まず特別利潤の増大で一部の資本の利潤率が上昇し、続いて賃金財価格の下落による相対的剰余価値の生産を通じてすべての資本の利潤率が上昇する。しかしながら、農業国が工業国の生産性上昇の恩恵をこうむる可能性は少ない。第1に、この生産方法（または新商品）が国際的に普及するのに国内より時間がかかるので、この商品の国際価格が下落するのに長い時間がかかる。第2に、この農業国がこの工業製品を国内生産できる場合には、工業製品の農業製品に対する相対価格は時間はかかっても下落する可能性はある。しかし、農業に完全に特化している場合には、輸入される工業製品の相対価格が全く低下しない場合もありうる。いずれの場合も、国際貿易では交易条件の慣性が働き、国内と比べると価格メカニズムは十分に働かない。この結果、農業国は工業国での生産性上昇の恩恵をほとんど受けないことになる。他方、工業国は、農業国との国際貿易を通じて、より少ない労働で原料や食料品を手に入れることができることになる。これは賃金財の生産性が上昇したのと同じ効果を与え、工業国の資本は、さらに多くの相対的剰余価値を得ることになる。動学的にみれば、生産性上昇率の高いダイナミックな産業に特化した国の交易条件が有利になり、より多くの相対的利益を得るのである。静態的な比較生産費説に基

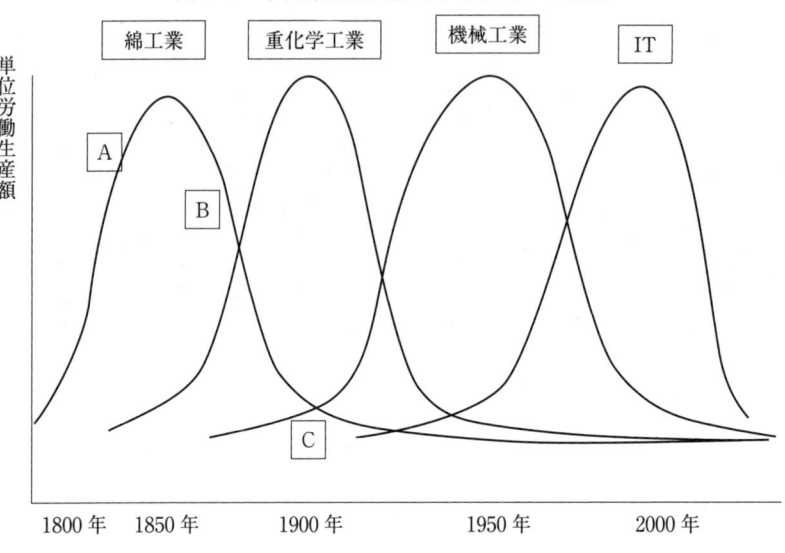

図1-1 単位労働生産額とダイナミック産業

づくリカードの自由貿易は、このようにして二重の意味で工業国に相対的剰余価値の生産を可能にするのである。

　リストやチャンの自由貿易批判は、生産性の上昇を視野に入れた長期的な比較優位の観点からリカードの現状の国際関係維持を前提とする静態的な比較優位を批判したものと考えることができる。次に、リストやチャンの批判を動学的比較優位論として理論的に再構成しよう。

(2) 単位労働生産額

　富裕国になるためになぜ工業化が必要なのであろうか？　チャンやリストが対象としたのは、農業中心の経済から収穫逓増の工業への産業構造の高度化であった。それでは、例えば19世紀後半のいずれも収穫逓増産業である綿工業から重化学工業への高度化に関しては、どのように説明できるであろうか？

　ここで重要な概念として単位労働生産額を導入しよう（図1-1）。単位労働生産額とは1単位の労働によって生産される付加価値である。それは1単位の労働によって生産される製品の量に製品単価の付加価値部分を掛けたも

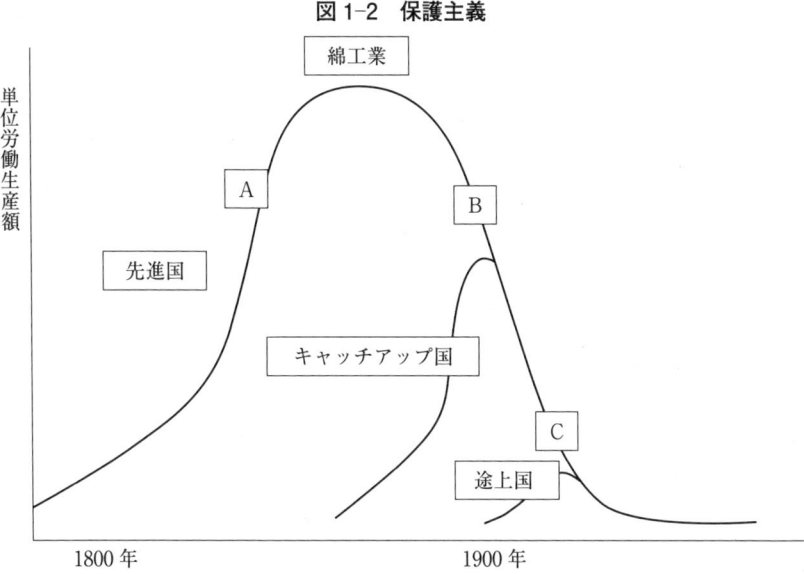

図1-2 保護主義

のである。生産性の上昇によって単位労働生産量は増大する。製品価格はその製品が普及するまでは下落しないが、普及にしたがって下落する。したがって、単位労働生産額は生産の進歩・普及に伴って最初は上昇し、続いて下落する逆U字型を描く[2]。

　産業構造の高度化とは、常に生産性上昇率の大きな最もダイナミックな産業分野に移行していくことだと定義できる。先進国は各逆U字型の前半（図1-2ではA）に特化し、キャッチアップ国は先進国を追いかけ、単位労働生産額が下落し始めたところ（図1-2ではB）で輸出国になる。保護主義とは、先進国とキャッチアップ国の単位労働生産額曲線の格差であらわされる生産性の差をITT政策・制度と低賃金で補い、国際競争力を確保する政策であると定義できる。安い賃金を目的にした海外直接投資（FDI）では、開発途上国は生産性上昇が見込めない産業（図1-2ではC）に特化し（またはさせられ）、安い製品を先進国やキャッチアップ国に供給することによって、相対的剰余価値の生産に貢献することになる。

(3) ボーモルのコスト病と賃金のラチェット効果

　動学的比較優位は単位労働生産額と賃金の差額によって規定される。単位労働生産額から賃金を引いた剰余が利潤になる。単位労働生産額が減少しても賃金がそれに比例して減少すれば剰余価値率（利潤と賃金の比率）は減少せず、資本は生産を継続することが可能である。しかしながら、歴史的にみて、賃金は工業化の進展（生産性の上昇）とともに上昇してきた。賃金の上昇によって動学的比較優位に変化（利潤の減少）が生じ、より洗練された生産性の高い産業への移行が不可欠になるのである。

　賃金の上昇という様式化された事実 Stylized fact をボーモル (Baumol 1967) のコスト病の概念を使って理論化しよう。19世紀中葉のイギリスの景気循環は、主要産業である綿工業の資本蓄積によって支配されていた。綿工業の資本蓄積が活発化すると経済は好況期を迎え、他部門でも生産が拡大した。綿工業では雇用の増大によって次第に特定の労働力が不足し、賃金が上昇した。その結果利潤が下落し、恐慌が発生した。産業予備軍（農業部門等に存在する過剰な労働力）が大量に存在するときに、経済全般で賃金が上昇することを理論的に説明するのは困難である。しかしながら、生産性成長率と生産の拡大率の大きな産業（ダイナミック産業）では、特定の労働力が不足し好況末期に賃金が上昇すると言うことは可能である。ダイナミック産業では、生産方法の改善が常に行われているので、不況期の固定資本更新によって新生産方法が導入され、単位労働生産額と利潤が増大し、資本蓄積が再開された。この結果、経済は再び好況を迎えることになる。ダイナミック部門では、好況末期の賃金上昇による利潤の減少は新生産方法の導入によって解決されるのである。

　景気循環を通じて好況期に資本の蓄積が繰り返され、経済成長が進行すると、産業予備軍が減少する。ダイナミック部門に労働力を奪われないために、生産性があまり上昇しない部門でも賃金を上げざるを得なくなる。これらの部門では生産性上昇率が低いので、賃金上昇分は価格に転嫁される（ローソン、本書第2章）。生産性上昇率の低い部門で賃金が上昇し、価格に転嫁されるのが、ボーモルのコスト病である。コスト病の結果、産業予備軍の減少

とともに、貨幣賃金は好況期に全般的に上昇することになる。不況期においても、ダイナミック部門では賃金は下落せず、また経済が成長し雇用が維持される限りその他の部門でも賃金はあまり下落しない。

歴史的にみれば、コスト病は非貿易財部門で起こった。特にサービス部門では生産性上昇率が工業部門より低いので、コスト病が起こり、サービス価格が上昇した。農業部門が保護されている場合には、歴史的にみれば生産性上昇率が工業部門よりも一般的に低いので、コスト病が起こり、農産物価格が上昇しやすい。

コスト病が発生すると、好況期に上昇した貨幣賃金が不況期においてもあまり下落せず、賃金のラチェット効果が働く。賃金の上昇率が生産性上昇率以上に増大すると、利潤が下落し、賃金と利潤の間に所得分配をめぐって階級対立が発生することになる。例えば、後に見るように1970年代の利潤圧縮型の恐慌はこの結果生じた。

(4) 産業構造の高度化とリスクの社会化

景気循環の繰り返しで、一方では新生産方法が陳腐化し単位労働生産額が減少し、他方ではコスト病で賃金が上昇すると、動学的比較優位が減少する。それに対する対応は2種類考えられる。第1は、動学的比較優位による対応である。生産性上昇率の高い、よりダイナミックな産業に移行する産業構造の高度化である。キャッチアップ国ではこの対応は比較的容易であり、後にみるようにいわゆる雁行型発展が起こる（Akamatsu 1962、赤松 1965）。最先端国では、新産業育成のコストとリスクからこの対応はより困難である。第2の対応は、リカードの比較優位による対応である。現在比較優位を持つ産業に特化し、比較優位が減少すると利潤の獲得先を海外や金融部門に移行する。最先端国である19世紀末のイギリスや20世紀末のアメリカ合衆国ではこの対応がとられた。

19世紀後半には、綿工業における単位労働生産額が減少し、新興産業である重化学工業では単位労働生産額が飛躍的に増大した。イギリスが最先端国の地位を維持するためには、後続国が追いつけないように自由主義政策を押しつけることによって「はしご外し」をするだけではなく、重化学工業に

初期から特化する必要があった。しかしながら、19世紀末にイギリスではなくドイツとアメリカがこのダイナミックな産業に特化したため、イギリスは最先進国の地位をドイツとアメリカに奪われることになった。

　ここで重要なのは、新産業が軌道に乗るまでは、単位労働生産額が旧産業よりも低くなる可能性である（図1-1の重化学工業の単位労働生産額曲線が綿工業のそれの下に位置する期間）。一般的に、単位労働生産額が相対的に小さい場合には、利潤も相対的に小さくなるので、ここに社会的利益と個別企業の利潤の対立が生じる。したがって先進国の地位を維持するためには、新産業の初期にはその産業を保護し、新産業導入に伴うコストとリスクを社会化する必要がある。すなわち先進国もはしごを次々とかけ続ける必要があるのである。介入主義的なITT政策・制度の有効性は、状況の変化に合わせていかにリスクを社会化できるかにかかっている。

　キャッチアップ国との相対的生産性の格差が縮小したときに、イギリスが保護主義に頼れなかった原因の一つは、自由主義イデオロギーである。リカード（Ricardo, 1817）の比較優位論は、国際的関係の現状維持が可能であることを前提に、自由主義がイギリスに最も有利な政策であることを証明して、自由主義の後押しをした。また保護主義は旧来の産業や農業で強く、新産業である重化学工業を保護しようという勢力は弱かった。イギリスは自由主義を選択し、産業構造の選択を市場にゆだねた結果、現状で比較優位のある旧産業に特化し、現状での利潤率が国内投資よりも高い海外投資を増大させ、20世紀初頭の（第1次）グローバリゼーションを進めたのである。

　工業における最先端国になったアメリカ合衆国は、重化学工業だけではなく、次のダイナミック産業である自動車・電気・機械工業でも最先端を維持したが、1930年代までITT政策と銀行・法制度・官僚制度などの制度整備を通じて保護主義を続けた（チャン 2009、翻訳52-55ページ）。第2次世界大戦後の長期高度成長の結果、キャッチアップ国との相対的生産性格差が縮小すると、アメリカ合衆国は現状を維持するために新自由主義を採用し、貿易・資本輸出を通じて第2次グローバリゼーションを進めた。しかし、イギリスと異なってアメリカ合衆国は、次期のダイナミック産業であるIT産業等の保護を莫大な軍事支出によって進め、1990年代にIT産業がテークオ

フすると工業（およびサービス）での優位を取り戻した。

4　キャッチアップ型工業化

アジアの工業化の理論的フレームワークとして赤松（1962、1965）の雁行型発展論は最もオリジナリティに富んでいる。しかしながら、雁行型発展論は日本や NIES の発展はカバーしているが、1985 年以降の ASEAN や中国の発展をカバーしているとは言い難い。ここでは動学的比較優位論の観点から、雁行型発展論をより一般的なフレームワークとして発展させよう。

(1)　雁行型発展

1)　赤松の雁行型発展論の第 1 形態とヴァーノンのプロダクト・サイクル説

赤松の雁行型発展論の第 1 形態は[3]、ヴァーノン（Vernon 1966）のプロダクト・サイクル理論をキャッチアップ経済からみたものである。

ヴァーノンによれば、(1) 新製品はまず先進国で生産され需要される（図 1-2 の A の過程）。(2) この商品が先進国で普及するにつれて、生産量が増大し、規模の経済が追求される。この時点で輸出も開始される。(3) この製品が普及するに従って価格が低下し、動学的比較優位の減少から国内生産が減少し、生産が賃金の安い国外に移転される。(4) 最終的には国外で生産された製品が、低価格で逆輸入されることになる（C の過程）。

赤松によれば、中進国のキャッチアップは先進国の第二段階から始まる。(1) 先進国から新製品が輸入される。(2) 輸入代替の国内生産が開始される（図 1-2 の B の過程）。(3) 国内生産が輸出産業に成長し、これが新たな貿易ベースに成長する[4]。(4) 賃金の上昇とその商品の国際価格の低下から動学的比較優位が減少するに従って、この商品の生産が減少する。(5) 後進国からの逆輸入でこの製品の生産サイクルが終了する（C の過程）。

2)　雁行型発展論の第 2 形態（産業構造の高度化）とガーシェンクロンの後発性の優位論

動学的比較優位を強調する赤松は、後進国の工業化が最先端産業で始まる

のではなく、先進国がたどった工業の発展段階を順に追っていくことによって徐々に高度化すると論じた。後進国は動学的比較優位を得やすい産業でまず工業化を始める。工業化の進展とともに賃金が上昇し、動学的比較優位が減少し、同一産業部門内ではより洗練された製品へと生産物が変化し、またより資本集約的、知識集約的な産業へと産業構造が変化する。

　ここで重要なのは産業構造の高度化が非常に困難なプロセスであり、意識的な政策と制度による補完なくしては不可能な点である。動学的比較優位が減少した時点で新たな商品や産業部門への移行が不可能であれば、この国の国際的地位は相対的に低下する。したがって、先進国・中進国・後進国を問わず国際的地位を維持するためには積極的なITT政策・制度を展開し、リスクを社会化する必要がある。

　赤松によれば、キャッチアップは一方では生産性格差が収束する過程（コンバージョン）であり、他方では先進国がより高度な生産方法（または新製品）に特化することによって生産性格差が拡大する過程（ダイバージョン）である。先進国にとっては特別利潤を得られる部門（または製品）に特化してより大きな特別利潤を得ることが有利であり、また後進国がすでに成熟した部門（または製品）に特化して商品を安く供給し、その輸入を通じて相対的剰余価値の生産を拡大することが有利である。後進国にとってはたとえＣの過程での工業化であっても、収穫逓減的な農業や採掘業より収穫逓増的な工業部門を拡大することは経済発展にとって不可欠である。したがって、先進国はＡの過程に特化し、できるだけＢの過程を長期化しようとし、中進国はＢの過程に特化し、次世帯産業（または商品）ではＡの過程に移行しようとし、後進国はＣの過程に特化し、できればＢの過程に移行しようとする。そのために、各国はより高位の段階に特化し、また追いかけてくる国が競合国にならないように、制度を整備し、ITT政策を駆使する。

　ガーシェンクロン（Gerschenkron 1962）の後発性の優位論によれば、後進国は、遅れていればいるほど、既に開発された技術の蓄積を利用できるので先進国に比べて有利である。他方では、後進国は後発性の不利を乗り越え、優位を実現するために、国家による幼稚産業育成政策、有限責任制の大企業、金融制度、FDIの受け入れなどの、社会的な制度や政策を必要とする。言い

換えると、これらの制度とITT政策が、産業高度化に伴うリスクを社会化させるのである。FDIによる工業化を強調するガーシェンクロンは、後進国は工業化にあたり最先端の技術を導入する傾向を持つとしているが、次に見るように、労働集約的な生産過程のみが導入される場合には、受け入れ国による計画的な産業構造の高度化が困難になる。

3) 雁行型発展の第3形態と東アジア経済圏

　日本で実現した工業化はその近隣諸国においても同様に起こりうる。実際、日本の工業化の進展とともに、日本の動学的比較優位に次々と変化が生じ、東アジア地域において、NIES（韓国・台湾・香港・シンガポール）、ASEAN4（タイ・マレーシャ・フィリッピン・インドネシア）と次々に介入主義的なITT政策・制度による工業化が進んだ。工業化の後れた国が、より進んだ国を追いかけて行く様が、雁行型発展の第三形態である。

　日本は、繊維産業の動学的比較優位が減少した1960年代末には貿易ベースを重工業に移行し、さらに重工業の動学的比較優位が減少した1970年代末には貿易ベースを機械工業に移行した。この過程はNIESとASEAN4の工業化に次のように反映されている（『通商白書』2000、平川他2001）。第1段階1960〜70年代前半、NIESにおいては労働集約的輸出産業が発展した。この時期に、日本の輸出攻勢を受けて競争力を失ったアメリカ企業が、電気・電子産業の対東アジア直接投資を始めた。続いて日本も安価な労働力を求めて直接投資を始めた。NIES諸国の主要輸出品目は労働集約的な衣類・繊維・雑貨・電気・電子機器であり、その多くはNIESに進出した先進資本主義国の子会社が生産したものである。第二段階。1970年代後半から1980年代前半のNIESの重工業化はNIES政府の重工業化戦略と、重工業部門での動学的比較優位が減少した日本企業の思惑が一致し、日本からのプラント輸出で進展した（平川他2001、53ページ）。第三段階。1980年代後半のNIESの情報産業の発展とASEAN4の工業化。急速な円高で輸出競争力を失った日本の製造業が生産拠点をASEAN4に移転させた。NIES諸国も賃金上昇によって動学的比較優位を失った労働集約的産業をASEAN4に移転させ、より資本集約的なIC部品等の電子産業を拡大した。

(2) 東アジアにおける雁行型発展の変化

1980年代後半以降のASEAN4の工業化は雁行型発展の形態をとっていない。原因は大きく分けると為替相場の不整合によるFDIと中国の工業化である。

1) 為替相場の不整合とFDI

一般的に比較優位論の前提は、生産性の相違に基づいて、貿易収支が為替相場を決定することである。その結果、絶対的な生産力に劣っている国の商品も国際的な競争力を持つのである。しかしながら、為替相場は長期的には生産力水準によって決定されるが、短期的には資本収支や金融政策に大きな影響を受ける。1985年から1995年の異常なドル安・円高期の日本の東アジア直接投資は、実体経済の動学的比較優位の喪失に基づくものではなく、円高に基づく一時的な比較優位の喪失に基づくものである。日本の直接投資が、ASEAN4や中国の工業化を加速させたが、NIESと異なって、ASEAN4の工業化は次の点で雁行型発展の三形態に当てはまらない。

（1）輸出のために移植された産業であるから、最初から国内市場ではなく、輸出市場を対象としている。このため、輸入、国内生産、輸出という雁行型発展の基本形をとらない。

（2）モジュラー型工業化[5]。IT技術の発展によって、商品生産のバリューチェーンの分断が可能になり、一部の労働集約的過程を切り離して低賃金国に移植することができるようになった。ガーシェンクロンが論じたように最先端の技術が導入されたが、全体ではなく一部の労働集約的な過程のみがその国の経済発展段階に無関係に導入されたため、一国規模では計画的な工業化は困難になった。そのため、動学的比較優位に基づく産業構造の高度化（雁行型発展の第二形態）がみられなくなった。

2) 中国の工業化

第2の原因は、中国の開放経済化である。
（1）中国は市場経済化に伴って、多分野での工業化を同時に進めている。

中国の繊維産業と機械産業の競争力は並行して上昇している。中国では、繊維産業、製鉄、機械など旧産業の移植、発展が進んでいるだけではなく、より進んだ家電、自動車、化学工業なども NIES に追いつきつつある。最先端産業である航空機、コンピュータ・ソフト、バイオテクノロジーなどにおいても巨大な市場と多様な生産要素は、その政治力とあいまって、有利に働きつつある。既に香港を統一しているために、金融・通信・運輸などにおいても強い競争力を発揮している。したがって、雁行型発展の第2形態をとっていない。

(2) 中国は後発性の優位を実現する次のような社会制度的条件を有している。中国の膨大な人口と部分的にではあるが既に到達している経済発展度合いの高さは、量的にも質的にも東アジア地域経済圏全体に匹敵する生産要素条件を中国に与えている。ASEAN4 や NIES が地域経済圏として政治的に統合されていないのに比べて、中国は経済的にも政治的にも統一されている。また、中国が1999年に東アジアにおける経済成長の40パーセントを占めるに至って、市場としての中国の魅力が増大している（通商白書 2001、p. 30）。これらの条件が中国に巨大な交渉力を与え、FDI による産業の移植において労働集約的な過程だけではなく生産過程全体の移植を可能にしている。その結果中国では、現在でも介入主義的な ITT 政策によって計画的な工業化が進行している。

(3) ルイス（Lewis 1965）は、「無制限労働供給下の工業化」によって、後進国の賃金水準の低さとそれが世界的な物価下落に与える影響を説明している。発展途上国の工業化において農村から安い労働力が無制限に供給される場合、賃金は農村の賃金に移動費用を足したものになるから、実質賃金が低い。この結果、国内需要の不足分が輸出圧力となる。1980年から2000年までの中国の賃金水準はアメリカの賃金の5％程度で推移し（グリン 2006、翻訳117ページ）、疑似「ルイス型工業化」が続いている。これには、2つの原因がある。第1に、中国の農業の雇用シェアは現在でも50％を占め、これが膨大な産業予備軍を供給している。第2に、中国においてもこの間、元を単位とする賃金は目覚ましく上昇しているが、国際競争力との関係で重要なドルを単位とする賃金は、数度にわたる元の切り下げの結果上昇してい

ない。

　日本やNIESではみられなかった「ルイス型工業化」が中国の動学的比較優位に次のような影響を与えている。キャッチアップ期において日本の製造業賃金は1960年のアメリカの10％から1973年の50％に上昇し、NIESは1985年の10％から1995年の40％まで上昇している（グリン　同上）。賃金が上昇することによって、産業構造を高度化させざるを得なかったのである。中国では、産業構造の高度化圧力が存在しないので、産業構造は生産力に見合って高度化していない。これが中国よりも遅れた発展途上国の雁行型工業化を阻んでいるのである。したがって、東アジアにおいて雁行型発展の第3形態も見られなくなった。また、世界経済にデフレ圧力を加える原因にもなっている。

　中国のコスト病は疑似「ルイス型工業化」で隠蔽されていたが現在顕在化しつつある（ローソン、本書第2章）。ローソンも論じるように、中国の賃金がアメリカよりもドル単位で年11％も早く上昇するならば、中国でも賃金上昇が利潤を圧縮し、動学的比較優位に変化が生じ、労働集約的産業からより高度な産業にシフトせざるを得なくなる。その結果、中国より遅れた国の工業化が可能になり、雁行型発展が世界規模で再開されることになる。その傾向は次にみるようにアジア経済圏の形成を通じて、アジアでは既に出現しつつある。

(3)　日本を中心とする三角貿易から中国を中心とする多角的貿易へ

　(1)　日本のGDPに占める貿易シェアは1950年から現在に至るまでほぼ10％程度であり、1974年から1985年のみ例外的に高くほぼ15％である（グリン　2006、翻訳121ページ）。1974-85年が日本の輸出主導型の経済成長の時期に当たる。1985年以降の円高で日本からの直接輸出は相対的に減少し、東アジアに日本を中心とする三角貿易体制が形成された。日本が中国やASEANの安い労働力を求めて直接投資をすることによって、東アジアの国境を越えた分業は拡大し、日本が資本財を輸出し、中国やASEAN4で組み立て・加工したうえで、アメリカに輸出するという環太平洋経済圏の三角貿易構造が成立した。

表1-1 中国の輸出と輸入のシェア（%）

	中国からの輸出				中国の輸入			
	日本	韓国+台湾	米国	EU27	日本	韓国+台湾	米国	EU27
1991	13.1	3.4	18.5	17.0	18.1	1.7	15.6	17.5
2007	9.0	6.7	23.7	23.6	16.0	20.2	8.3	13.3

出所：経済産業研究所、RIETY-TID2008
http://www.rieti.go.jp/jp/projects/rieti-tid/index.html

(2) 1990年代に入ると日系多国籍企業は、太平洋沿岸アジアの国内需要の急増と対日輸出の拡大から、電気・電子などの一貫生産型産業に直接投資を拡大した。直接投資を通じて産業部門内貿易が拡大し、日本を中心とする生産ネットワークが形成された。東アジア経済圏は、経済圏内の産業部門内貿易や最終需要がアメリカとの経済圏間貿易よりも重要になることによって形成された。

(3) ところが、1990年代後半以降、財貿易における日本の国際シェアは急速に減速し、変わって中国のシェアが急上昇している（グリン 2006、翻訳115ページ）。2004年には、財貿易における中国の世界シェアはついに日本を追い越し、日本を中心とする三角貿易は中国を中心とする多角貿易に変化した（表1-1）。第1に、日本は中国の輸入相手として現在も単独1位の地位を占めている。しかし、1995年以降になるとドルにペッグしていたNIESでもドル高で、安い労働力を求めて中国への直接投資を増やした。それに伴って、NIES（特に韓国と台湾）からの資本財輸入が増大し、日本の地位は相対的に低下している。第2に、中国からの完成財輸出は、2000年代に入ってEU向けが急上昇し、アメリカ向けに続いて2位を占め、アジア向けは相対的に減少した。アジア内でもNIES・ASEAN向けが増大し、日本への輸出は相対的に減少した。アメリカ、EU、アジア諸国にとって、日本に代わって中国が主要貿易相手国になったのである。貿易面におけるこのような変化が、中国を中心とする水平的分業のネットワークをアジアに拡大している[6]。

5　階層的国際通貨体制と金融の自由化

1990年代以降、国際通貨体制の脆弱化が国際通貨危機の頻発を招いている。安定的な国際経済の発展のためには、国際通貨・経済体制の再建が必須条件である。ここでは現在までの国際通貨体制を振り返り、世界資本主義システム再建の方向性を検討しよう（横川 2003）。

(1)　階層的国際通貨体制

1870年代から現在までの国際通貨体制は、階層的で非対称的な体制である。第1に、国際通貨体制において他国の領土にも進出する上位通貨と他国の通貨に進出される下位通貨が通貨ピラミッドを形成している点で階層的である。コーヘン（Cohen 1998）は、上から順に7層の通貨ピラミッドを論じているが、この論文では、トップ通貨・エリート通貨・大衆通貨・被進出通貨の4層に単純化する。第2に、金本位制もブレトン・ウッズ体制も理論的には、金を本位とし、各国通貨が金平価を媒介に結びついている対称的な国際通貨体制である。しかし、実際は、支配的な国の通貨（トップ通貨）が国際通貨として使われ、非対称的な国際通貨体制として機能した。もっとも、支配といっても、複数の大国間の寡占的ゲームにおいてリーダシップをとる国（覇権国）が存在しているという意味で、唯一の世界帝国による支配といった絶対的なものではない。国際通貨体制の対称性は、一方ではハイエク（Hayek 1990）の通貨自由発行論のように通貨発行を完全に民営化することによって達成でき、他方ではクーパー（Cooper 1994）のように、公的な協定によって世界中央銀行を設立し、単一世界通貨を発行することによって達成できる。

以上を二次元のグラフで図1-3のように現わせる。縦軸に通貨の領土化をとり、上に行くほど他国の領土でも流通し trans-territorialization、下に行くほど他国の通貨が領土内で流通する deterritorialization。横軸に国際通貨体制をとり、右に行くほど政府の範囲と権力が拡大し trans-nationalization、左に行くほど市場化（民営化）が進む denationalization。このようなフレーム

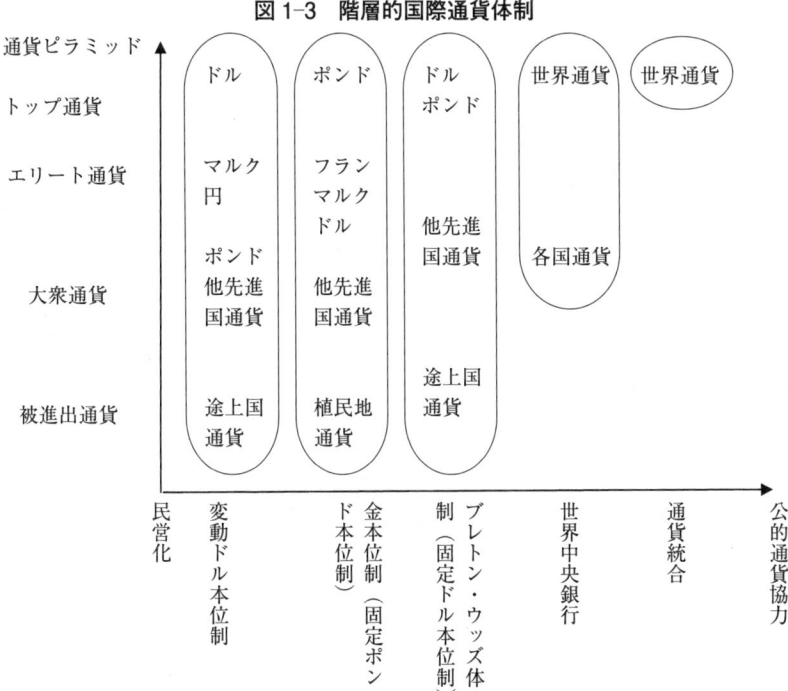

図1-3 階層的国際通貨体制

ワークで、古典的金本位制（実質的には固定ポンド本位制）、ブレトン・ウッズ体制（実質的には固定ドル本位制）、変動ドル本位制、さらには世界中央銀行による国際通貨体制、世界通貨統合までを分析可能である。

(2) 国際通貨体制のトリレンマと国際通貨協力

階層的国際通貨体制で、覇権国は次のようなメリットがあるので国際通貨体制の調整を行う。第1に、国際的なシニョリッジを得ることができる[7]。第2に、自国通貨によって国際決済可能という基軸通貨特権を得ることができる。第3に、高い国際的地位を得ることができる。他方、エリート通貨国は、国際通貨体制の維持によって得ることができる利益が、国際通貨協力の費用を越す場合に協力を行う。

国際通貨体制には3つの目標があると言われている。そのうちの2つ（為替相場の安定と資本移動の自由）は国際的マクロ経済管理に関わり、残りの

1つ(国内経済の安定)は国内マクロ経済管理に関わっている。良く機能している国際通貨体制は、3つのうち2つの目的を満足させるが、すべてを満足させることはできない。例えば、古典的金本位制(固定ポンド本位制)は、第1番目と2番目を満足させたが第3番目を満足させることはできなかった。ブレトン・ウッズ体制(固定ドル本位制)は、第1番目と3番目を満足させたが、第2番目を満足させなかった。国際的なマクロ経済管理と国内的なマクロ経済管理の間に矛盾があるために、国際通貨体制を長続きさせるためには、国際通貨協力が必要なのである。

1) 金本位制と「金の足かせ」を緩和する仕組み

国民国家の観点からすれば、固定相場制の国際通貨体制に参加する(準通貨統合)場合の主要な問題点は、国内経済を犠牲にして外国為替相場を安定させることである。金本位制ではそれは「金規制」または「金の足かせ」(Eichengreen, 1992)と呼ばれた。金本位制が長続きした原因は、「正貨流通説」で言う金本位制の自動調整作用が存在したからではなく、国際的な不均衡を回復し、「金規制」を緩和する次のような制度が存在していたからである(Panic 1992)。

(1) 資本移動。好況期でも経常収支が黒字の構造的黒字国(イギリス、フランス等)から、好況期に経常収支が赤字になる構造的赤字国(アメリカ等)への国際収支黒字の還流が後者の経済発展を進め、構造的赤字国は「金の足かせ」から免れることができた。

(2) 国際労働力移動。構造的赤字国である南北アメリカ・オセアニアの経済成長は人口過密国からの移民をひき寄せ、人口過密国の国際収支圧力を緩和した。

(3) 貿易政策の自由。覇権国であるイギリスは他国の保護主義を容認し、自国の自由貿易、資本移動の自由を維持した。この結果他国は国策に合わせて国内経済を運営することができた。

(4) 金本位制への入会・退会の自由。国際金本位制は12の恒常的メンバー国と8の変動的メンバー国を擁する先進資本主義国の厳選された国家連合 The Club であった。国際金本位制のメンバー国は加盟することが国益につ

ながる場合にのみ加盟を続け、国益にそむく場合には退会した。再加盟も自由にできた。

(5) 国際通貨協力。金本位制では、イギリス国内の預金決済制度が、国際決済制度として機能した。イギリスの預金口座（ロンドン残高）が世界貿易の拡大に必要な成長マネーを供給し「金の足かせ」を緩める働きをした（国際的最後の貸し手）。1907年のようにイギリスから金が流出すると、他のエリート通貨国は、イギリスからの金流出が国際通貨体制の危機に発展しないように国際協力を行った。

第1次大戦による金本位制の停止後、1925年には金・為替本位制によってイギリスを中心とする国際通貨体制が復活したが、1827年のポンド危機でポンドに対する信認が低下し、各国の公的準備は金にシフトした。1931年にイギリスが金本位制から離脱したことによって、イギリスを中心とする国際通貨体制は最終的に崩壊した。

2) ブレトンウッズ体制（固定ドル本位制）

第2次世界大戦後の管理通貨体制では、国内通貨の金兌換を廃止することによって国内的には「金規制」は消滅した。国際的にも、ケインズ案の世界中央銀行が発行する世界通貨を媒介手段とした世界中央銀行口座による国際決済制度が成立すれば、金規制は消滅するはずであった。しかし、ブレトン・ウッズ体制では、アメリカ案の各国通貨の交換性による多角的決済制度が採用されたために、「金規制」は形を変えて残存した。

固定ドル本位制における「金規制」は、マッキノン（1985）によって「N-1過剰決定問題」として理論化された。すべての国が経常収支の均衡を追求すると、為替切り下げ競争が起こり、国際貿易は収縮する。この事態を避けるためには、N番目の国が国際収支（および為替相場）の面で傍観策 benign neglect をとることが必要である。覇権国であるアメリカが、N番目の国となり、ドルが基軸通貨として認められた。他のN-1国は、固定為替相場を維持するために国内経済を規制する必要がある。固定ドル本位制では、次のような制度が固定相場によるプレッシャーを緩和した。

(1) 資本移動。1950年代にはアメリカからの公的資本輸出が、通貨の交

換性が回復した1960年代からは、民間の資本移動が国際収支圧力を緩和した。

(2) アメリカ以外の国は資本移動と為替を管理することが認められた。

(3) 貿易政策の自由。アメリカは、資本主義国の再工業化を促進するために、貿易政策を保護主義から自由主義に変え、資本主義国に対してその国内市場を開放した。また他の資本主義国の介入主義的なITT政策を許容し、さらに、技術移転を促進した。

(4) アジャスタブル・ペッグ。メンバー国は国際収支の基礎的な不均衡の場合には、為替相場を修正することができた。一時的な国際収支不均衡はIMFからの借入で対応できた(国際的最後の貸し手)。

(5) 国際決済制度。多角的国際決済制度については、アメリカの国内決済制度の国際化が遅れたため、イギリスの国内決済制度がユーロ・ドルによる決済市場に変質し、ユーロ・ドル市場における決済制度に依存することになった。国際金融センターとしてのロンドンは、媒介手段(国際通貨)をイギリス・ポンドからドルへ変えることによって、生き残った(Strange 1971)。

(6) 国際通貨協力。1960年代中ごろになると、ドルの過剰供給によってドルに対する信任が低下し、ドルの金兌換請求=ゴールドラッシュが発生した。各国の中央銀行は、アメリカ・ドルによる預金国際決済制度を利用する以外国際通貨体制を維持する方法はあり得なかったので、ドルを基軸通貨として受け入れ、平価を維持するために為替平衡操作を行った。また、「金プール」によってドルの金平価を維持した。1971年のドルの金兌換停止によって、固定相場を維持する国際協力が崩壊し、固定ドル本位制は崩壊した。

(3) 国際通貨体制の民営化―変動ドル本位制 (1973-85)

固定ドル本位制崩壊後の1973年から1985年にかけての「変動ドル本位制」は、米ドルをトップ通貨とする階層的国際通貨体制である。階層的国際通貨体制の縦軸が民営化にシフトしたことをその特徴とし、Non Systemとも呼ばれるように、金本位制の貨幣法やブレトン・ウッズ体制の国際協定のような公的な取り決めが存在しない。

1) 変動ドル本位制が機能した原因

公的な取り決めや国際通貨協力なしで変動ドル本位制が機能した原因を次のように整理できる。

（1）民間レベルでドルによるユーロ・ドル預金国際決済制度が確立しドルの地位が向上した。他方では、アメリカ・ドルの独占的地位を脅かす通貨が存在しなかった。ユーロ・ドル市場が、公的な国際的取り決めの欠如から生じた国際収支の調整や国際流動性の供給の課題を、アメリカの超国籍銀行を中心とする民間の国際信用制度によって代替した。

（2）貨幣ピラミッド上層国にとって、変動相場制への移行は片務的なドル・ペッグ廃止による通貨主権の回復を意味した。変動相場制への移行によって金融政策の自由を得た貨幣ピラミッド上層国の政府は、対外均衡に対する配慮よりも国内経済を優先させることが可能になった。

（3）貨幣ピラミッド下層国の多くは、ドル・ペッグを継続し、資本移動を容易にする政策をとった。

（4）フリードマン（Friedman 1968）の変動相場制論やハイエク（Hayek 1990）の通貨自由発行論などの市場原理主義が、ケインズ経済学に代わって経済学のイデオロギーとして主流を占めるようになった。

2) 国際通貨体制民営化の限界と国際通貨協調

資本移動に制限のあるブレトン・ウッズ体制下では、外国為替相場は貿易収支が決定したが、資本移動が自由な変動為替相場制の下では為替相場は経済のファンダメンタルズ（貿易収支）よりも、短期的な資本移動（資本収支）によって決定されるようになった。1970年代末からのマネタリストによる通貨量の引き締めで、アメリカの利子率とドル相場が暴騰した結果、国際通貨体制の民営化は、資本の国際的配分を危機状態にまで陥れた。

（1）ほとんどの発展途上国はドルにペッグしていたため、ドル高の影響を受け輸出が減少し、さらに一次産品価格下落によって貿易収支が悪化したので、経常収支赤字が増大した。他方、国際資金は高い金利に引かれてアメリカに流入し、発展途上国に向かわなくなったため、多くの国がデフォルトに陥った。

(2) デフォルト・フリーと考えられたアメリカへの資本流入は無制限に増大した。アメリカ・ドルは、経常収支の赤字化にもかかわらず、高い利子率による短期資本の流入によって上昇し続け、アメリカ経済は経常収支赤字と財政収支赤字の累積によって、持続可能性を疑問視されるようになった。

(3) 国際通貨の民営化を放置できなくなったエリート通貨国の国際協力によって、1985年からドルは下落したが、ドルの下落は1987年になっても止まらず、アメリカの株式市場の暴落が発生した。国際協力による公的資本の大量流入が、ドル暴落から国際通貨体制崩壊へのハードランディングを阻止した。1985年以来ドル本位制は三極協調通貨体制に変化し、ドルの基軸通貨としての地位は日・独の協力なしには維持できなくなった。2003年以降はアジア諸国（特に中国）の公的ドルの保有なしには、ドルの価値維持は不可能になった。

(4) アジア通貨危機

ポンドがトップ通貨の地位から脱落した1920年代から30年代に世界各地で通貨危機が頻発したように、1990年代においても世界各地で通貨危機（1992年欧州通貨危機・1994年メキシコ通貨危機・1997年アジア通貨危機・1998年ロシア通貨危機）が頻発している。現在の通貨体制が安定的な国際通貨体制ではないことを示している。アジア通貨危機をより詳しくみておこう。

1985年から1995年のドル安（円高・マルク高）で、日本とドイツの国際的競争力が下落したため、安い労働力を求めて日本とドイツから周辺国への資本移動が増大した。ASEANと中国の工業化が為替相場の不整合を通じて実現されたことが、アジア通貨危機の発生に大きな影響を与えた。

(1) 1997年のアジア通貨危機の第1の原因は、金融自由化によるバブルの形成である。FDIが、生産力を増大し、生産性を引き上げ、インフレ抑制と国際競争力の増大につながるのに対し、金融自由化による短期資本の流入増大は、利子率を引き下げ、通貨供給を増大させ、証券や土地などの資産価格を引き上げる可能性がある。アジア諸国では、金融自由化が経済のバブル化をもたらした。

(2) 通貨危機のきっかけとなった経常収支悪化の原因は、先進の NIES と後発の ASAN4 とでは異なる。韓国をはじめとする NIES の経常収支悪化の主要な原因は、1995 年以降の円安である。韓国、シンガポールにとっては、円安が日本と競合的な輸出の減少をもたらし、企業業績と経常収支を悪化させた。

(3) 後発の ASEAN4 の経常収支悪化の原因は、日本との競合ではなく貿易における中国との競争の増大である。中国の工業化の進展は、輸入財価格の低下を通じて日本や NIES の対中国交易条件を改善した。しかし、同程度の発展段階にあった ASEAN 諸国は、中国と競合的な輸出財価格の低下によって、交易条件が悪化し、企業業績と経常収支が悪化した。すでに見たように中国の国際競争力の増大は工業化による生産性上昇によってのみ得られたものではなく、為替相場切り下げにも依存していた。

(4) ドル・ペッグしているアジア諸国の経済減速は、アメリカ経済の好調の下で目立ち、通貨投機による利益を目的とする通貨攻撃を引き起こした。アジア通貨危機の直接の原因は、通貨投機による自己実現的危機であった。通貨切り下げ等の通貨調整には固定的な費用を要するので、政府はある程度のショックに対しては為替相場を維持するが、通貨攻撃のショックが国際通貨準備で対応できる範囲を超えると、為替相場調整を行わざるを得ない。タイが為替相場を切り下げると、外資が引き上げられ、流動性危機が生じた。タイでの通貨危機は、アジア各国での資本引き上げを招き、通貨危機が伝染していった。

(5) 国際的な最後の貸し手として救済を求められた IMF は、アジアの介入主義的 ITT 政策・制度を否定し、自由主義への構造改革を救済条件としたため、多くの国で流動性危機が産業恐慌まで発展した。

6 世界恐慌と多極的世界システム

アジア通貨危機は発展途上国で発生し、世界恐慌までは発展しなかった。サブプライム・ローン危機は資本主義世界システムの中心国であるアメリカで発生し、世界恐慌に広がりつつある。この恐慌の性質を明らかにするため

に、資本主義における恐慌をより一般的に分析しよう。

(1) 循環的恐慌・構造的恐慌・システミック恐慌

この節では、現実の恐慌を3つの種類に分けることによって、現在のサブプライム・ローン危機の歴史的・理論的位置づけを明確にする。

第1は、循環的恐慌であり、1820年代から1860年代でのイギリスや、1950年代から1960年代に先進資本主義国で周期的に起こった恐慌である。この恐慌は、賃金と利潤の所得分配をめぐる対立を、不況期における新生産方法の導入による生産性上昇によって解消し、経済成長を促進しまた長期化する積極的な役割を果たした。循環的恐慌は、国際的には資本主義世界システムが、国内的には資本蓄積体制が確立していて、過少消費・部門間不均衡などの商品流通過程での問題を解決する制度と政策が存在することを前提に、資本蓄積が順調に進み、完全雇用を達成したのちに起こる恐慌である。また恐慌からの回復機構も内在している。

第2は、循環的恐慌が繰り返される中で、資本蓄積構造に限界が生じ、その特定の資本蓄積構造の危機をもたらす構造的恐慌である。19世紀末の大不況期、1970年代の利潤圧縮型恐慌がこれに当たる。景気循環が繰り返されることによって経済成長が続くと、ボーモルのコスト病が起こる。賃金のラチェット効果で賃金上昇率が生産性上昇率を越すと、利潤圧縮型の構造的恐慌が起こる。

その特定の世界資本主義システムの存続可能性は、この危機を乗り越えて新たな資本蓄積体制が形成されるかどうかにかかっている。資本主義世界システムの中心となる覇権国の相対的な優位が健在な場合には、その覇権国を中心に資本主義世界システムが再編される可能性が大きい。20世紀初頭の第1次グローバリーゼーションや1980年代からの第2次グローバリーゼーションがこの例である。

変質した世界資本主義システムでは、覇権国の影響が相対的に減少するため新しい資本蓄積体制は国ごとに歴史的・社会的条件によって異なる場合が多い。第1次グローバリーゼーションでは、実体経済の中心地は独・米に移り、覇権国であるイギリスは金融の中心地としてのみ世界を支配した。第2

次グローバリーゼーションにおいても、生産の中心地は独・日・東アジアに移り、覇権国であるアメリカ合衆国と旧覇権国としてのイギリスは金融的支配を拡大した。

この変質した資本蓄積体制においても、景気循環は生じる。第1次グローバリーゼーションでは、新産業（重化学工業）の生産性が急速に伸びたことを反映して、独・米でほぼ10年周期の工業主導型の循環的恐慌（米 1873・82・93・1903、独 1873・90・1907）が起こり、両国の生産性上昇率は、恐慌によるスクラップ・アンド・ビルドを通じて、恐慌が起こらなかったイギリスよりも急速に上昇した。

第2次グローバリーゼーションでは、新産業（IT産業）のテークオフが1990年代までなかったため、旧産業が中心であり、キャッチアップ国である独・日の生産性は最後までアメリカ合衆国を上回らなかった（グリン、2006）。1980年代後半以降、キャッチアップの中心はより賃金の安い東アジア・中国・インドなどの発展途上国に移り、覇権国の金融的支配の継続を可能にした。先進国では景気循環は金融的バブルとその崩壊（ブームとバスト）という形で起こった（1987 米、1990 日、1992 ヨーロッパ、2000 米、2008 米、2009 世界）。金融の自由化を進めた発展途上国でも同様な恐慌が発生している（1994 メキシコ、1997 アジア、1998 ロシア・南アメリカ、2009 世界）。

第3は、特定の資本主義世界システムの危機をもたらす、システミックな恐慌である。1930年代の世界大恐慌は、イギリスが工業で優位性を失っただけではなく、国際通貨体制においても世界経済の調整の役割を果たせなくなったことから、アメリカ合衆国の恐慌を出発点とする世界恐慌が、構造的恐慌、さらにはシステミック恐慌にまで発展した。その結果、イギリスを中心とする世界資本主義システムが崩壊した。現在のアメリカを経済的・政治的・軍事的に追い越す挑戦国が存在しないので、サブプライム・ローン危機が、以前と同じような覇権国の交代に発展する可能性は少ない。

(2) 利子率のラチェット効果と金融構造の脆弱化

1820年代から1860年代のイギリスの景気循環や、1950年代と60年代の

先進国における景気循環では、労使の所得分配をめぐる対立が主役を務め、金融は補助的役割を果たした。しかしながら1980年代以降は、先進国では労使の所得分配をめぐる対立はいくつかの方法（労働組合の無力化、社会民主主義、協調的労使関係等）で解決され、景気循環の主役ではなくなった。それにかわって先進国では金融によるブームとバストが景気循環の原動力となった（グリン、2006、翻訳193-4ページ）。ミンスキー（Minsky 1982）の金融不安定化仮説には、不況からの回復に必要な制度が存在する場合の循環的恐慌における金融不安定化仮説と、大恐慌期のようにそのような制度が存在せず恐慌からの自律的な回復が不可能な場合の金融不安定化仮説が存在する。後者を拡張することによって、金融主導型の景気循環のメカニズムを明らかにしよう。

　ミンスキーは、不況期に「投資財の需要価格」（投資で得られる利潤の合計の現在価値）が下がり続け、「投資財の供給価格」以下になることを「現在価値の逆転」と呼んだ（Minsky 1982、110ページ）。この場合、投資をしても利潤を得られないので投資は起こらない。投資財の需要価格は期待利潤率に比例し、利子率に反比例するので、投資が再開されるためには、期待利潤率が上昇するか利子率が下落する必要がある。1970年代には、期待利潤率を財政政策によって引き上げる試みがなされたが、1980年代以降は、金融の規制緩和によって期待利子率が引き下げられた。

　「現在価値の逆転」は経済が「流動性の罠」に陥り、利子率がさらに下落しないことから引き起こされる。ケインズ（Keynes 1936）の理論によれば、利子率は流動性選好によって決定される。証券や土地のような資産の理論価格は配当や地代を利子率で資本還元することによって得られる。利子率が下落すると予想されると、証券等の需要が増大（貨幣需要が減少）し、証券価格が上昇して利子率が下落する。その結果、利子率と投機的貨幣需要の間で右下がりの投機的貨幣需要曲線が描かれることになる。外的に決定される貨幣供給量とこの需要曲線の交点で利子率が決定される。利子率が低くなり、これ以上利子率が低下しないと予想されると、証券価格の下落が予想されるため、安全のために貨幣選好が増大し、貨幣の供給がいくら増大しても利子率が下落せず、いわゆる流動性の罠に陥ることになる。

好況期における金融緩和と異なって、不況期における貨幣供給の増大は有効需要の増大をもたらさない。不況期においてはまず流動性の罠を解消することが必要である。金融の規制緩和による景気刺激策は、流動性の罠を解消したと考えられる。より安全と思われる金融商品の開発、より安全と思われる投機手法の開発、(規制緩和とは逆行するが)政府による損失補償、より多くの報酬を得るためにより多くのリスクをとる機関投資家の増大などが投機的貨幣需要曲線を下方にシフトさせた。

金融主導の景気循環のメカニズムを次のよう説明できる。景気の上昇は、2つの原因から投資が増大して起こる。金融の規制緩和によって投機的貨幣需要曲線が下方にシフトすると利子率下落予想が成立する。一方では、資産価格が上昇し、資産売却益やエクイティー・ファイナンスによって購買力が増大するため、消費需要が増大し、それにこたえて投資が増大する。他方では、利子率の下落から投資財の需要価格が上昇し、投資財の供給価格を上回ることによって投資が増大する。このように投資が増大して、好況とブームがもたらされる。

投資と消費需要の増大はバブルを拡大し、それに対する金融当局の金融引き締めや、外的なショックが景気を下方転換させる。金融緩和政策がバブルの崩壊後に再び景気刺激策となりうるためには、利子率がさらに下がるという予測を成立させる必要がある。このためには、流動性の罠がさらに低い利子率で起こるように、投機的貨幣需要曲線をさらに下方にシフトさせる必要がある。

金融主導による景気循環が繰り返されるに従って、「利子率のラチェット効果」が働く。資本財の需要価格と資産価格の上昇を動因とする景気刺激策は、利子率が上昇するという予測が成立すると、景気回復の基礎がすぐに崩壊するため、一度下げた利子率を以前の水準まで上昇させられない。この利子率のラチェット効果のために、利子率がゼロまで下がるとこの資本蓄積体制はさらに利子率を下げられないので、不況からの回復メカニズムを失うことになる。その場合には「資本財の現在価値の逆転」を解決するために、ケインズ的な財政政策によって期待利潤率を引き上げるほか景気刺激策はなくなる。

(3) サブプライム・ローン危機と新自由主義の崩壊

　アメリカ合衆国では、1980年代初頭に利子率が前代未聞の水準にまで上昇したが、その後利子率のラチェット効果で下落し続けた。ITバブル崩壊後の2003年には、期待利子率の目安となるフェデラル・ファンド・レート（FFR）は1.00％まで引き下げられ、住宅ローン・ブームを引き起こした。2006年にFFRが5％まで引き上げられると、2006年以降住宅価格は下落し、2007年からサブプライム・ローン危機が発生した。2008年以降FFRは2％まで引き下げられているが、景気刺激策としては機能していない。この点ではサブプライム・ローン危機は利子率のラチェット効果による構造的恐慌であると位置づけることができる。しかし、サブプライム・ローン危機を1930年代の大恐慌のように、覇権国の交代を伴う資本主義世界システムの危機と位置付けるには時期尚早である。

　第1に、アメリカ合衆国は現在のダイナミック産業であるIT産業で最先端国である。他の先進国はキャッチアップをしている段階であり、生産性の逆転にまでは達していない。

　第2に、中国とインドは、アメリカ合衆国の最終需要に依存して工業化を進めている段階であり、中国とインドの需要が、アメリカ合衆国の最終需要を代替できるかもしれないという予想（デカップリング論）が外れている（チャンドルシェーカーとゴーシュ、本書第8章）。

　覇権国の交代はないが、他方ではアメリカ合衆国一国を中心とする世界資本主義システムの再建も考えられない。

　第1に、この恐慌が新自由主義政策に終止符を打つであろうということは、かなり明らかになって来ている。利子率のラチェット効果によって流動性の罠がほぼゼロ利子率で成立するようになると、日本の失われた10年で明らかになったように、投機的貨幣需要曲線をこれ以下に下げることは困難であり、金融政策の有効性は失われる。

　第2に、新自由主義的な金融政策が働かないとすると、景気回復は伝統的なケインズ的財政政策に頼るほかはない（本書第8章）。そのためには規制廃止によって脆弱化した金融制度を再規制せざるを得ない。金融規制は国内

だけではなく、資本の国際的移動を規制するために国際的にも行われざるを得ないが、そのような国際的制度を、アメリカ合衆国一国を中心に再構成することは不可能である。中国とインドの台頭を考えると、新しい国際通貨体制は、階層的国際通貨体制の縦軸を右にシフトさせ、米・欧・日の先進国と中・印の発展途上国の協力によって、ブレトンウッズ体制のケインズ案のような世界中央銀行による対称的国際通貨体制を形成する以外ないであろう。

7　結論

東アジアの経済発展は奇跡ではなく、工業化に成功したほぼすべての国は「東アジア」型の ITT 政策・制度をとってきた。この歴史的事実を理論的に解明するために、リカードの静態的な比較優位説を動学的比較優位論として理論的に再構成した。動学的比較優位は単位労働生産額と賃金の差額によって規定される。経済成長が進行し産業予備軍が減少すると、生産性上昇率の低い部門でも賃金が上昇し価格に転嫁される（ボーモルのコスト病）。一方で新生産方法が陳腐化し単位労働生産額が減少し、他方でコスト病で賃金が上昇すると、動学的比較優位が減少する。それに対する対応は 2 種類考えられる。第 1 は、生産性上昇率のより高い産業に移行する産業構造の高度化である。新産業が軌道に乗るまでは、単位労働生産額と利潤が旧産業よりも低くなるので、社会的利益と個別企業の利潤の対立が生じる。ITT 政策と制度は、新産業導入に伴うコストとリスクを社会化する方策である。第 2 の対応は、現在比較優位を持つ産業を維持し、比較優位が減少すると利潤の獲得先を海外や金融部門に移行する「自由主義」政策である。第 1 の対応がキャッチアップ型工業化や雁行型発展をもたらし、第 2 の対応が世界資本主義システムの覇権の交代をもたらした。

次に、動学的比較優位論を使って、東アジアの雁行型発展の進化を検討した。日本の工業化の進展とともに、日本の動学的比較優位は次々と変化し、東アジア地域において、NIES、ASEAN4 と介入主義的な ITT 政策・制度による工業化が進んだ。1980 年代後半以降の東アジアの工業化は雁行型発展の形態をとっていない。原因は為替相場の不整合である。第 1 に、1985 年

から1995年の異常なドル安・円高期の東アジアの工業化は、実体経済の動学的比較優位に基づくものではない。第2に、中国では元を単位とする賃金は目覚ましく上昇したが、ドルを単位とする賃金は1980年代から1993年までの数度にわたる元の切り下げの結果上昇していないので、賃金上昇による産業構造の高度化圧力が存在しない。中国はより遅れた発展途上国の雁行型工業化を阻み、また、世界経済にデフレ圧力を加える原因にもなった。

1997年には、為替の不整合修正によってアジア通貨危機が勃発した。アジア通貨危機以後、中国に対しても為替の不整合修正圧力が増大している。中国で為替の不整合が修正されると、賃金上昇圧力が利潤を圧迫し、産業構造の高度化が必要になる。その結果、中国の内陸部やより遅れた国の工業化が可能になり、雁行型発展が世界規模で再開されることになる。日本を中心とする東アジアの雁行型発展が、中国を中心とする世界規模の雁行型発展に変化しつつあるのは、すでに国際貿易に現れている。東アジア経済圏は日本を先頭とする雁行型発展によって形成され、1985年以降の円高で日本を中心とする三角貿易体制が形成された。しかし、1990年代後半以降、中国の世界貿易シェアが急上昇し、2004年以降には日本に代わって中国がアメリカ・EU・アジア諸国にとって、主要貿易相手国になり、日本を中心とする三角貿易は中国を中心とする多角貿易に変化している。

最後に、現実の恐慌を3層（循環的恐慌・構造的恐慌・システミック恐慌）に分けて、国際通貨・経済体制と恐慌の形態変化の関係を明らかにした。1950年代から60年代にかけての固定ドル本位制下の循環的恐慌は、賃金と利潤の所得分配をめぐる対立を、不況期における新生産方法の導入による生産性上昇によって解消し、経済成長を促進し長期化する積極的な役割を果たした。1970年代には、賃金のラチェット効果でこの資本蓄積構造に限界が生じ、賃金上昇率が生産性上昇率を越す利潤圧縮型の構造的恐慌が起こった。この結果、国際通貨・経済体制は1973年に米ドルを単独トップ通貨とする「変動ドル本位制」に変質したが、1985年以来、ドルの基軸通貨としての地位は日・独の協力なしには維持できなくなった。資本主義世界システムは、第2次グローバリーゼーションとして再編された。この変質したシステムでは、景気回復は、金融の規制緩和が投機的貨幣需要曲線を下方にシフトさせ

流動性の罠を解消することによって可能になった。1990年代（日本）から2000年代（米国）に、利子率のラチェット効果のために流動性の罠を解消できなくなり、不況からの回復メカニズムが失われた。この点で、サブプライム・ローン危機は構造的恐慌であると位置づけることができる。

国際通貨協力が継続している以上、サブプライム・ローン恐慌がシステミック恐慌にまで発展することは考えられないが、他方ではアメリカ合衆国一国を中心とする国際通貨・経済体制の再建も考えられない。中国とインドの台頭を考えると、新しい国際通貨・経済体制は、米・欧・日の先進国と中・印の発展途上国を中心に、ブレトンウッズ体制のケインズ案のような対称的国際通貨体制を形成する以外ないであろう。安定的な国際通貨・経済体制の再編は、世界規模の雁行型発展の必要条件でもある。

注

1) マディソン（Maddison 1995、21ページ）。フランス、イギリス、ロシアがそれに続き5.4%、5.2%、4.9%を占めていた。日本は3.1%で6位、アメリカ合衆国はまだ1.8%で9位、プロシア（のちのドイツ）は1.7%で10位であった。
2) マルクス（Marx 1867）の言葉を使えば、企業は単位労働生産額が大きい段階では特別利潤を得、価格が下落すると賃金財価格の下落を通じて相対的剰余価値を得る。
3) 雁行型発展の第1形態は、輸入、国内生産、輸出の量が時系列的に三つの山を描く点が、雁が群れをなして飛んでいく様子をほうふつさせることを言う。
4) 貿易ベース（trade base）。商品を外国から輸入するためには、支払い資金を得るために商品を輸出する必要がある。この輸出産業を貿易ベースと呼ぶ。
5) 生産過程を分断しそれを再統合する生産方法をモジュラー型と呼ぶ。
6) 水平的分業とは図1-1の単位労働生産額曲線において、同じような位置に属する産業間の分業と定義できる。例えば、EUでは主にAとBに属する産業間で水平分業が行われ、中国を中心とする水平分業では主にBとCに属する産業間で水平分業が行われる。
7) 通貨額面と発行費用の差や、国外流通残高に対する利子支払い不要によって得られる利益。

参照文献

Akamatsu, K. (1962) "A Historical Pattern of Economic Growth in Developing Countries", *The Developing Economies*, Institute of Asian Economic Affairs, Preliminary Issue No. 1, pp 3-25.

Baumol, W. J. (1967), "Macroeconomics of unbalanced growth: the anatomy of urban crisis", *American Economic Review*, Vol. 57, 451-426.

Chang, Ha-Joon (2002) *Kicking Away the Ladder-Development Strategy in Historical Perspective*, Anthem Press、横川信治監訳『はしごを外せ――蹴落とされる発展途上国』日本評論社、2009 年。

Cohen, B. (1998) *The Geography of Money*, Cornell University Press.

Eichengreen, B. (1992) *Golden Fetters: The Gold Standard and the Great Depression, 1919-1939*, Oxford University Press.

Cooper, Richard (1994) *Economic Policy, Exchange Rates, and the International System*, Oxford University Press.

Gerschenkron, A., (1962)*Economics Backwardness in Historical Perspective*, Cambridge, Massachusetts, Harvard University Press.

Glyn, A. (2006), *Capitalism Unleashed*, Oxford, Oxford University Press. 横川信治・伊藤誠訳『狂奔する資本主義――格差社会から新たな福祉社会へ』ダイヤモンド社 2007 年。

Hayek, F. A. (1990) *Denationalisation of Money-The Argument Refined*, London IEA.

Keynes, J. M. (1936) *The General Theory of Employment, Interest and Money*, Macmillan、塩野谷祐一訳『雇用・利子および貨幣の一般理論』東洋経済新報社、1995 年。

Lewis, Arthur, (1965), *The Theory of Economic Growth*, London, George Allen and Unwin.

List, F, 1885, *The National System of Political Economy*, translated from the original German edition published in 1841 by Sampson Lloyd, London, Longmans, Green, and Company. フリードリッヒ・リスト著『経済学の国民的体系』小林昇訳、岩波書店、1970 年。

Maddison, A, 1995, *Monitoring the World Economy*, Paris, OECD. アンガス・マディソン著『世界経済の成長史 1820 ～ 1992 年：199 ヵ国を対象とする分析と推計』政治経済研究所訳、東洋経済新報社、2000 年。

Marx, Karl (1867) *Das Capital*、岡崎次郎訳『資本論』国民文庫。

Milton Friedman (1968) *Dollars and deficits: inflation, monetary policy and the balance of payments*, Hemel Hempstead: Prentice-Hall.

Minsky, H.P. (1982) *Can It Happen Again?* New York: M. E. Sharpe. 岩佐代市訳『投資と金融』日本経済評論社、2003 年。

Panic, M. (1992) *European Monetary Union: Lessons from the Classical Gold Standard*, St. Martin's Press.

Ricardo, D. (1817) *Principles of Political Economy*. 堀経夫訳『経済学および課税の原理』雄松堂、1972 年。

Smith, Adam (1904) *An Inquiry into the Nature and Courses of the Wealth of Nations*, E. Cannan ed.、水田洋、杉山忠平訳『諸国民の富』岩波文庫、2000 年。

Susan Strange, (1971) *Sterling and British Policy: A political Study of an International Currency in Decline*, London, Oxford University Press. 本山美彦訳『国際通貨体制と構造的権力――スーザン・ストレンジに学ぶ非決定の力学』三嶺書房、1989 年。

Vernon, Raymond (1966) "International Investment and International Trade in the Product Cycle", *Quarterly Journal of Economics*, Vol. 80, May pp. 190-207.
赤松要 (1965) 『世界経済論』国元書房。
経済企画庁調査局編 (2000) 『アジア経済 2000』、大蔵省印刷局。
経済産業省 (各年) 『通商白書』ぎょうせい。
世界銀行 (1994) 『東アジアの奇跡』、東洋経済新報社。
末廣昭 (2000) 『キャッチアップ型工業化論——アジア経済の軌跡と展望』、名古屋大学出版会。
平川均、石川幸一編著 (2001) 『新・東アジア経済論』、ミネルヴァ書房。
マッキノン、P.R.『国際通貨・金融論』鬼塚雄丞・工藤和久・河合正弘訳、日本経済新聞社、1985年。
横川信治 (1989) 『価値・雇用・恐慌——宇野学派とケンブリッジ学派』社会評論社。
横川信治 (2002) 「東アジアにおける超国籍資本主義の形成：雁行型発展の変化」『武蔵大学論集』49巻1号。
横川信治 (2003) 「階層的国際通貨体制と国際マクロ経済管理」『武蔵大学論集』第50巻2／3号。
横川信治 (2007) 「制度派マルクス経済学」、小幡道昭他編『マルクス理論研究』御茶の水書房。

第2章

中国とインドの再台頭

―――先進国への影響[1]―――

ボブ・ローソン[2] 著
横川信治訳

　1000年前、中国と現在のインドの地域は世界で最も豊かで人口の多い地域であった。その2国は、一人当たり所得でまず西ヨーロッパのいくつかの国に追い抜かれ、アメリカ合衆国のようなヨーロッパの派生国のいくつかに追い抜かれ、最後に日本や韓国のような東アジア諸国に追い抜かれた（図2-1）。この過程は今や逆転し始め、中国とインドの一人当たり所得は急速にキャッチアップしている。中国とインドは、大失敗がなければ数十年以内に世界で最も大きな経済圏に再びなる。この論文は、この発展が現在の先進国に与える含意を対象にする。最近の経済恐慌に関する議論は、本論文に含まれていない。この事件による犠牲は大きいが、ほとんどが一時的なものである。恐慌は世界中で成長率を低下させ、先進国の成長はマイナスになった。中国とインドの輸出は急激に落ち込んだ。しかし両国ともかなり力強く成長を続けている。この恐慌は、たぶん西側の支配の差し迫った凋落を示す明らかな分水嶺となるであろう。しかしながら、この論文で分析されている根本的な傾向は、この恐慌が勃発する前にすでに十分に働いていたし、またそれが終わってからも長い間続くものである[3]。

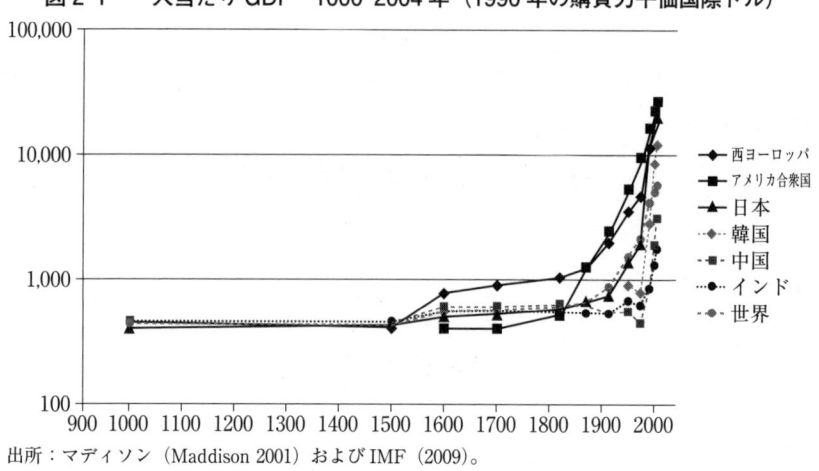

図 2-1　一人当たり GDP　1000-2004 年（1990 年の購買力平価国際ドル）

出所：マディソン（Maddison 2001）および IMF（2009）。

1　中国とインドの再台頭

(1)　成長予測

　インドも中国も長期にわたって資本主義発展の経済改革過程を歩んできた。中国のほうがその過程は進んでいるが、どちらも顕著な成功をおさめてきた[4]。

　中国の一人当たり所得は、1980 年にはインドよりも少なかったが、より早く成長したので 10 年以内に追いついた。現在の中国の一人当たり所得は、インドの 2 倍以上である。しかしながらインドの成長は最近目覚ましく加速し、インドは恐らく中国型の成長経路に近づきつつある。これを実現するためには、重要な障害が取り除かれなければならない。インドの社会資本は貧弱であり、官僚制度は深刻な問題を抱え、識字率は低い。2004 年に、インドの 15-24 歳の人口の 24％は読み書きができなかった。これに対して、中国では 10 年前にたったの 5％が読み書きができず、現在では 1％である。

　中国の一人当たり所得は、まだアメリカ合衆国の 7 分の 1 以下であるが、

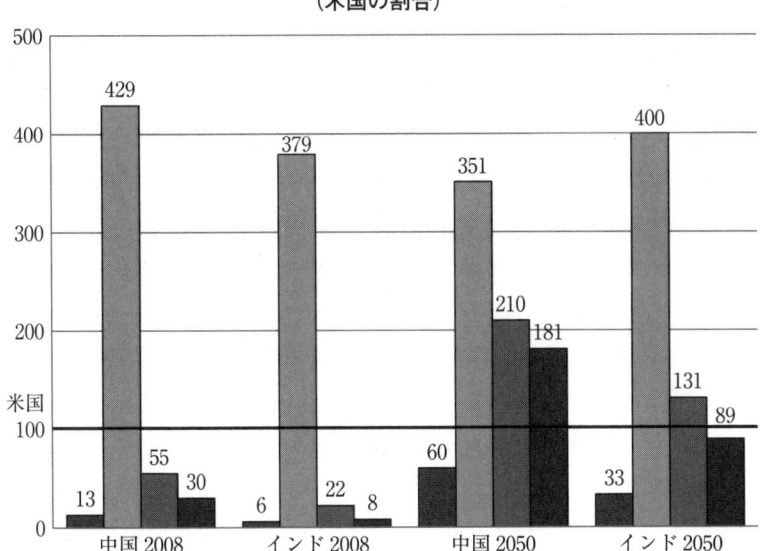

図 2-2　中国とインドの成長予測 2008-50 年
（米国の割合）

	中国 2008	インド 2008	中国 2050	インド 2050
一人あたり GDP（購買力平価）	13	6	60	33
人口	429	379	351	400
GDP（購買力平価）	55	22	210	131
GDP（市場為替相場）	30	8	181	89

出所：IMF（2009）、UN（2009）および著者の予測。

非常に急速に成長している。2004-8 年の間に一人当たり所得は、アメリカ合衆国の年 1.2％の増大に比べて、10.4％増大した。このような成長率が続けば、中国は 26 年間でアメリカ合衆国に追いつく。インドは、中国よりゆっくりと成長している。2004-8 年にかけて一人当たり所得は年 7.3％増大した。インドのより低い出発点を考えると、この成長率でアメリカに追いつくには 66 年間かかる。

　上の予測は 2 つの理由で現実的ではない。中国の成長率は中期的には減速し、逆にインドの成長率は加速しつつあるからである。それゆえに、私はより現実的な予測をたててみた。この予測モデルでは、インドが近い将来より早く成長し、中国もインドもその一人当たり所得がアメリカ合衆国に近づくに従って最終的には減速すると前提した。減速過程については、標準的な収束方程式を使ってモデルを作った。詳細は付録に記した。

図2-2は、2050年の中国とインドの一人当たりGDPと総GDPの予測値を示している[5]。一人当たりGDPは購買力平価（PPP）で測られている。これは、生活水準を比較する場合の標準的な方法である。総GDPは、購買力平価と市場為替相場の2つの方法で測られている。数値はアメリカ合衆国との相対量で表わされている。中国とインドの一人当たり所得は、アメリカ合衆国を100として、2050年までにそれぞれ60と33になる。両国とも、アメリカ合衆国よりもはるかに大きな人口を持ち、また持ち続ける。その結果、一人当たり所得が少ないにもかかわらず、この時期の終わりには総生産額ではアメリカ合衆国に匹敵するか、追い越すことになる。正確な関係は、GDPがいかに測られるかに関わっている。購買力平価の総GDPでは、中国もインドも2050年までに容易にアメリカを追い越す（図2-2）。そのような比較は、これらの国の世界的なパワーの目安としては誤っている。なぜならば、それは個人的サービスや小売流通のような非貿易財に過剰な重みを与えるからである。そのような商品は、現地の住民にとっては価値があるが、国際的な関係にとっては第2次的な重要性しか持たない。代替的な方法は、製造品のような国際的に売買されている商品により多くの重みを与える市場為替相場を使うことである。もっとも、この尺度の予測でも、2050年までに中国の総生産はアメリカ合衆国のものを80％上回り、インドはアメリカの水準にほんの少し足らないだけである。

上の予測は、厳密なものではなく、関係する大きさの程度を表わすものである。その数値は、ウイルソンとプルシュサーマン（Wilson and Prushouthaman 2003）の予測やマディソン（Maddison 2007）の予測にだいたいのところ一致している。私の中国とインドの成長予測は、両国における成長の加速を反映して、彼らのものよりも幾分大きい[6]。私の予測はまた、最近のIMFの購買力平価によるGDP推計の改定も考慮に入れている。

(2) 高齢化

経済成長と関連して潜在的に重要な問題は、高齢化問題である。中国においては、一人っ子政策と平均寿命の延長で、老人人口の比率はかなりの速さで増大し始めている。インドも同じような過程をたどると考えられているが、

もっとゆっくりでまたかなり遅れて始まるであろう。高齢化は、生産的に雇用される人口の割合を減らす程度に応じて、そうでなかった場合と比べてGDPが少なくなることを意味している。労働者の一人当たり生産が同じだとすれば、人口に占める労働者の割合が少なくなればなるほど、総生産量が少なくなる。これは単に算数の問題である。高齢化はまた経済の活力を弱める。年寄りは賢いかもしれないが、彼らは平均すれば若い人よりも柔軟性と創造力にかけている。これは、自国の出生率の低さを心配しているフランス人の統計学者の昔からの懸念である。よく知られているようにアルフレッド・ソービは、「老人が昔のことを思い出しながら古い建物に住む」ような国を避けるために、若くて生産力のある人口を維持する必要を訴えた（シェネイ Chesnais ed. 2001 から引用）。

国連人口局は、様々な前提のもとに人口と年齢構成の進展の長期予測を立てている。この予測を使って、中国の高齢化に対する懸念を全体的な見通しの中に位置づけることができる。年齢構成の一般的な指標は、「老齢従属人口指数」または略して「従属人口指数」である。これは 65 歳以上人口を 15－64 歳人口の比率として表わしたものである。国連は、中国の従属人口指数が現在の 0.11 から 2050 年には 0.38 に上昇すると予測している。これは大きな上昇であるが、中国の期末の従属指数はヨーロッパ（0.47）や日本（0.74）の予測値よりもはるかに低く、アメリカの数値（0.35）に近い。インドの従属指数の予測値は 0.20 である。この比較は、高齢化は中国が現在の先進国と競争する能力を深刻に抑制するものではなく、他方インドはその人口の若さからある程度利益を得ることを示唆している。

(3) 製造業とサービス

インドの成長経路は、現代的なサービスの役割が大きく、他方では製造業の役割が小さくまた投資率がはるかに少ないので、中国と異なるとしばしば言われている（ダス Das 2006、ダスグプタとシン Dasgupta and Singh 2005）。これらの主張にはある程度の真実が含まれているが、誇張すべきではない。インドの低い投資率は、中国より低い経済成長率のせいであり、成長が加速するにつれインドの投資率は上昇してきている。インドはソフトウエアや顧

客電話サービスのような IT 関連分野で大量の輸出がある。他方、中国は、この分野での輸出はいまだに少ない。インドのサービス分野での強さはこの分野の相対的に高い生産性によって示されている。サービスは、インドの労働人口の 22％を雇用するのみであるが付加価値の 50％以上の割合を占めている（表 2-1）。もっとも製造業分野も、今や急速に成長し、現在の 5 カ年計画は製造業産出の年 12％増大を目標としている（計画委員会 Planning Commission 2006）。インドの製造品輸出もまた急速に増大している。

インドが情報技術に強いという事実は、様々な点でインドの強みである。インドのソフトウエア輸出は、この 3 年で 2 倍以上になり、2005-6 年度にはソフトウエア輸出で総輸出の 6 分の 1 に当たる 220 億ドル以上の貿易黒字を得た。インド・ソフトウエアサービス協会とマッキンゼーの 2005 年の研究は、IT 関係分野におけるインドのサービス輸出の潜在力を検討している。それによれば、インドは IT 関連外部委託において世界市場の 65％を占有し、世界のオフショア事務処理（BPO）分野において 46％を占有すると推計されている。また「世界の BPO 市場の潜在的最大規模は 3,000 億ドルであり、2010 年までには 1,100 億ドルが外部委託されると見積もられている。インドは、2010 年まで毎年 25％成長することによってこの市場の 50％以上を獲得する潜在力を持つ」と見積もられた[7]。この大胆な目的が実現されることは多分不可能だろうが、インドの IT 関連サービスの輸出実績は素晴らしい。最近の WTO の統計によれば、2006 年のインドのコンピューター・サービスの輸出は、この分野の世界輸出の 20.1％を占めている。国際収支への貢献に加えて、IT におけるインドの強さは、他の産業の生産力の上昇や国内外向けの高付加価値の新製品の開発を助けることによって、製造業やその他の産業に非常に役立つものである。社会資本と貧弱な官僚制度が経済成長を抑制しない限り、IT におけるインドの強みは近い将来製造業の好成績の潜在力を形成するであろう。このようにして、IT 関連サービスは、それ自体としてまたその他の活動の補完および刺激を通じて経済成長に貢献することができる。

中国にとって少なくとも今までのところ、IT 関連サービスはそれほど重要ではなく、製造業がはるかに大きな役割を担ってきた。近年製造業の生産は力強く増大してきた。建築業を含む工業全体では、現在全付加価値の

46％を占めている。中国の製造業の相対的に高い生産性を反映して、労働人口のたったの21％でこれが達成されている[8]。中国の製造業産出の急速な増大にもかかわらず、製造業で雇用されている人口はこの10年間実際のところ減少している。古い国有企業の大幅な人員解雇が、その他の製造業部門の新しい仕事口の形成を上回っていた。所得が増大し、都市化が進むにつれて、中国のサービス雇用は急速に増大している。これは一部ではサービス需要の増大を反映し、他方ではサービス部門が地方と古い国有企業からの過剰人口を吸収するスポンジの役割を果たしているからである。

中国とインドが発展するにつれて、両国の貿易は量的に増大し、またバリュー・チェーンを登っていくので、いわゆる「知識集約」産業に貿易の構成は変化する。製造品輸出は、中国では支配的であり続け、インドにとっても重要性を増し続けるであろう。上記のインド・ソフトウエアサービス協会とマッキンゼーのレポートは、IT関連サービスの輸出が最終的には1,500億ドルを上回るであろうと予測している。インド・ソフトウエアサービス協会がインドのIT企業を代表していることを考えると、これは少し割り引いて受け取らなければならない。しかしながら、それはIT関連サービスが現在インドの輸出の主要な構成部分であり、将来においてもそうあり続けるという事実を変えるものではない。2006年において、インドのコンピューター情報サービスの輸出は中国の7倍である。また、それはインドが洗練された製造品の主要輸出国になるであろうという事実を変えるものでもない。インド経済が大きさと洗練度で成長するにつれて、その製造品とサービスの輸出も大きさと洗練度が成長するであろう。

中国とインドの全体的な貿易成長の可能性はどのようなものであろうか？2004年に中国の輸出はGDPの34％であり、インドの数値は19％であった（表2-1）。もっとも、中国の数値は、輸入された部品が製造品輸出に非常に高い比率で含まれているので、誇張されている。両国が発展するにつれて、少なくともインドの場合には、輸出の数値は一時的に上昇するであろう。しかし、2004年の輸出がGDPの44％もあった韓国のような小さな開放経済の水準に達することはないであろう。中国とインドの貿易率は、長期的には将来の経済大国にふさわしい水準に収束するであろう。中国もインドも、数

表2-1 インド・中国・韓国の比較

	インド 2004年	中国 1996年	中国 2004年	韓国 1972年	韓国 1982年
一人当たりGDP（2000年国際ドル基準購買力平価）	2885	2971	5419	3014	5387
輸出（GDPの比率）	19.1%	20.1%	34.1%	19.4%	33.2%
雇用の比率					
農業	60.4%*	47.7%	44.1%**	50.5%	32.1%
工業	16.9%*	25.5%	21.2%**	17.9%	27.9%
サービス	22.7%*	26.8%	34.7%**+	31.7%	40.1%
付加価値の比率					
農業	21.1%	19.5%	13.1%	28.7%	16.0%
工業	27.1%	47.5%	46.2%	26.2%	37.0%
サービス	51.7%	33.0%	40.7%	45.1%	47.0%
都市部の人口比率	28.5%	32.2%	39.6%	43.6%	60.1%

出所：雇用については、中国は、ILO Labor Statistics Database。Banister (2005a), Table 4。サービスには適切に定義されていない事業を含む。
　　　インドは、Dasgupta and Singh (2005), Table 3、Joshi (2004) からの引用。農業には鉱業を含む。韓国は、KSO website。
　　　その他のデーター。World Bank World Development Indicators。韓国の1972年はMaddison (2001) からの推定。
＊データーは1999／2000年（農業には鉱業を含む）。
＊＊データーは2002年。
＋適切に定義されていない事業を含む。

　十年後には巨大な国内市場を持ち、これらの市場に供給するために必要なほとんどの洗練された商品とサービスを自国で生産するであろう。外国貿易は、両国にとって依然として重要であるが、貿易とGDPの比率がアメリカ合衆国・EU・日本などの他の経済大国のそれを大きく上回ることはないであろう。EU内部での貿易を除外すれば、これらの経済圏のすべてで商品とサービスの輸出の合計はおおよそGDPの10-14%である。中国とインドが、それを大きく外れるとは考えられない。それでも、両国の将来の経済の大きさと両国の国内生産と輸出の洗練度を考えると、両国の発展は現在の先進国の洗練された商品の生産者に重要な影響を与え続けるであろう。

2　先進国経済への衝撃

以下は、中国とインドの興隆によって先進国が影響を受ける主要な経路のいくつかの概略である。

(1)　比較優位

　中国とインドが豊かになるにつれて、両国の比較優位は変化する。生産性は、全体的に上がるが、多分「知識集約型」商品とサービスで最も迅速に上昇し、低熟練の「労働集約型」商品で最も緩慢に上昇するであろう。また所得の形態も変化するであろう。中国とインドの大学は、非常に多くの学生を教育している。また現在過剰な未熟練労働者はそのうち底を突くであろう。多分中国のほうがインドよりも早く。その結果、未熟練労働者の賃金は、中期的には教育された労働者の賃金と比べて相対的に上昇するであろう。このようにして、労働集約的な事業は、平均より低い生産性上昇と平均より高い賃金上昇を経験するであろう。これが起これば、労働集約的生産物の相対的な費用と価格は、知識集約的生産物と比べて相対的に上昇する。比較優位の理論によれば、一国におけるそのような単位費用の構造変化は、国際貿易の構成と交易条件の変化をもたらす。富裕な輸入国は、労働集約的製品の輸入が相対的により高くなると、それを購入するのにより多くの生産物を支払わなくてはならなくなるので、実質所得の損失を被ることになる。富裕国は、他方では労働集約的生産物の輸入を減少させ、国産のより高価な代替物を探すかもしれない。いずれにしても、富裕国は損失を被る。この問題はポール・サミュエルソン（Samuelson 2004）によって理論的に研究された。ローソン（Rowthorn 2006, 2008）は、その分析を拡張している。

　中国がより洗練された輸出品への階段を昇るにつれて、その労働集約的輸出品の価格は次第に上昇し、それらの輸出量は減少する。これは、ほかの発展途上国に労働集約的商品の輸出を拡大する機会を与える。これらの国の参入は、そのような商品の価格を引き下げ、それによって中国の価格の上昇によって輸入国の被ったであろう交易条件の損失を減少させる。最終的に、世

界中全てが高度に発展すると、労働集約的製造業が現在の富裕国に再現するかもしれない。もっとも、そのような生産は、その時までにはほとんど自動化されているであろうが。富裕国は、さしあたりは労働集約的生産物を大量に輸入し続けるが、供給源は比較優位の変化に伴って世界中を移動する。もう一つ考えておかなければならない要因は、中国とインドが成長するにつれて、中国とインドが、現在の先進国から輸入している洗練された生産物の需要を増大させることである。両国は強力な競争相手であるとともに、我々が生産する商品とサービスの大きくて拡大しつつある市場も作り出すのである。

　赤松の雁行型発展論によれば、中国は豊かになるにつれて衣服やその他の労働集約的商品の輸出から次第に遠ざかり、その生産は他国に移転される（オザワ Ozawa 2005）。この点で中国は、15年前には衣料の大輸出国であったが、今やこれらの商品の純大輸入国である韓国のような前例を後追いすることになる。インドの場合には状況が幾分異なる。インドは、現在一人当たり所得が少ないにもかかわらず、労働集約商品の大輸出国ではない。雁行型発展論によれば、インドの大量の地方労働者が動員され、近い将来にそのような輸出が急増することになる（メイヤーとウッド Mayer and Wood 2001）。しかしながら、インドがすでに IT 関連サービスと先進的な製品の重要な輸出国であり、そのような輸出が成長著しいという事実が、問題を複雑にする。この理由で、インドでは、労働集約的製品は中国や韓国で得たほどの重要性を得ることはないであろう。中国が急速に発展し続けるならば、次第に、より発展の遅れた国の労働集約的商品に巨大な市場を提供するであろう。これは、農業・工業・観光だけでは裕福になれないアフリカのような大陸にとって、非常に有益である。最近の注意は、アフリカ産鉱物の市場としての中国に焦点が当てられているが、中国はアフリカで生産された衣料などの労働集約的製品の重要な市場にそのうちなりうる。中国で賃金がもっと高くなれば、中国企業が労働集約的事業の一部をアフリカに移し、現在中国から輸出している世界市場向けの商品を生産することもあり得る。雁行型発展論に従って、中国はその国境をはるかに超えて、経済に刺激を与えるであろう。インドに関しても、同じことはいつの日か言えるであろうが、もっと先のことである。

(2) 希少資源

　中国とインドの急速な成長は、自然資源需要の大幅な増大を引き起こすであろう（UNCTAD 2005 第2章）。中国の石油消費は年6％ほど増大している。この勢いでいけば、現在のアメリカ合衆国の水準に15年以内に到達する。インドの石油需要ははるかに少なく、またもっとゆっくり増大している。それにもかかわらず、インドは間もなく燃料消費国として日本を追い抜くであろう。中国とインドの需要の増大は、専門家が将来の石油の供給を深刻に心配しだしている時に起きた。多くの政府は、世界の石油供給は21世紀になっても、少なくとも2030年までは先細りしないだろうと考えていた。しかしながら国際エネルギー機関（IEA）は、世界の埋蔵量の詳細な評価によって、今や早くも2020年に生産はピークを迎えると信じている[9]。世界需要の増大と供給の減少は、大幅で永続的な石油価格の上昇をもたらし、この燃料を輸入に大部分頼っている国に損害を与える。穀物とある種の鉱物にも、同じことが言える[10]。

　もし中国とインドの経済成長が、深刻な資源不足をもたらすならば、先進国は輸入品が高価になることによって所得の実質的な減少を経験することになる。また、新奇な不足に対応しようとして、混乱が起こるかもしれない。潜在的な損失のある程度の見通しを、現存する貿易統計から推測することができる。先進国が輸入燃料と鉱産物に使う額は、EUのGDPの2.1％から日本の2.7％の範囲である。この数値は、もし価格が2倍になり消費のパターンや生産方法が変わらなければ、これらの国の実質所得が減少する割合である。もし価格の上昇がさらに大きければ、損失もさらに大きくなる。

(3) 世界の知識の源泉

　中国やインドなどの国が発展するにつれて、科学と技術に充てられる世界の資源は7倍に増大する。それによって得られる知識の追加の一部は、当該国が保持しそれに伴う便益を独占的に得るであろう。しかしながら、この知識の多くは世界中に広まり、他国の使用も可能になる。現在、中国とインドが先進国から技術を輸入しているように、将来は先進国が両国から技術をど

んどん輸入するようになる。このようにして、両国の経済発展は、最終的には現在の富裕国の生活水準を高めるのに役立つ。さらに、研究と開発に充てられる世界的な資源を増大することは、環境により優しい技術の発見を推進し、さもなければ生じる経済発展の有害な影響を避けることができるかもしれない。中国は、科学と技術の偉大な中心地になるにつれて、何世紀も前と同じように産業革新の指導的な役割を果たすであろう（ニーダム Needham 1954）。インドは、かつて数学のような分野では革新者であったが、産業革新の点では中国ほど重要であったことはなかった。

(4) 交易条件の悪化

もし中国とインドの成長が先進国にとって交易条件を不利にするならば、この損失はどれぐらいの大きさであろうか？ 主要先進国の燃料と鉱業生産物の輸入に対する支出はEU25のGDPの2.1%から日本の2.7%である。2004年に先進国の衣料輸入はGDPの0.5%から0.6%であった。衣料以外の多くの伝統的商品とハイテク商品の一部にも労働集約的な部分がかなり含まれている。正確な統計はないが、発展途上国からの労働集約的な商品とサービスの輸入が先進国にとってGDPの平均2.5%ぐらいであると仮定する。燃料と鉱業生産物にあとGDPの2.5%必要とすれば、燃料・鉱業生産物・労働集約的製品の輸入に合計GDPの5%が必要ということになる。中国とインドの成長によってそれらの価格が全て3倍になるとする。そのような損失が一時に起これば大変なことである。しかし何年にも分けられれば、その影響はそれほど劇的ではない。たとえば、アメリカ合衆国がそのGDPの10%に当たる交易条件の損失を40年間で経験するとする。一人当たりの所得は現在の年1.2%上昇に変わって約0.9%上昇することになる。一人当たり所得は、40年間で61%ではなく45%増大することになる。これは大きな損失ではあるが、大げさに言うほどでもない。

上記の計算には、価格上昇に伴う生産方法と消費形態の変化が考慮されていない。そのような変化は損失を緩和するのに役立つ。また、IT関連サービスや洗練された製品分野における中国とインドとの貿易拡大から、先進国が得る利益についても考慮されていない。さらに、両国からの新技術輸入に

図2-3 中国とインドの経常収支 1980-2008年（GDP の％）

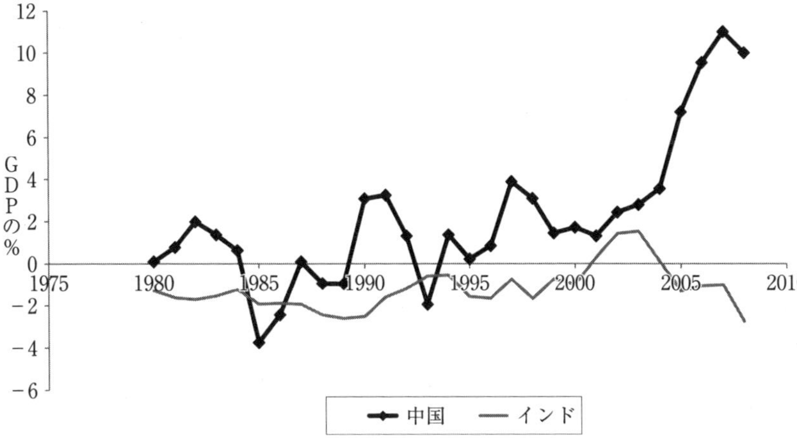

出所：IMF 2009.

よってもたらされる生産性上昇についても考慮されていない。これらの相殺要因を全て考慮に入れると、中国とインドの興隆は、結局のところ先進国の平均的な生活水準を上昇させることになるであろう。

(5) **構造変化**

中国とインドの世界の表舞台への再登場は、現在の先進国の一部の人々にとっては非常に痛手の大きい構造変化をもたらす。中国とインドが発展するにつれて、両国の輸出はどんどん洗練され、現在の先進国がほとんど独占している分野において強力な競争相手になる。これには製造品だけではなく、インドがすでに強い存在感を見せている IT 関連サービスも含まれている。先進国の多くの企業は、この新しい競争のために倒産するか解雇を余儀なくされるであろう。他方ではその他の企業と労働者は、中国とインドへの新しい輸出市場を利用して繁栄する。構造変化の場合常にそうであるように、勝者と敗者が生まれる。中国からの安い衣料品等の大量の輸入は、先進国の消費者にとって有益であった。しかし、それらを生産していた何百万もの人々は、生活の糧を奪われた（ローソンとコーツ Rowthorn and Coutts 2004）。インドへのサービスの外注は、将来同じような影響を与えるであろう（ブラ

インダーBlinder 2006)。経済学者はそのような影響を一時的な調整費用と見なしがちであるが、現代の脱工業化の経験は、構造変化の影響は何世帯も続き当該の社会には大きな痛手であることを示している。構造変化に人道的に対処することは、中国とインドの台頭によって突きつけられた最も重要な経済問題であろう。

(6) 利潤と投資

デービッド・リカードによって最初に理論化された比較生産費説によれば、諸国は生産費用が相対的に少ない商品の生産に特化する。ある国は全ての産業分野に得意であるかもしれないが、特に得意な業務に特化する。ある国が全ての産業分野に比較優位を持つことはできない。中国が、労働集約的な衣料から最も洗練された知識集約的な商品とサービスまで、全ての分野で先進国を打ち負かすであろうと主張する人々は、しばしばリカードの論点を無視している。西側の企業が、低賃金・生産性の上昇・現代の技術の迅速な習得で有利な中国の企業にかなわないという主張は、為替相場がどうなるかを無視しているので、間違っている。為替相場の重要性は、次の例から見てとることができる。

経済のほぼ全分野にわたって大幅な生産性成長を経験する発展途上国について、検討しよう。経済の全分野で実質賃金上昇が生産性成長率よりも一貫して遅れるならば、結果として実質単位費用が全般的に減少する。これが外国貿易にどのように影響するかは、為替相場がどうなるかにかかっている。為替相場が変化しないならば、単位費用の全般的減少は世界市場においてその発展途上国の全商品の輸出競争力を増大させる。これは全ての種類の輸出を増大させ、輸入を減少させる。その結果は、最近の中国に見られるように、貿易収支の莫大な黒字をもたらす。長期的には、このような規模の国際収支黒字は継続不可能であり、何らかの調整がいつか起こらざるを得ない。たとえば、国内の賃金インフレや国による通貨の公式の平価切上げが、実質為替相場を上昇させ、国内で生産された商品とサービスの競争力を低下させるであろう[11]。

発展途上国における生産費の画一的な減少は、当然生産の相対的な費用に

影響を与えないので、商品の相対価格への影響はあまりない。実際のところ、相対価格には全く影響がないかもしれない。ローソン（Rowthorn 2006, 2008）の簡単な2カ国モデルが、そのような場合である。このモデルでは、貿易の一方は先進国（北）であり、他方は発展途上国（南）である。また、南の商品価格の単位費用に対する利幅は、全ての部門で同じである。この前提は、国内の単位費用の画一的な変化が相対価格に影響を与えないことを確実にする。さらに、このモデルでは、為替相場は柔軟で、輸出と輸入の均衡を保つようにすぐに調整される。国際貿易の構成は、単位費用の変化の前後で変化はなく、両国は同じだけ各商品を販売する。したがって、交易条件に変化は生じない。

上記の例では、南の単位費用の画一的な変化は、為替相場の同等で逆の変化によって相殺される。その結果、ドルで測った費用と価格は変化しない。しかしこれは、話のほんの一部である。〔実質賃金上昇が遅れて〕現地通貨で測った単位費用が下落するにつれて、現地の利潤率が上昇する。より高い利潤率は南を生産地としてより好ましくする。その結果は北からの投資を引き付けるであろう。あるいは、北の企業は、南への移転の脅しをその労働者が賃金引き下げを受け入れる交渉材料として使うかもしれない。たとえば、アメリカ合衆国に投資していた企業が、今や中国がより儲かるのでアメリカの業務を縮小すると決定するかもしれない。あるいは、中国への移転の脅しをアメリカの被雇用者の賃金を引き下げる手段として使うかもしれない。フリーマン（Freeman 2005a, b）は、そのような問題を検討している。彼は、中国とインドの開放経済化は資本主義企業が使える世界の労働供給を実質的に2倍にし、労働者に対する資本の立場を強化した、と主張している。

中国とインドへの投資の潜在力が大きいことには、何の疑いもない。UNCTADの最近のビジネス評価の調査によれば、両国は世界で最も投資に魅力的な国であり（表2-2）、また、中国とインドの市場が拡大し、両国が外国企業に慣れるに従ってさらに魅力的になる。実際のところ外国企業にとって、これからの数十年間大規模ですばやく成長する市場に拠点を置くという予測が、中国とインドに投資する主な理由であろう。これらの国への投資の増大が世界的な貯蓄不足をもたらし、世界の利子率を上昇させ、先進国の

表 2-2　UNCTAD の調査：次の 3 年間 FDI にとって最も魅力的な経済圏（2008-2010 年の回答と 2007-2009 年の調査回答との比較）

経済圏	2007-2008 調査	経済圏	2008-2010 調査
中国	56	中国	55
インド	45	インド	41
アメリカ合衆国	38	アメリカ合衆国	33
ロシア	23	ロシア	28
ブラジル	14	ブラジル	22
ベトナム	13	ベトナム	12
イギリス	10	ドイツ	9
オーストラリア	10	インドネシア	8
ドイツ	7	オーストラリア	7
メキシコ	7	カナダ	6
ポーランド	7	メキシコ	6
		イギリス	6

出所：UNCTAD *World Investment Report 2008*, 1.20 表。

　投資を減少させることは考えられそうである。これは確かに理論的な可能性ではあるが、まだ起こっていない。逆に、中国とインドを合わせると経常収支は黒字であり、それ以外の諸国への純資金供給国である。あるいは、超国籍企業（以下 TNC）が多くの異なった国に非常に大きな規模で同時に投資するには、その経営能力がそのうち不足するかもしれない。将来、中国・インド・先進国の選択に直面し、企業が経営能力の過剰な拡大を避けるために、前二者を選択し先進国への投資を縮小するかもしれない。これは興味深い問題であるが、それが実際どれだけ重要な問題であるかは、今のところわからない。

　国際投資は双方向の出来事である。中国とインドが成長するにつれて、両国の企業が外国の企業を合併・吸収または独自の事業体を創設し、その事業を大規模に国際化し始めることを避けることはできない。中国では、これはすでに始まっている。もっとも世界的な基準から見れば、中国の TNC の国外事業は比較的小規模である。インドでは、海外への拡張はまだほとんど始

っていない。インド企業の事業は圧倒的に国内で行われている。外国資産で順序づけられた2006年の100大非金融TNCでは、中国（香港）からの1社があるだけでインドはゼロである（国連 UN 2008）。社会資本（交通・電気・電信等）に投資している100大TNCでは、中国（主に香港）が6社、インドはゼロである。50大金融TNCでは、中国とインドはゼロである。

　中国とインドへの事業の移転の可能性は、先進国における雇用側の交渉力にどの程度影響を与えるであろうか？　もし企業が先進国よりもはるかに高い利潤を中国とインドで得ることができるならば、企業は、いずれかの国に移転するか移転の脅しを、国内の現行労働者から賃金やその他の譲歩を得るために使うであろう。そこまでは明白である。現実的な問題は、企業が先進国よりも中国とインドではるかに高い利潤を実際に得ることができるかどうかである。いくつかの個別の企業ではもちろんありうる。しかし、先進国に投資することが利益であると考えている企業が、いまだにあるはずである。そうでなければ、現在の投資行動をどのように説明できるであろうか？
『世界投資報告』（*World Investment Report*）は、2007年に先進国が世界の対外直接投資のフローの70％を引き付けたと推計している（UNCTAD 2008 付録B1表）。それは、香港を含む中国とインドをあわせたものの5倍以上である。中国の数値は、対内直接投資と分類されている「ラウンド・トリッピング」〔中国本土の資金が外国に送られ、外国資本と偽装されて中国に再投資された資金〕で幾分誇張されている。フローの統計では、新規直接投資における中国の世界シェアは上昇している。これを反映して、香港を含む中国の対内直接投資のストックの世界シェアは、2000年の11.2％から2007年の13.2％に上昇した（UNCTAD 2008付録B2表）。インドへの投資は最近急増したが、2007年に世界の直接投資フローのまだ1.3％を占めるのみであり、直接投資のストックの世界シェアはまだたったの0.5％である。まだまだ、始まったばかりである。

　中国やインドへの投資を考えている企業は、その事業の利益が気になるに違いない。もし投資が長期的なものであれば、企業は将来の費用と収入の展望に関しても見通しを立てなければならない。分析を容易にするために、そのような事項の表現に、アメリカドルのような共通の計算単位を使うことが

表 2-3 国際賃金比較

市場為替相場でのアメリカドル基準　アメリカ合衆国 = 100

アメリカ合衆国 2004 年	100
インド 2004 年	6.1
中国 2004 年	7.1
中国都市部平均 2002 年	4.4
中国郷鎮企業平均 2002 年	3.4
上海直轄市 2002 年	8.7

出所：2004 年の数値は Mercer Consulting (2005) による。2002 年の数値は製造業の時間当たり賃金。バニスター Banister 2005b、第 4 表および労働統計局 BLS 資料による。

通例である。通常、換算は現在の為替相場で行われる。この基準では、中国とインドの賃金率は極端に低く現れる。都市部である上海の製造業労働者でさえ、アメリカの時間当たり賃金の 9％以下の収入にすぎない（表 2-3）。生産性に国際的な相違がなければ、賃金率の巨大な格差は中国とインドの利潤率が本当に巨大であることを意味する。そして、先進国でいまだにそのような多くの投資がなされていることは、謎であろう。実際は、もちろん生産性が中国とインドではるかに低く、低賃金の強みが一人当たり労働者の産出量も少ないということでほぼ相殺されているのである。

　ドルで測られた時に、中国の賃金がなぜそれほど低いかについては 2 つの理由がある。第 1 に、中国の実質賃金は先進国よりもはるかに低い。第 2 に、ドルで測られた生活費は非常に低い。国際比較に通常使われる、ドルを単位とする標準的な購買力平価方式によれば、中国の商品の物価は平均すればアメリカ合衆国の半分である。いずれの条件も長続きするものではない。実質賃金は急速に増大しつつあり、将来的にもこの増大は続くであろう（図 2-4）。さらに、国内の物価上昇と将来の通貨の平価切上げで、ドルで評価された中国の生活費も上昇するであろう。これは貧しい国が発展する時に常に起こることである。中国と同様に、それらの国はドル単位では非常に低い生活

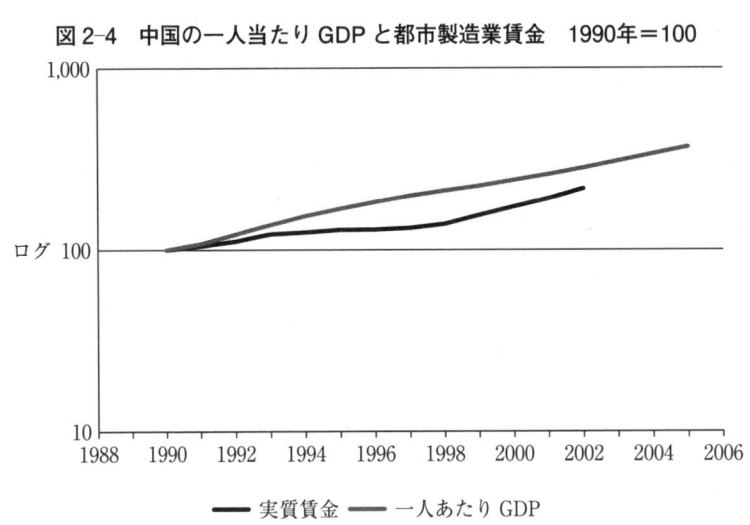

図2-4 中国の一人当たりGDPと都市製造業賃金 1990年＝100

——— 実質賃金　——— 一人あたりGDP

出所：IMFとBanister（2005a）。賃金データーは非賃金労働報酬を含まない。

図2-5 工業企業の財務実績　物的資本収益率

年	公営企業	私営企業
1999	5.4	8.8
2000	8.1	11.5
2001	7.2	11.9
2002	8.0	13.4
2003	10.2	15.0

（単位：パーセント）

出所：OECD（2005）.

表 2-4 実質賃金とドル賃金：数字例　年成長率

	中国	アメリカ合衆国	中国—アメリカ合衆国
(1) ドルでの生計費	5%	2%	3%
(2) 実質賃金率	6%	1%	5%
(3) ドルでの賃金率（＝(1)＋(2)）	11%	3%	8%

費で始まり、豊かになるにつれてドル単位の生活費はほぼ先進国で見られる水準まで次第に増大する。そのような収束は、ボーモルの「コスト病」（Baumol 1967）の表れであると広く認知されている。それは、建築や地域サービスのような生産性上昇の遅い分野が、製造業のようなダイナミックな分野で見られるすばやい生産性上昇に追いつけないことから生じる。ダイナミックな分野での大幅な賃金上昇が生産性上昇の遅い分野にも波及し、その賃金上昇のほとんどは価格上昇という形で消費者に転嫁される。中国においてこの機構が働いていることは、最近のチンの研究（Qin 2006）によって確認された。彼は、経済成長が労働集約的サービス産業で深刻なインフレーション圧力になっていることを発見した。ところで、中国政府は、労働契約の締結・履行・解雇に関する新しい法律を施行した（クーニー他 Cooney et al. 2008）。この法律は、最近の恐慌の中でいくつかの輸出産業で無視されているという苦情があるが、最終的には労働者の法的な権限を強化する重要な改革である。それが、費用圧力をさらに増大するかもしれない。

　表 2-4 は、これらのいくつかの要因がどのように結びつくかを、説明する仮説例である。この例では、ドルで測られた消費者物価は中国でアメリカよりも年 3% 早く、実質賃金は年 5% 早く増大すると仮定されている。これが実現するためには、中国のドルで測った賃金はアメリカの賃金よりも年 8% 早く増大しなければならない。

　もし上記の賃金上昇率が長期間続けば、両国の相対的な賃金に劇的に影響するであろう。中国都市部の製造業労働者の時間賃金は、ドルで測って 2002 年にアメリカ合衆国の平均賃金のたったの 4.4% であった（表 2-3）。上記の成長率では、2025 年にはそのような労働者のドルでの賃金はアメリカの水準の 26% になるであろう。上海の労働者の数値ははるかに高いであろ

う。この仮説例は、中国の生産性成長率は賃金上昇率を上回り続け、利潤率は上昇し続けるという議論に疑問符をつけるであろう。逆に、中国のいくつかの地域では、賃金上昇が利潤を圧縮し始めるということのほうがより起こりやすそうである。

　中国に潜在的な利潤圧縮が存在するかどうかを、入手可能な情報で判断することは難しい。少なくとも製造業で、最近実質賃金が一人当たりGDP以上に上昇していることで、ある程度の弱い証拠はある。それにもかかわらず、中国の事業に関する最近のOECDの調査では、民間部門の利潤率は力強く増大していて、明らかに国際的な基準では非常に高い（図2-5）。この調査によれば、2003年に中国では私営工業企業の物的資本収益率の平均は15%であった。他方、ほとんどのOECDの非金融企業の対応する収益率は、国民所得勘定の資料では6-12%の間であった（Glyn 2006 第6章）。ただし、そのような比較は慎重にしなければならない。たとえば、当該の収益率は全く同じものではないかもしれない。測定の方法が異なるかもしれない。中国の事業環境がより危険であるかもしれない。賃金が急速に上昇しているので、現在の中国の利潤率は将来の良い指針ではないかもしれない。平均利潤率は限界的な事業計画の良い目安ではないかもしれない。これらの留保条件にもかかわらず、中国への投資は現在高収益で、しかも収益率は上昇しつつあるのが実状であるように見える。問題はこれがいつまで続くかである。答えは、結局のところ賃金と生産性の上昇率に懸かっている。もしドル賃金が十分に早く上昇すれば、生産性上昇の継続にもかかわらず、高い水準からではあるが、中国の利幅は下落する。上記の数事例では、ドル賃金はアメリカ合衆国よりも年8%早く上昇すると想定した。生産性上昇が、長い期間にわたってこのような規模の相対的賃金上昇を相殺するのに十分であると信じることは困難である。

3　政治と環境

　この論文は経済問題を主に扱ってきた。しかし他の問題についても簡単に触れておくのがふさわしいだろう。

(1) アメリカ合衆国の覇権

　現在の富裕国の技術的優位は、中国やインドのような他の国がキャッチアップするにつれて減少する。また総生産量では追い抜かれる。これは現在の富裕国の軍事的・政治的パワーを減少させる。ポール・ケネデー（Kennedy 1988）が主張したように、国際情勢に対するパワーは絶対的な経済力ではなく相対的な経済力に依存するからである。現在支配的なアメリカ合衆国は、経済的に成長し続け、その国民は上昇する生活水準を継続的に享受するであろう。しかしながらそのパワーは、世界生産に占める割合が減るにつれてどんどん減少する。これは20世紀にイギリスで起こったことである。そして同じことが今世紀にアメリカ合衆国で起こるであろう。中国とインドはともに、巨大で良く装備された軍事力と、現在のアメリカの世界的な支配に挑戦する経済力を持つ大国になるであろう。これは国際政治に重要な意味を持ち、世界は一極集中から多極分散に移るであろうが、そのような問題の考察はこの論文の範囲を超える[12]。

(2) 地球温暖化

　環境問題も考えなければならない。たとえば、中国とインドの現在の経済成長は、二酸化炭素排出の強い増大傾向を伴っている。両国の一人当たり排出量は現在のアメリカ合衆国の水準のようなものにはたどり着きそうもないが、その膨大な人口によって主要な公害発生源になりつつある。中国は、二酸化炭素排出量でちょうどアメリカ合衆国を追い抜いたところである。インドも急速に追いついてきている。過去10年間、インドの二酸化炭素排出量は年5％上昇し、その率は加速しているように見える。インドは現在のアメリカ合衆国の排出水準に25年程度で追いつくであろう。多くの科学者は、大気中の二酸化炭素濃度の上昇は地球温暖化をもたらすと信じている。もっとも、その環境への影響や程度に関しては議論が続いている。

4 結論

　中国とインドの再台頭は、現在の先進国に経済的損失と便益をもたらす。マイナス面では、交易条件の悪化があり、食糧・燃料・鉱産物・労働集約的製品がより高価になる。損失は絶対的には潜在的に大きいが、この損失は先進国の総産出と将来の成長との比較で見られなければならない。長期間に振り分けられれば、損失は大過なく吸収されるであろう。プラス面では、中国とインドが豊かになるにつれて両国は研究と開発により多く投資し、それによって現在の先進国も利用できる新技術の発見を促進するであろう。中国とインドは巨大な輸出市場を提供し、それによって国際分業を促進し静態的・動態的規模の経済を増進するであろう。新技術と国際分業の新形態の利益は、天然資源と労働集約的輸入品のコストの上昇による交易条件の損失を補って余りあるかもしれない。

　もう一つの潜在的な損失は投資に関わっている。もし世界的な投資の総規模に金銭的または経営能力的な制約があるとすれば、企業は現在の先進国よりも中国とインドに投資することを選択するかもしれない。全く不確実であるが、もしこれが大規模に起これば、先進国の政府は貯蓄を増やす方法や投資先としてその国をより魅力的にする方法を見つけ出さざるをえなくなる。たとえ、中国とインドへの投資の移転がそれほど大きくなくても、移転の脅しは雇用側が労働者に対して使う強力な交渉上の武器となるであろう。

　全体として、中国とインドの成長が現在の先進国にどれほどの損失を与えるかは不確かである。しかしながら、それが特定の小集団に有害な構造変化を引き起こすのは必至である。経済学者はそのような影響は一時的な調整費用であると見なしがちである。しかしながら脱工業化の現在の経験は構造変化の影響は数世帯にわたって続き、関わりのある集団にとっては非常に大きな痛手であることを示している。構造変化に人道的な方法で対応することが、中国とインドの台頭によって提出された最大の経済問題の一つであろう。

注

1）この論文は国連貿易開発会議（UNCTAD）のディスカッション・ペーパー（Rowthorn, 2006）の改訂版である。〔　〕内には訳者による補足を示す。
2）この論文の以前の版に有益なコメントをくれたハジュン・チャン、アンドルー・グリン、ビル・マーティン、イエルク・メイアー、横川信治に感謝したい。
3）この論文は、最近の恐慌以前に書かれた Rowthorn 2006 に基づいている。多くの統計が更新されているが全体の見解に変化はない。
4）スミス（Smith 2008）には、中国とインドにおける最近の成長の政治・経済的バックグランドの優れた概観が含まれている。
5）IMF の改訂版のデーターとより最近の情報を使用したにもかかわらず、この論文で提示している予測は Rowthorn 2006 のものとほぼ等しい。主な違いは、新しい予測では中国が 2050 年まで一年あたり 0.3% 早く成長し、インドは 0.4% 遅く成長する。合計するとかなりの違いが出るが、大筋を変えるものではない。
6）2050 年の GDP の私の予測は、市場為替相場を単位としてアメリカ合衆国の水準のパーセンテージで次のとおりである。中国 181、インド 89。対応するウイルソンとプルシュサーマンの数値は 126 と 79 である。マディソンの予測は 2030 年までである。2030 年の私の予測は、購買力平価を単位としてアメリカ合衆国の水準のパーセンテージで次のとおりである。中国 37、インド 18。マディソンの予測はそれぞれ 34 と 15 である。
7）ノシル、パートナー、マッキンゼ―Noshir, Partner, McKinsey & Company。www.nasscom.in/Nasscom/templates/NormalPage.aspx?id=2599
8）ILO の公式統計は製造業の雇用を過小評価している。ここでの数値はバニスター（Banister 2005）による修正を含んでいる。
9）Fatish Birol 博士（国際エネルギー機関主席エコノミスト）インタビュー（インディペンデント紙 *The Independent*, 3 August 2009）
10）キスラー（Kesler 2007）は、21 世紀における鉱物の推定埋蔵量の有用な概観を含んでいる。アダムス（Adams 2009）は、石油価格の将来の動きを検討している。
11）現在のところ、2009 年前半の暫定的数値では中国の商品とサービスの貿易黒字は、GDP の約 4% 分減少している。経常収支黒字は GDP の 5% 分以下である。しかしながら、これらの減少は、実質為替相場の再調整によるものではなく、恐慌による中国の輸出の崩壊によるものである。
12）ジェイクス（Jacqus 2009）参照。

文献

Adams, F. G. (2009), "Will Economic Recovery Drive up World Oil Prices? Growth versus resource availability and the world petroleum market", *World Economics*, Vol. 10, No. 2, pp. 1-26

Banister, J. (2005a), "Manufacturing Employment in China", *Monthly Labor Review*, July, pp. 11-29.

Banister, J. (2005b), "Manufacturing Earnings and Compensation in China", *Monthly

Labor Review, August, pp. 22-40.
Baumol, W. J. (1967), "Macroeconomics of unbalanced growth: the anatomy of urban crisis", *American Economic Review*, Vol. 57, pp. 451-426.
Blinder, A. (2006), "Offshoring: The Next Industrial Revolution?", *Foreign Affairs*, vol 85, no.2, March/April.
BP (2009), *Statistical Review of World Energy 2009*, http://www.bp.com/productlanding.do?categoryId=6929&contentId=7044622
Chesnais, J. C. (Ed.) (2001), *Alfred Sauvy: La vieillesse des nations. textes choisis, présentés et annotées par Jean-Claude Chesnais*. Paris: Gallimard.
Cooney, S., Biddulph, S., Zhu,Y. and L. Kungang (2008), "China's New Labour Contract Law: Responding to the Growing Complexity of Labour Relations in the PRC", University of Melbourne Legal Studies Research Paper No. 317.
Das, G. (2006), "The Indian Model", *Foreign Affairs*, July-August.
Dasgupta, S. and Singh, A. (2005), "Will Services be the New Engine of Indian Economic Growth", *Development and Change*, 36 (6), pp. 1035-1057.
Freeman, R. (2005a), "Does Globalization of the Scientific/Engineering Workforce Threaten U.S. Economic Leadership", NBER Working Paper 11457.
Freeman, R. (2005b), "China, India and the Doubling of the Global Labor Force", http://www.zmag.org/content/print_article.cfm?itemID=8167&sectionID=1
Government of India (2006), *Towards Faster and More Inclusive Growth*, Planning Commission New Delhi.
Glyn, A. (2006), *Capitalism Unleashed*, Oxford, Oxford University Press. 横川信治・伊藤誠訳『狂奔する資本主義──格差社会から新たな福祉社会へ』ダイヤモンド社 2007 年。
IMF (2009), *World Economic Outlook Database April 2009*, http://www.imf.org/external/pubs/ft/weo/2009/01/weodata/index.aspx
Jacques, M. (2009), *When China Rules the World*, London, Allen Lane.
Kennedy, P. (1988), *The rise and fall of the great powers: economic change and military conflict from 1500 to 2000*, London, Unwin Hyman. 鈴木主税訳『大国の興亡──1500 年から 2000 年までの経済の変遷と軍事闘争』草思社 1993 年。
Kesler S. (2007), "Mineral Supply and Demand into the 21st Century", http://pubs.usgs.gov/circ/2007/1294/reports/paper9.pdf
Joshi, S. (2004), "Tertiary Sector-Driven Growth in India: Impact on Employment and Poverty", *Economic and Political Weekly,* 39 (37), pp. 4175-78.
Maddison, A. (2001), *The World Economy: A Millennial Perspective*, Paris, OECD. 金森久雄監訳『経済統計でみる世界経済 2000 年史』柏書房 2004 年。
Maddison, A. (2007), *Chinese Economic Performance in the Long Run, 960-2030 AD, Second Edition, Revised and Updated*, Paris, OECD.
Mayer, J and A. Wood (2001), "South Asia's Export Structure in a Comparative Perspective", *Oxford Development Studies*, 29, (1), pp. 5-29.
Mercer Consulting (2005), *European survey of employment costs*. http://www.mercerhr.

com/pressrelease/details.jhtml/dynamic/idContent/1175865
Needham, J. (1954), *Science and Civilisation in China*, Vol. 1, Cambridge, Cambridge University Press. 砺波護他訳『中国の科学と文明〈第1巻序篇〉』思索社 1991。
OECD (2005), *Economic Survey of China*.
Ozawa, T. (2005), *Institutions, Industrial Upgrading, and Economic Performance in Japan — The Flying-Geese Paradigm of Catch-up Growth*, Northampton, Massachusetts: Edward Elgar Publishing.
Planning Commission (2006), *Towards Faster and More Inclusive Growth*, New Delhi, The Government of India.
Qin, D. (2006), "Is China's growing service sector leading to cost disease?", *Structural Change and Economic Dynamics*, Vol. 17, issue 3, pp. 267-287.
Robert Rowthorn and Ken Coutts (2004), "De-industrialisation and the balance of payments in advanced economies", *Cambridge Journal of Economics*, vol. 28, Number 5, September 2004.
Rowthorn, R. E. (2006), "The Renaissance of China and India: The Implications for the Advanced Economics", UNCTAD Discussion Paper no. 182, Geneva, United Nations.
Rowthorn, R. E. (2008), "The Renaissance of China and India: The Implications for the Advanced Economics" in P. Arestis and J. Eatwell (eds.) *Issues in Economic Development and Globalization. Essays in Honour of Ajit Singh*, Basingstoke, Palgrave Macmillan.
Samuelson, P. A. (2004), "Where Ricardo and Mill Rebut and Confirm Arguments of Mainstream Economists Supporting Globalization", *Journal of Economic Perspectives*, Vol. 18, No. 3, pp. 135-146.
Smith, D. (2008), *The Dragon and the Elephant: China, India and the New World Order*, London, Profile Books.
UN (2009), *World Population Prospects: 2008 Revision, Population Database*, UN Population Division, http://esa.un.org/unpp/
UNCTAD (2005), *Trade and Development Report 2005*, Geneva, United Nations.
UNCTAD (2005), *World Investment Report 2005*, Geneva, United Nations.
UNCTAD (2008), *World Investment Report 2008*, Geneva, United Nations.
Wilson, D. and Purushothaman, R. (2003), "Dreaming with the BRICs; The Path to 2050", reprinted in *The World and the BRICs Dream*, Goldman Sachs, London and New York, 2006.
Wood, A. (1994), *North-South Trade, Employment and Inequality: Changing Fortunes in a Skill-Driven World*, Oxford, Clarendon Press.

付録　中国とインドの成長予測

　この付録は図2-2の予測がいかに導かれたかを説明する。表2-5は2008年の相対的な一人当たり所得と2005-2008年の一人当たりGDP成長率の平均を示す。

表2-5　アメリカにキャッチアップ：一人当たりGDP

	米国	中国	インド
2008年の一人当たりGDPアメリカ合衆国との比率（購買力平価単位）	100	12.7	5.8
2005-2008年の平均年成長率	1.2%	10.4%	7.3%
（上記の成長率で）アメリカ合衆国にキャッチアップするのに必要な年数		26年	66年

出所：IMF 2009

　予測は次のタイプの方程式に基づいている。
　$y(t) - y(t-1) = \beta y(t-1)$、ここで $y = \log\left(\frac{Y}{Y_{USA}}\right)$、Yは一人当たりGDP（購買力平価）をそれぞれ表す。
　2000-2008年の成長率を使って次の係数が推定された。
　中国：$\beta = .0267$,
　インド：$\beta = .0144$.
　一人当たりGDPの将来の増大は、次の係数を使って推定された。
　中国：$\beta = .0267$,
　インド：$\beta = .0220$.
　中国の係数は歴史的なものと同じである。インドの係数は、より速い成長経路に移行するという前提を反映して、歴史的なものよりかなり高い。
　GDPの予測は予測された一人当たりGDPに予測された人口（国連UN 2009より）をかけることによって得られる。

市場為替相場
　市場為替相場でのGDPは次のようにして得られる。
　$\bar{y} = \log\left(\frac{\bar{Y}}{\bar{Y}_{USA}}\right)$、ここで$\bar{Y}$は現在のアメリカドル（市場為替相場）によるGDPを表す。
　$r = \log(R)$　ここで $R = \dfrac{市場為替相場}{購買力平価為替相場}$
　定義により、
　$\dfrac{\bar{Y}}{\bar{Y}_{USA}} = R\left(\dfrac{Y}{Y_{USA}}\right)$　また $\bar{y} = r + y$。
　ある定数αに対して$r = \alpha y$と前提する。これは$y=0$の時$r=0$を保証する。したがって$Y = Y_{USA}$のとき$R = 1$。そのため、一人当たり所得がアメリカ合衆国の水準に収束すると、市場為替相場と購買力平価為替相場は同じ大きさに収束する。αの大きさは次の方程式で推定される。

　$\alpha = \dfrac{r_{2008}}{y_{2008}}$

　αが一定であるという前提は、yと$\bar{y}$が同じ次の差分方程式を満足することを意

味する。
$$y(t) - y(t-1) = \beta y(t-1)、$$
$$\bar{y}(t) - \bar{y}(t-1) = \beta \bar{y}(t-1)。$$

第3章

中国経済発展の最近の特徴と
日本経済に与える影響について

苑 志 佳

1 はじめに

　2008年の日本の『通商白書』には下記の中国経済に関する記述があった。「中国経済は、既に世界経済において大きな存在感を示している。2007年の名目GDPは3兆2,508億ドルと世界第4位の規模である[1]。2006年の中国の輸出額及び輸入額の世界シェアはそれぞれ8.0%（3位）、6.4%（3位）となっており、WTO加盟後5年で、貿易面のプレゼンスも飛躍的に向上した。このように既に巨大な規模を誇る中国経済であるが、引き続き急速な成長を実現している。2007年の中国の実質GDP成長率は11.9%と5年連続で2桁の成長率を記録している。2007年の世界経済の実質成長率4.9%のうち、実に1.2%が中国の寄与である」[2]。2008年の『通商白書』にはこれほど外国経済を高く評価した段落はこれだけである。とりわけ、世界金融危機の直前に中国経済のパフォーマンスぶりが一層目立った。

　では、中国経済は何故これほど世界から注目されているのか。最近の中国経済はどのように構造変化を辿ってきたのか。中国経済の発展とマクロ経済の構造変化は隣国の日本にどのような影響を与えるのか。本章は上記の問題意識を持って「中国経済発展の最近の特徴が日本経済に与える影響」を中心

に、1)中国経済の達成、2)最近の中国経済における構造変化、3)日本経済への影響、に分けて分析する。

2 中国経済の達成

　1978年12月に開催された中国共産党第11回3中全会は、それまでの政治闘争と計画経済の方針を是正し、経済発展を中心とした国家路線が決定され、いわば「改革・開放」のスタートであった。それから30年は経ったが、中国経済はどこまで到達しているのか。本節では、改革・開放時点からの30年間の変化について、時系列比較と国際比較の視点から中国経済の達成度を測ってみる。

(1) 時系列比較

　まず、改革・開放から今日にかけての30年間という時系列の視点から比較してみる。2008年12月に北京で開催された改革・開放政策の30周年記念大会において胡錦濤国家主席は、年平均9.8％の経済成長率や外貨準備高が世界一になったことなどの実績を挙げ、「世界が注目する偉大な成果を達成した」と中国経済発展の30年間を総括した。確かに中国経済発展の30年間は、目に見える大きな成果を獲得した。表3-1は1978年と2007年の2つの時点における中国主要経済指標の変化の比較資料である。ここでは中国の通貨人民元の価値変化（インフレ、デフレなど）を度外視し、いくつかの重要なデータだけを見ることにしよう。

　第1に経済全体の規模を示す国内総生産（GDP）は、30年の間に何と69倍という驚異的な増加である。これほど大きな成長は中国近現代史上でも未曾有のことであって世界から注目される最大の理由でもある。

　第2に国民の豊かさを示す一人当たりGDPもほぼ同様な勢いで50倍の増加である。さらに、2008年に一人当たりGDPが3,266米ドルとなり、初めて3,000米ドルの大台を突破した[3]。先進国の水準から見ると、3,000米ドルは必ずしも高いレベルではないが、13億の人口を抱える中国にとっては、最貧国から中進国レベルに達したことは大きな躍進であり、長年の悲願でも

表3-1 1978年と2007年の中国経済指標の比較

指標	1978年	倍数→	2007年
国内総生産（億元）	3,645	69	249,530
一人当たりGDP（元）	381	50	18,934
国家財政収入（億元）	1,132	45	51,322
国家財政支出（億元）	1,122	44	49,781
外貨準備高（億米ドル）	1.7	8,989	15,282
人口（億人）	9.6	1.4	13.2
都市人口比率（％）	17.9	2.5	44.9
一人当たり都市住民可処分所得（元）	343	40	13,786
一人当たり農村住民純収入（元）	134	31	4,140
総輸出（億元）	168	556	93,456
総輸入（億元）	187	329	73,285
道路網（万キロメートル）	89	4	358
航空路線（万キロメートル）	15	16	234
粗鋼生産（万トン）	3,178	15	48,929
セメント生産（万トン）	6,524	21	136,117
自動車生産（万台）	15	59	889
カラーテレビ生産（万台）	0.4	21,195	8,478
ビール生産（万キロリットル）	40	99	3,954
発電量（億キロワット時）	2,566	13	32,816

出所）『中国統計年鑑』各年版に基づいて作成。

あった。そして、一人当たりGDPが3,000米ドルを超えた後に、その国の都市化や工業化が加速し、国民の消費パターンにも大きな変化が生じることは、国際的な経験から言える。今後、中国は世界の大きな消費市場としてもその重要性がますます増すことであろう。

　第3に、中国の財政規模は、30年の間に40倍以上（財政収入45倍、同支出44倍）伸びており、国としての力は飛躍的に向上した[4]。2008年の金融危機後に、中国政府が打ち出した大型財政出動策を支えるのは、この巨大化した財政規模である。

第4に、もう1つの重要指標である外貨準備高も30年間で9,000倍弱の増加である。1978年当時、中国の外貨準備高はわずか1.7億米ドルで、最貧国のレベルであった。当時の中国で暮らしていた筆者の記憶には、外貨が極めて貴重なものであり、僅か数ドルを手に入れることも大変困難であった。それから30年後の現在、その外貨準備高がすでに2兆ドルに迫っており、中国は世界一の外貨準備高保有国になった。これをきっかけに中国企業が海外に進出したり、国民が海外旅行したりすることができるようになった。この巨大なチャイナマネーは、世界経済や金融市場にも大きなインパクトを与えるものとして注目を集めている。

　第5に、30年間における中国の対外貿易額は、輸出556倍、輸入329倍のような歴史上に類のない速度で発展している。特に2001年の世界貿易機構（WTO）加盟後の6年間は輸出額と輸入額の年間平均伸び率がそれぞれ28.9％と25.6％にも達し、2007年の輸出入額は史上初めて2兆ドルを上回った。対外開放政策の実施は海外資本を大量に誘い込み、沿海地域に大きな輸出産業を形成させたと同時に、雇用を大量に創出し経済成長を牽引した。中国は「世界の工場」として低価格の製品を大量に輸出し世界経済のインフレなき成長を底辺から支えた。一方、輸入の大幅な増加は中国が「世界の市場」としても注目され、世界経済への影響力も強まっている。

　第6に、最も注目すべき点は、中国の工業生産力の躍進である。表3-1に示したように、工業化に不可欠の素材産業（鉄鋼、セメントなど）から耐久消費財産業（自動車、テレビなど）まで、30年間の変化は驚異的なものである。鉄鋼の生産量は、30年間に15倍となり、世界最大の生産国になった。耐久消費財のテレビ生産量も30年間で何と20,000倍となり、これも世界最大の生産国となっている。以上のデータで示しているように、現代中国の高度経済成長は、歴史上に類の見られないものであると言える。

(2)　国際比較

　一方、国際比較の視点から見ても中国経済の達成度は極めて高い。表3-2は主要マクロ経済指標における中国の世界順位変化を示すものである。

　改革開放初期のGDPは、世界第10位前後を徘徊していたが、1990年代

第3章　中国経済発展の最近の特徴と日本経済に与える影響について　69

表3-2　主要経済指標における中国の世界順位変化

	1978年	1980年	1990年	2000年	2004年	2005年	2006年	2007年
GDP	10	11	11	6	6	4	4	3
輸出額	28	28	14	7	3	3	3	3
輸入額	27	22	17	9	3	3	3	3
直接投資の受入額		60	12	9	2	3	5	4
外貨準備高	40	37	7	2	2	2	1	1

出所：中国国家統計局ホームページ（http://www.stats.gov.cn/tjsj/ndsj/）。

に入ると、急速にその順位を上げ、2007年についにドイツを抜いて米国、日本に次ぐ第3位となり、名実とも世界経済のメージャーとなった。

また対外経済の側面においても中国の発展は目覚しい。改革開放初期の1978年に中国の対外貿易は、輸出額第28位、輸入額第27位のように、他の貿易大国とのギャップが大きかった。その後、対外開放政策を実施してきた中国は年々、その輸出入額の世界順位を上げ、2004年についに世界のビッグスリー（米・独・中）に仲間入りした。

一方、外国からの直接投資受入額も、1980年の世界第60位から現在は5位内にキープしている。外資の大挙進出と輸出増加の結果として、外貨準備高は急増し世界一の保有国となった。

そして、一人当たりGDPは、1990年時点に世界最貧国レベルの320ドルから、2003年の1,000ドル、2006年の2,000ドル、2008年の3,000ドルまでに速いスピートで伸びてきた。1,000ドルから3,000ドルにのせるまでに日本が11年、ドイツが15年かかったが、中国はわずか5年で達成した。その伸び率は、中国近現代史上で最速であり、国際比較の視点から見ても見事な達成である。

そして、途上国同士との比較から見ても中国の伸びは目立つ。図3-1は、同じ人口大国で最近急速な経済発展を実現しているインドとの比較である。1990年時点のインドの一人当たりGDP（390ドル）は中国（320ドル）より高かったが、その後、中国の急成長で抜かれ、2000年に2倍、2008年に3倍まで広がり、両者のギャップはますます拡大している。

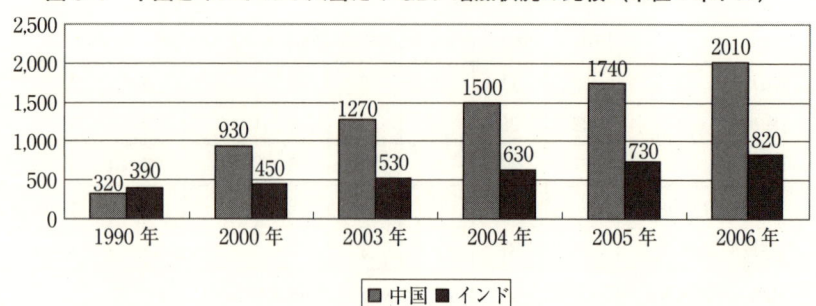

図3-1 中国とインドの1人当たりGDP増加状況の比較（単位：米ドル）

	1990年	2000年	2003年	2004年	2005年	2006年
中国	320	930	1270	1500	1740	2010
インド	390	450	530	630	730	820

出所）中国国家統計局ホームページ（http://www.stats.gov.cn/tjsj/ndsj/）に基づき筆者作成。

表3-3 主要工業製品生産量における中国の世界順位の変化

	1978年	1990年	2000年	2004年	2005年	2006年
粗鋼	5	4	1	1	1	1
石炭	3	1	1	1	1	1
原油	8	5	5	6	5	6
発電量	7	4	2	2	2	2
セメント	4	1	1	1	1	1
化学肥料	3	3	1	1	1	1
布	1	1	2	1	1	1
砂糖	8	5	4	3	3	3

出所）中国国家統計局ホームページ（http://www.stats.gov.cn/tjsj/ndsj/）。

　そして、工業生産力の国際比較から見た中国の達成度も高い。表3-3は主要工業製品生産量における中国の世界順位の変化を示すものである。21世紀以降、自然条件に制約される産業（たとえば石油）を除いて主要工業製品の生産量において、中国はトップレベルに躍進し世界有数の工業国となっていることがわかる。

3　最近の中国経済における構造変化

　以上のデータが示しているように改革開放30年間の中国経済の発展は目

覚ましいものである。一方、ここまで発展した中国経済には様々な構造変化も生じている。本節ではこれらの構造変化のうち、日本経済にもっとも影響を与える、重要なものとして——産業構造、企業構造、労働環境、通貨政策——を取り上げて分析する。

(1) 産業構造——高度化の遅れと対外開放姿勢の修正

中国経済の巨大化は産業構造に様々な変化をもたらしている。本節では中国の産業構造における変化のうち、日本経済にもっとも影響を与えるものを中心に分析する。

異なる統計の視点から見られた変化が、同じ結論にならないという点は中国産業構造上の特徴である。まず、GDPに占めるシェア（金額ベース）の推移から見た産業構造は、概ねペティ・クラーク法則に沿った変化を示している。図3-2のように、第1次産業のシェアは1994年の19.7％から2004年の13.1％まで緩やかに低下し、第3次産業のシェアは同一期間中に33.7％から40.7％までに上昇したことがわかる。ところが、同じ期間内の第2次産業のシェアがほとんど変わらない（1994年46.6％、2004年46.2％）ことは、興味深い。産業構造高度化の過程につれて、その後半段階には第2次産業の縮小と第3次産業の拡大が主な特徴であり、いわゆる産業構造の「ポスト工業化」現象が生じることは、先進国の経験からわかるが、中国の場合にはこのような現象がまだ見られていない。政府は、2006年から始まった「第10次5ヵ年計画」の期間中にGDPに占めるサービス産業の比率を2005年の

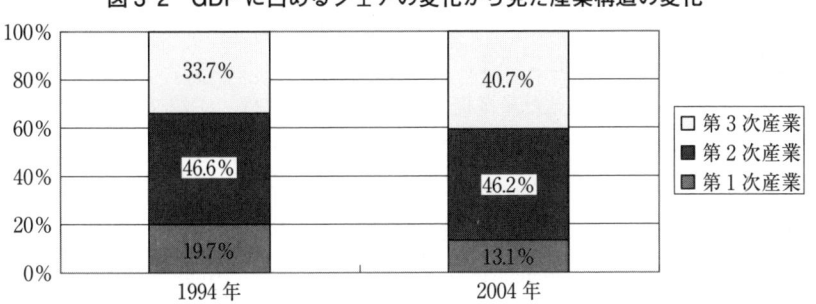

図3-2 GDPに占めるシェアの変化から見た産業構造の変化

年	第1次産業	第2次産業	第3次産業
1994年	19.7％	46.6％	33.7％
2004年	13.1％	46.2％	40.7％

出所：『中国統計年鑑』各年版により筆者作成。

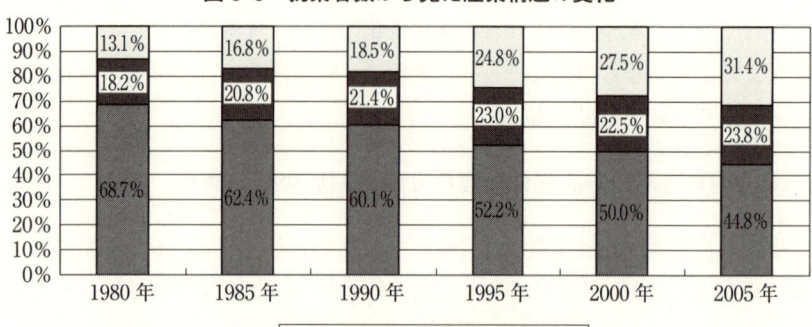

図 3-3 就業者数から見た産業構造の変化

年	第1次産業	第2次産業	第3次産業
1980年	68.7%	18.2%	13.1%
1985年	62.4%	20.8%	16.8%
1990年	60.1%	21.4%	18.5%
1995年	52.2%	23.0%	24.8%
2000年	50.0%	22.5%	27.5%
2005年	44.8%	23.8%	31.4%

出所：『中国統計年鑑2007年』（電子版）（http://www.stats.gov.cn/tjsj/ndsj/2007/indexch.htm）。

39.9％より3ポイント上げる目標を掲げ、産業構造の高度化を目指し、サービス産業分野の振興に力を入れているが、2007年のサービス産業分野の生産高が9.6兆元で、GDPに占める割合が39.1％で、2006年より0.3％低下した結果から、産業構造の転換はなかなか進んでいない現実が浮き彫りになっている。

　そして、先進国でよく採用されている統計方法――3つの産業分野の就業者数――から見た改革開放初期から2005年までの期間の産業構造は図3-3のように別の構図となっている。産業構造は長期的に高度化の傾向を示しているが、第1次産業の割合が依然として非常に高く、4割以上となっている。そして、第3次産業の割合は、四半世紀で倍以上（13.1％から31.4％へ）の伸びになったが、ペースは緩やかであった。これに対して第2次産業は1980年代から1990年代の緩やかな上昇から1990年代以降に2割台にとどまるという特徴を示している。

　上記2つの視点から見た産業構造上の特徴としては、①第2次産業から第3次産業へのシフトが進まないこと、②「ポスト工業化」が到来していないこと、③第1次産業の割合が依然として非常に高いこと、などが挙げられる。第2次産業がなかなか縮小しない理由は様々あるが、そのうち、もっとも大きな要因は、皮肉にも対外開放政策そのものである。1980年代から始まった対外開放政策の思惑は、海外から直接投資を誘致することによって工業化

を促すことであった。その結果、第2次産業においては、国際分業のメリットを十分に享受した中国の外資政策が功を奏し、大量の外国企業の生産拠点が中国に設けられ、長江デルタ地域や華南地域を中心とする世界有数の製造業集積地が形成された。ただ、中国の製造業の場合、ハイテク技術要素を取り入れる付加価値の高いものは少ないとよく指摘される。特に多国籍製造業企業には、国際分業型の海外直接投資の形態を取り、研究開発（R&D）や市場開拓関係など、いわば「スマイル・カーブ」における高付加価値の部分を本国に置き、単純・大量の生産機能を中国投資先の工場に移したケースが多い。そして、製造業の分野に移動の困難な固定資本が一旦投下されると、別産業へのシフトが難しいため、結局、低付加価値の大量生産型工場を多く抱えるという点は、中国製造業の特徴でもあり、産業構造上においては第2次産業から第3次産業になかなかシフトできない理由でもある。

　産業構造の高度化を目指す中国政府は2007年以降に、産業政策と外資政策の両方面からその対策をとり始めた。産業政策では、①成長方式の転換、②基幹産業の支援、③産業のハイテク化、④産業の高付加価値化、⑤産業立地の最適化、などの目標が挙げられた。

　①成長方式の転換については、2008年の政府活動報告に下記の方針が明らかにされた。つまり、「投資・輸出主導の経済成長から消費・投資・輸出主導へ」、「第2次産業主導から第1・2・3次産業主導へ」、「物的資源消費依存から科学技術進歩・勤労者の資質向上・管理中心依存へ」という経済成長方式の方向性を是正し、産業構造の最適化・高度化を進める方針に転換する[5]。

　②基幹産業の支援については、世界的な金融危機の影響によって景気が急減速したのを受け、中国政府は2009年初めから主要な基幹産業——自動車、鉄鋼、造船、石油化学、軽工業、紡績、非鉄、設備機械、電気通信、物流——に対する政策的調整に乗り出した。たとえば、小型自動車を購入する際の税金を半減させることや、鉄鋼業の技術開発を支援する基金の創設などの支援策は、盛り込まれている一方、造船業では国内のドック新設を3年間凍結し、生産能力の大幅な抑制に踏み切る[6]。

　③産業のハイテク化については、2007年に「高度新技術産業発展の11・5

計画」が公表された。「計画」には、7つのハイテク産業分野——情報通信技術産業、バイオ産業、航空宇宙産業、新素材産業、ハイテクサービス産業、新エネルギー産業、海洋産業——が指定され、税制面・金融面から優遇措置を講じている。

④産業の高付加価値化については、政府は「革新創造国家」を実現するための「国家中長期科学技術発展計画大綱」を制定し、2020年までに発明特許数や科学論文数で世界上位に入るとする目標を定めた。この目標を実現するための税制、金融政策、政府調達などの政策も制定した[7]。

⑤産業立地の最適化については、これまで東部沿海地域に集中された製造業分野への投資を西部、東北部、中部へ誘導し、重要なプロジェクトの配置も中西部の経済発展に寄与できるよう十分に配慮するという政策が盛り込まれた。また、農村部と都市部の経済・社会発展の一体化という新しい枠組みを提唱している。

そして、産業構造の高度化と並行する外資政策に対する改正も注目される。改革開放初期から、中国政府は海外からの直接投資を積極的に導入する方針を実行した結果、既述したように国際分業のメリットを追求する外資は、中国に大挙進出し、中国の製造業を支える不可欠の存在までになった。そして、経済の発展と外資の存在感の高まりに伴って、中国政府は外資政策の軌道修正と調整を始め、無条件に外資を歓迎する段階から徐々に産業構造の高度化に合わせて選別する段階に入った。政府が公表した「外資投資ガイドライン」は、この政策転換をはっきり示している。表3-4は、中国政府がこれまでに2回公表したガイドラインの主要内容の比較である。「外資投資ガイドライン」は、これまで外国企業の投資分野を「奨励」、「制限」「禁止」の3種類に分けて異なる政策を講じてきた。1995年に初めて公表されたガイドラインにおける「奨励業種」には、農地開発とインフラ関係分野以外に電子およびバイオなど新興産業があった。この時、国内市場における供給超過分野（洗濯機、冷蔵庫、自動車、エンジン、カラーテレビ、VTRなど）および国際競争力の弱い分野（商業、小売、ゴルフ場、銀行、保険など）が「制限業種」として定められた。そして、2007年に公表された最新ガイドラインには中国政府が目指す産業構造の高度化に寄与する分野および最先端の産

表3-4 中国の外資投資ガイドラインにおける変化

	1995年	2007年
奨励業種	荒地開発、交通インフラ（空港、道路）、電子・エレクトロニクス、新興産業（バイオ医薬）	野菜・果樹、石油・ガス開発、飲料・タバコ、自動車・同部品、高分子材料、バイオ医薬、超硬複合材料、太陽電池生産設備、軌道交通運輸設備、ごみ処理設備、船舶設計・製造、風力発電設備、デジタル通信設備、大気汚染防止設備、原子力発電所建設・運営、汚水処理、都市給水場の建設・運営、物流、高等教育（大学）、老人ホーム
制限業種	洗濯機、冷蔵庫、自動車、エンジン、カラーテレビ、VTR、商業、小売、ゴルフ場、銀行、保険	800万トン以下の製油所、有色金属精錬、コンテナ生産、普通船舶の設計・製造、電力網の建設・経営、電信業務、先物取引、銀行・保険・証券、市場調査、高等教育機関、医療機構、映画館の建設・経営、大型テーマパーク
禁止業種	象牙加工、公共事業、郵政・電信、貿易、テレビ放送、新聞発行、武器製造	象牙加工、漢方薬加工、タングステン・モリブデン・錫・アンチモン・蛍石など希少金属、ゴルフ場、武器製造、郵政、社会調査、義務教育、新聞発行、賭博場、ラジオ・テレビ番組制作会社の経営

出所：中国商務部ホームページにより作成。

業分野を「奨励業種」として指定し、そのうちに、先進国でも新しい産業分野——たとえば、太陽電池生産設備、ごみ処理設備、風力発電設備、デジタル通信設備、大気汚染防止設備など——も含まれている。外資投資ガイドラインは、産業の高度化・精緻化・高付加価値化を誘導する方向が鮮明になってきた。これらの政策の変化は今後、産業構造の転換と高度化に大きな影響を与えるに違いない。

(2) 企業構造——大きな変貌と山積する課題

本節では、中国企業の最近の変化を示すいくつかの側面——所有関係の変化、企業規模、労働生産性、技術開発、企業の海外進出など——を中心に説明する。

表3-5 2006年全国工業企業の諸指標

	企業数	生産高 (億元)	総資産 (億元)	営業収入 (億元)	利潤総額 (億元)	従業員数 (万人)
総計	301,961	316,589	291,215	313,592	19,504	7,358
国有企業	14,555	30,728	48,942	31,437	2,012	707
集団企業	14,203	9,175	5,504	8,919	529	267
株式合作企業	6,313	3,079	2,107	2,963	147	91
聯営企業	1,075	1,306	1,461	1,281	78	24
有限責任企業	47,081	70,814	83,023	71,399	5,380	1,708
株式制企業	7,210	33,597	32,173	33,291	2,751	456
私営企業	149,736	67,240	40,515	64,818	3,191	1,971
香港・マカオ・台湾企業	29,181	33,760	27,291	32,956	1,796	1,031
外資企業	31,691	66,317	49,818	65,980	3,588	1,087

出所:『中国統計年鑑』(2007年)、電子版 (http://www.stats.gov.cn/tjsj/ndsj/2007/indexch.htm)。

1) 所有関係の変化

　かつての計画経済体制下の中国企業は、国家所有の「国営企業」と特定の集団所有の「集体企業」によって構成されていたが、「改革・開放」期に入ってから、民間や個人からの出資が認められ、外資系企業の設立も推奨された。これによって民営企業、外資系企業などの非公有企業は急速に台頭し経済の活性化と工業成長の加速化をもたらした。現在の中国企業は「公有企業」と「非公有企業」に分類される。公有企業には、国家所有の「国有企業」と特定の集団が所有する「集体企業」[8]がある。これに対して非公有企業には、国内民間資本による「民営企業」、香港・マカオ・台湾資本による「香港・マカオ・台湾企業」および外国資本による「外資企業」が含まれる。表3-5は2006年現在における工業企業の全貌を示すものである。この統計資料から見れば、かつてほぼ唯一の企業形態である国有企業数が、全国工業企業総数のわずか4.8％に過ぎず、非公有企業の民営企業数が、全体の49.6％まで占め、外資企業、株式制企業などを合わせると、非公有企業数は全国工業企業数の9割以上を占めているように、現在の企業所有形態はかな

り多様化していることがわかる。一方、雇用面から見ても、2006年の全国工業企業のうち、国有企業が就労者全体のわずか9.6％を雇用したのに対し、私営企業だけでも全体の26.8％の就労者を雇用したように、非公有企業は就労者の主な受け皿となっていることはわかる。

2) 企業規模

そして、中国企業の規模は依然として先進国の後塵を拝しているが、一部の産業分野では、中国企業の急速な台頭と巨大化が見られた。表3-6は一部の工業製品の世界生産量から見た中国企業のシェア（2007年）を示すものである。粗鋼、パソコン、太陽電池などの工業製品分野では中国企業が先進国企業と互角になり、近い将来、その一部は世界のトップ企業になる可能性も出てきた。2008年に始まった世界金融危機によって先進国の企業は未曾有の経営危機に見舞われ、企業の時価総額が急低下したケースが少なくなかったため、時価総額では中国企業の一部は、世界ランクの上位に入るようになった（表3-7を参照）。無論、時価総額のみが企業の本当の実力を全部反映するわけではないが、世界の大手企業と並ぶのは、中国にとっては史上初のことである。

3) 労働生産性

そして、労働生産性という競争指標においては、中国企業が依然として大きな課題を抱えている。2007年12月に日本の社会経済生産性本部がまとめた「労働生産性の国際比較」によると、中国の就業者一人当たりの付加価値額は、2005年時点で11,625米ドル、世界69位であった（日本は、62,855米ドル、世界21位）。先進国に比べて中国の人件費は安いが、労働生産性ではまだ見劣り、世界トップレベルの企業との間に大きなギャップが残っている。ただ、1995～2005年の労働生産性の年平均上昇率ランキングでは、日本が1.36％で44位であったが、中国は7.90％で世界3位に入っているように、中国企業も急速に追い上げている[9]。

**表 3-6　一部の工業製品の世界生産量から見た中国企業のシェア
（2007 年）**

製品名：粗鋼（世界生産量：13.22 億トン）

世界順位	企業名	企業所在地	世界シェア
第 1 位	アルセロール・ミタル	ルクセンブルク	8.7%
第 2 位	新日鉄	日本	2.6%
第 3 位	JFE スチール	日本	2.5%
第 4 位	ポスコ	韓国	2.4%
第 5 位	宝鋼集団	中国	2.1%

製品名：パソコン（世界出荷台数：2.69 億台）

世界順位	企業名	所在国	世界シェア
第 1 位	ヒューレット・パッカード	米国	18.8%
第 2 位	デル・コンピュータ	米国	14.9%
第 3 位	エイサー	台湾	7.8%
第 4 位	レノボ	中国	7.5%
第 5 位	東芝	日本	4.1%

製品名：太陽電池（世界出荷量（発電能力ベース）：3,733 メガワット）

世界順位	企業名	所在国	世界シェア
第 1 位	Q セルズ	ドイツ	10.4%
第 2 位	シャープ	日本	9.7%
第 3 位	サンテック・パワー	中国	8.8%
第 4 位	京セラ	日本	5.5%
第 5 位	ファーストソーラー	日本	5.5%

製品名：時計駆動装置（世界生産量：9.3 億個）

世界順位	企業名	所在国	世界シェア
第 1 位	セイコー	日本	38.7%
第 2 位	シチズン	日本	30.6%
第 3 位	オスター	中国	6.1%
第 4 位	ロンゲイン	香港	5.3%
第 5 位	ロンダー	香港	4.6%

出所：『日経産業新聞』2008 年 7 月 22 日の記事により作成。

表 3-7　2008 年末の世界の時価総額ランキング

順位	企業名	国・地域	時価総額（億ドル）
第 1 位	エクソンモービル	米国	3,997
第 2 位	中国石油天然気	中国	2,591
第 3 位	ウオルマート	米国	2,176
第 4 位	中国移動	中国	1,968
第 5 位	P&G	米国	1,809
第 6 位	マイクロソフト	米国	1,765
第 7 位	中国工商銀行	中国	1,747
第 8 位	AT&T	米国	1,677
第 9 位	GE	米国	1,666
第 10 位	J&J	米国	1,641

出所：『日本経済新聞』2009 年 1 月 23 日の記事により作成。

4）技術開発

　これまで中国企業の発展を制約するアキレス腱の一つは技術レベルの低さである（ここでいう技術は狭義的な製品・製造技術をいう）。改革開放期以降、先進国企業の技術に追いつかない中国企業はしばらく、製品および生産規模の量的拡大を追求するしかなかった。1990 年代後半ごろ、中国国内の発明特許件数の 50％以上が外資系企業や個人によるものである。中国政府の 2003 年の調査によると、製造業大企業・中堅企業の売上高に占める研究開発支出はわずか 0.67％で、研究開発の専門組織を設けている企業は僅か 23.7％しかなかった。これを深刻に受け止めた中国政府は 2006 年に「革新創造国家」の目標を設定し、2020 年までに発明特許の年間取得数と引用される国際科学論文数をともに世界 5 位以内に入るという中長期目標を掲げた[10]。世界知的所有権機関（WIPO）が発表した 2008 年の特許の国際出願数では中国通信機器大手の「華為技術」が中国企業として初めて首位になったように、一部の中国企業は世界で頭角を現し始めた。国別の件数ではまだ 6 位であるが、前年度に比べ、11.9％増と急伸しており、知的財産大国に脱皮しつつあり、さらに 2009 年にフランスを抜いて 5 位になると予測されて

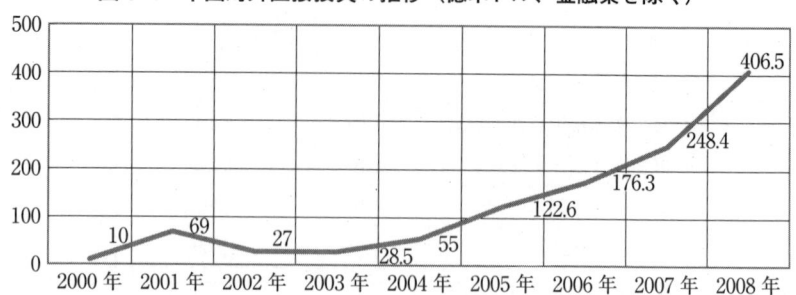

図3-4 中国対外直接投資の推移（億米ドル、金融業を除く）

データ点：2000年 10、2001年 69、2002年 27、2003年 28.5、2004年 55、2005年 122.6、2006年 176.3、2007年 248.4、2008年 406.5

出所：中国商務部HP、http://hzs.mofcom.gov.cn の公表データにより作成。

いる[11]。また、日本経済新聞社が2008年に日本企業を対象に実施した調査では、日本を含む9カ国・地域の研究開発力を現状と10年後について5点満点で評価した結果、10年後もアメリカの存在感は依然として大きいが、アメリカ以外で高い評価を集めたのは中国である。現状では韓国や台湾、シンガポールの後塵を拝しているが、10年後には大きく抜き去ると、日本企業は分析している。技術について、中国の目覚しい成長はよく知られている。調査結果では今後、日本企業の研究開発力は伸び悩み、中国との差が一気に縮まるという結果になった[12]。

5) 企業の海外進出

　既述したように、改革開放期の経済高度成長を支える諸要因のうち、外資導入は極めて重要であるが、1990年代後半から、中国企業は静かに海外に進出し始め、21世紀に入ってからその国際展開のペースは一層加速した。中国の対外直接投資は、政府の後押しを受けて2004年ごろから急増し、世界の対外直接投資大国へ変身しつつある。中国政府の発表によると、2008年に中国の対外直接投資（金融業を除く）は前年比64％増の406.5億米ドルであった[13]。図3-4はこれまで中国企業の対外直接投資の推移を示すものである。この図から、2002年以降、中国の対外直接投資額は年々増加し、2004年からそのペースが一気に加速し、2008年には中国の対外直接投資額は400億ドルの大台を突破し、406.5億ドルに達したことがわかる。世界規模の金融危機によって先進国企業の対外投資は低迷している中、中国企

業の躍進は一層目立つ。対外直接投資急増の背景として、①外貨準備の急増、②国内市場の飽和、③市場での過当競争、④生産コスト（労働、通貨など）の上昇、などが挙げられるが、政府が打ち出した「走出去」（世界進出）戦略は、企業の海外進出を強く後押ししている[14]。海外進出の際に最新鋭の工場をゼロから建設する、いわゆる「グリーンフィールド型」の日本企業のような投資パターンと異なり、中国企業は既存企業の買収（テイクオーバー）方式を好む。とりわけ、2008年に世界金融危機に見舞われた先進国企業を買収する（M&A）ケースは急増し、中国企業による海外企業買収の金額は前年比で2倍弱に増えた。このうち、鉱山や原油など資源関連のM&Aが7割を占めている[15]。

(3) 労働環境——失われた優位性と社会政策の拡充

これまでの中国経済の高度成長の背後には、低賃金労働という要素が無視できないものとしてある。税の減免、低価格の土地に安価で良質な労働力が加わって外資誘致の好条件が揃っていた。これらの経営環境を利用する外資系企業は、組立型製造業の工場を次々と中国沿海部に設立した。ところが、最近になって賃金の急上昇などによりその経営環境が大きく変貌してきた。図3-5は2004～2008年の間の中国主要代表都市の最低賃金の変化を示すものである。この資料からは、主要都市の最低賃金が急激に引き上げられていることがわかる。たとえば、外資系企業が集中した深圳市では、最低賃金が2004年の月間600元から2008年の1,000元まで引き上げられた。改革開放

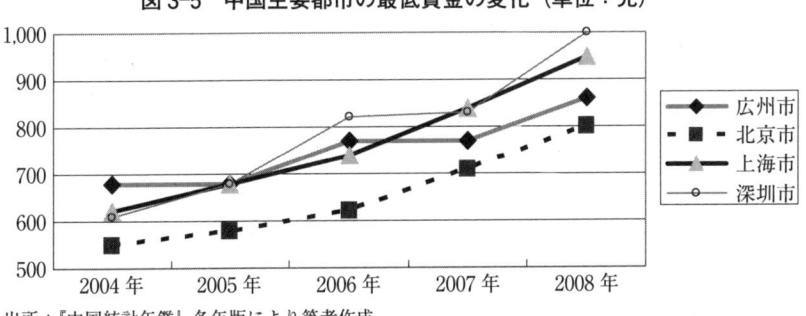

図3-5 中国主要都市の最低賃金の変化（単位：元）

出所：『中国統計年鑑』各年版により筆者作成。

表 3-8　アジア 11 カ国・地域の 2008 年の給与水準（年収、米ドル換算）

	工場従業員	事務系課長職	09 年予測昇給率
香港	18,894	49,938	4.2%
シンガポール	16,101	42,253	4.3%
韓国	15,560	31,205	5.6%
台湾	14,494	30,331	2.7%
タイ	4,624	21,766	5.8%
マレーシア	4,405	19,897	6.2%
フィリピン	4,029	13,780	6.2%
中国	3,499	15,197	10.2%
インド	3,423	13,721	13.2%
インドネシア	2,849	10,094	11.5%
ベトナム	1,347	7,558	17.3%

出所：『日経産業新聞』2009 年 2 月 2 日の記事による。
（資料元出所：日経アジア社、日経リサーチ）

期以降、短期間にこれほど急激な賃金上昇は初めてのことである。その結果、これまで 30 年間に存在していた低賃金労働力という中国の競争優位を徐々に失っている。表 3-8 は、アジア 11 カ国・地域の 2008 年の給与水準（年収、米ドル換算）の比較資料である。中国の賃金水準は、現時点でインドやベトナムなどより高く、NIEs 地域の五分の一（労働者ベレル）から三分の一（中間管理職）程度に相当するまで追いつき迫っている。このような労働条件変化の背後には、複合的な要因があると思われる。その主なものとして、①インフレ、②地方政府の政策、③労働法の制定、④社会政策の 4 点が挙げられる。

1) インフレ

インフレ要因はやや複雑ではあるが、①世界的な原油高・食料高に起因する物価上昇、②過剰流動性に起因する物価上昇、③農業の低生産性に起因する物価上昇、など複合的な要素が混在している。特に原油高による世界的な

物価上昇は、世界2番目の石油輸入国中国にとっては、大きなインフレ要因の1つである。そして、過剰流動性の背後には、2005年に人民元の切り上げ後に発生した輸出鈍化を食い止めるために中央銀行（中国人民銀行）が人民元相場の安定を維持するために実施した大規模な元売り・ドル買い介入があった。為替市場への政策介入は、過剰投資と物価上昇の一因にもなっている。また長期間に渡って解決できなかった農業の低生産性は、農民の可処分所得を引き上げられない結果をもたらしたと同時に、農産物の供給を抑制させ、その結果、2007年末の消費者物価指数（CPI）は前年比7％前後まで上昇し、農産物価格の上昇が一般消費者を直撃し、2007年までに5年間続いた高成長と低インフレの時代は終わった。「インフレは社会的緊張を誘発するのではないか」と危惧した政府側は、賃金上昇の状況を容認するしかなかった。

2）地方政府の政策

地方政府の政策も賃金上昇とは無関係ではない。周知のように、先進国と異なって中国では中央政府が最低賃金基準を直接規定しない。最低賃金水準は、各地方政府が所在地の実質消費水準に応じて定められるため、2000年頃から社会的安定を優先する地方政府は次々と最低賃金基準を引き上げた。特に外資系企業が集中する広東省政府は、2007年ごろ、「騰籠換鳥」と「所得倍増計画」の戦略を打ち出した。「騰籠換鳥」とは、籠の中の鳥を交換するように、これまで形成された広東省の労働集約型から高付加価値型に産業構造の転換を図ることである。「所得倍増計画」とは、2012年までに広東省都市住民の所得を2007年の2倍までの引き上げを目指すことである。産業構造の転換を促進し、労働集約型産業からの脱皮を図るために、省政府は最低賃金基準を引き続いて引き上げることにした。改革・開放の先端に立つ広東省や上海市などの地方の政策は他の地方にも影響を与え、2000年以降、各地方政府は次々と最低賃金基準を引き上げた。

3）労働法

そして、賃金上昇の最大要因とされるのは、2008年1月に実施された労

働契約法である。労働契約法の最大のポイントは、①労働者権利の重視、②雇用の保障、③労働組合機能の強化、などである。同法では勤務10年以上または雇用契約を2回以上更新した労働者に無期限の雇用契約を結ぶ、いわば実質的な終身雇用の権利を労働者に認めた。同法では解雇時の補償金支払に関する基準なども強化され、これまで企業があまり経験しなかった組合主導の賃上げ交渉も保障された。労働契約法の実施に伴って、労働者の権利意識が目覚め、労働環境の改善や賃金の引き上げを要求する労働争議は沿海地域を中心に多発している。国家統計局によると、2008年前半の都市部の平均賃金収入（6カ月）は12,964元（約20.5万円）と前年比18％増となった。企業の9割が賃金上昇を経験した[16]。

4）社会保障

そして、労働環境の変貌に伴って中国の社会保障政策にも、様々な変化が見られる。中国の社会保障政策は、建国後まもない1951年の「労働保険」規定の導入に遡れる。「労働保険」規定は医療保険だけでなく年金、出産・養育保険、労災保険、および家族保険などの内容を盛り込んだ包括的なものであった[17]。そのうち、医療保険制度は、「公費医療制度」、「労働保険医療制度」から構成され、その対象者は無料で医療サービスを受けられる。大躍進期間中には人民公社を通じて福祉プログラムが施行されたが、文化大革命期には生産性を強調して大部分の労働保険規定が実質的に白紙化された。1978年に労働保険規定が改正されてからその役目が回復した。2000年に発表された「第10次経済・社会発展5カ年計画」（2001～2005）から2005年まで社会保障制度を完備することを目指そうとしたが、現時点ではその目標が依然として達成されていない。たとえば、2007年時点での養老保険加入者は1億3千万人であるのに対して、年金保険受給者は4千万人位であった。

2008年に発生した世界金融危機をきっかけに中国政府が公的年金・医療保険制度の整備に乗り出した。「社会保険法」の制定作業を本格化させ、手当てが不十分だった出稼ぎ労働者（農民工）も支給対象に加えることや、医療保険制度の改革には今後3年間で8,500億元（約11兆円）を投じ、医療保険料の公的助成を引き上げるなどの施策を講じる。世界的な景気後退が市

民生活にも影響を及ぼす中、セーフティーネット（安全網）を整備して社会不安を抑えるとともに、消費者に安心感を与え内需拡大にもつなげたい狙いがある。現在の公的年金は、企業と個人が共同で負担し、企業負担分を所在地の年金基金、個人負担分を基金の個人口座に積み立てる。退職者が企業所在地や本籍地を離れれば、公的年金の企業負担分は事実上の「掛け捨て」となるため、労働者の間で「勤務先を自由に選択できない」との不満が根強かった。「社会保険法」案によると、地方政府に管理される年金基金は全国規模で統一管理され、企業負担分の積み立て実績も個人分と同様に各地方政府間の移動を自由化させ、退職時に一括して支給できるように法案作成をしているようである。さらに沿海部と内陸部、都市と農村の所得格差に伴う負担の不公平感を解消するため、2012年までに年金基金の一元化も目指す。そして、問題の多い現行の医療保険制度の改革にも着手され、医療保険の加入率90％以上を目指すほか、年間一人当たり80元の保険料の政府補助を2010年までに120元に増額する改革案も策定している[18]。

振り返ってみると、改革・開放期に入ってから現在にかけて、中国の労働・社会政策面は、「労働者に不利、生産者に有利」の色が濃かった。これから、生産者優遇時代の幕が下ろされる段階に突入するであろう。そうなると、「世界の工場」も大きく変貌するに違いない。

(4) 通貨政策——為替相場のジレンマ

改革開放期の中国経済の発展には投資と外需が大きく貢献した。これまで中国のGDPに占める固定資本形成（公共事業、設備投資、住宅投資など）の割合は比較的に高かった（4～5割前後）。ところが、これほど高いレベルの固定資本形成によって生まれた供給は、必ずしも国内市場によって全部、吸収できるわけがなく、政府による政策誘導の結果により、その供給過剰部分が海外市場に向けられた[19]。中国金融管理当局がアジアNIEsの経験に照らして、人民元の為替相場を輸出に有利な方向で調整していたことは、周知の事実である。改革開放期の人民元為替相場に関わる制度の変遷は、大まかに次の4つの時期に分けることができる。

①二重相場制（1981年～1993年）。改革開放政策の導入以降、輸出

を奨励するために獲得外貨を中央政府・地方政府・企業で分けあう外貨留保制度が1980年に実施されたのを機に貿易外取引における公定レートと貿易取引における実勢レートが並存していた。1981年には貿易取引実勢レートを元安に（1米ドル＝2.8元）、海外から受け入れた送金の人民元への交換など貿易外取引公定レートには元高に（1米ドル＝2.0元前後）、為替相場が設定された。そして、1985年には実勢レートが廃止され、外貨調整センターレートへと発展した。1991年にはそれまでの段階的な大幅調整は、管理された変動相場制へと移行され、公定レートと市場レート（外貨調整センターレート）が並存することになった。さらに、1993年末では公定レート1米ドル＝約5.8元に対して外貨調整センターレートでは1米ドル＝約8.7元であった。

②管理フロート制（1994年～1997年）。市場経済化の拡大を皮切りに対中投資が活発化し、中国がGATT加盟に乗り出すと、加盟諸国から二重相場制の是正を加盟条件として要求された。中国はそれに応じ、公定レートを、需給に基づいて管理された市場レートに統合する形で為替レートを一本化した。またその後の外国為替市場の発足により、管理フロート制へと移行した。

③固定相場制（1997年～2005年）。1997年7月にアジア通貨危機の発生を機に、中国人民銀行による「ドル買い元売り」介入で政策的に1ドル＝8.2765元前後に維持されており、管理変動相場制とされる人民元のレートは事実上の固定相場制・ドルペッグ制（連動制）となっていた。

④管理フロート制・通貨バスケット制（2005年以降）。小幅な振幅ながら徐々に上昇し、2006年5月15日には12年ぶりに1ドル＝8元の元高を計上し、2007年5月21日より、前日比変動幅を0.5％までに拡大した。

4つの時期における人民元為替レートは、〔元高（改革開放当初～1980年代半ば）→元安（1980年代半ば～2005年）→元高（2005年以降）〕という流れになる。1994年に中国政府は二重為替レートを廃止すると同時に、輸出促進や外資誘致のために人民元の為替レートを政策的に安く設定したにも

かかわらず、日米欧など主要国が何も文句を付けなかったことは実に面白いところである。その理由として、①中国は当時の GATT に未加盟であること、②中国の対外開放には輸出が不可欠であること、③元安は主要国資本の対中投資に有利に働くこと、④中国はまだ IMF8 条国ではないこと（1996年に移行）、などが挙げられるが、何よりも当時中国経済の規模がまだ比較的に弱体であり、中国に対する投資を優先させるための元安を容認するとの諸国の思惑が最大の理由であろう。その結果、元安という為替政策は、中国の輸出貿易と外資の対中直接投資を強く刺激し、高度経済成長に導いた最重要な要因の1つになった。ところが、長期的な元安誘導によって中国の輸出が急増し、貿易黒字も急増した結果、外貨流入も加速し、諸国がその元安を容認できなくなり、人民元の切り上げに対する圧力となった。先進国の経験に照らせば、一国通貨の対外為替相場は、その国の経済規模の拡大や貿易黒字の急増や労働生産性の向上などに伴って上昇する。人民元も例外ではない。21 世紀に入ってから、中国経済の規模は徐々に巨大化し、G8 メンバーの一部よりも大きくなった。そもそも元安に由来した低価格の製品輸出は世界市場における貿易摩擦を激化させ、安価な中国製品の急増によって国内産業にダメージを受けた国々から反発されている。2003 年ごろから、日米欧主要国政府は元安状況と人民元制度の見直しを要求し始めた。それに伴って、人民元相場は 2005 年 7 月の制度改革によって事実上の固定相場制から変動範囲内での変動を認める「管理変動相場制」に移行した。為替政策を所管する中国人民銀行（中央銀行）はその後も、元相場を切り上げる方向に傾き、特に 2007 年秋以降にインフレ対策の一環としてそのペースを速め、制度改革後の元相場上昇率が一時 20％を超えた。同時に、元相場の上昇は中国製品の輸出競争力を弱めるうえ、2008 年に勃発した世界金融危機が加わり、世界市場が停滞し、中国経済に打撃を与えた結果になった。為替相場を元高方向に続けて誘導すれば、輸出依存度が高い中国経済は急速に失速する可能性が高い一方、元安に誘導すれば、日米欧主要国から強い反発を招くだけでなく、元安を維持するために金融当局が外国為替市場への介入で人民元を大量に放出し、過剰流動性を招く恐れがあると、中国政府は人民元為替政策のコントロールに苦慮し、このようなジレンマに直面している。実際にこのよう

な事態が2007年に発生した。中国政府の最近の「適切な為替相場を維持する」という政策上の表明は上記のジレンマを示しているであろう。

このジレンマを乗り越えようとする中国政府は最近、「元の国際化」という方法を試し始めた。人民元の為替相場を厳格に管理する中国政府は、これまで中国本土以外での元建て貿易決済を原則として認めなかったが、2009年に入ると、政府はASEANなど近隣諸国・地域との貿易取引について、人民元の決済を一部解禁する方針に方向転換した。具体的には、まず、①香港、マカオと、上海を含む長江デルタ地域、広東省の間、②ASEANと雲南省、広西チワン族自治区の間の貿易取引について元決済を実験的に認める内容である。さらに、状況を見て対象地域を拡大する可能性を示唆している。人民元建ての決済が認められれば、輸出企業は、中国の貿易取引の三分の一以上を占める部分がドル相場に関係なくなり安定した収入を得られるようになる。元決済の一部解禁は中国国内でしか流通しない元が、国際通貨として一歩踏み出すことを意味し、元の国際化のスタートとも言えるであろう。また、中国との貿易関係を緊密に持つ周辺諸国・地域は将来的に「元経済圏」に入ることも考えられる。ただし、元の国際化を進めるには、元をいつでもどこでも自由に交換できるような「インフラ」が必要とされ、さらに、中国政府が元相場を管理しきれなくなり、元がドルや円などの主要通貨に対して急騰することで、中国の輸出産業にダメージを与える恐れもあるため、中国政府は、現段階で元の全面的国際化を推進するわけには行かないと思われる。また、元建ての債権市場が十分に育っておらず、各国は外貨準備で元を保有しても運用先がないという問題もある。このように元の国際化に向けた課題が依然として多い。

4　おわりに——日本経済に与える影響について

これまで中国のマクロ経済における構造変化のうち、日本経済との強い関連性を有するものを取り上げて分析した。周知のように、日中両国の経済はかつて経験したことのないほど緊密化しているため、こうした中国経済の構造変化は当然、日本経済に甚大な影響を与えることになる。本章の最後では、

第3章　中国経済発展の最近の特徴と日本経済に与える影響について　89

中国のマクロ経済の構造変化が日本に与えるインパクトを、3点——対外貿易、直接投資と企業戦略、国際市場競争——に分けて分析・整理する。

(1) 対外貿易——高水準の日中貿易の継続

中国は現在、「市場」（＝日本の対中輸出）と「生産地」（＝日本の対中輸入）として、日本にとっては最重要なパートナーになっている。日本の貿易取引高に占める中国からの輸入額は、10年以上首位を維持している一方、日本の輸出先市場としての第1位は終始アメリカであった。しかし、この輸出構造も、ついに変わり始めている。財務省が発表した貿易統計によると、香港・マカオも含めた中国圏向けの輸出額は2007年5月から米国向けを上回った。さらに、2008年8月時点では香港・マカオを除く中国向けの輸出額は戦後初めて米国向けを上回り、中国が日本にとって最大の輸出相手となった。日本の対外貿易の地域構造を変えた要因は様々であるが、中国側の要因は次の通りである。

第1は、中国経済規模全体の拡大と一人当たり所得水準の上昇により、市場のパイそのものが拡大している。2008年に始まった世界金融危機の影響で、従来の日本の輸出先市場である北米、欧州の経済は低迷状態に陥り、短期間に飛躍的な市場拡大が期待できそうもない。一方、中国経済は危機の影響を受けて経済成長率が低下したが、依然として世界最高の成長率を維持している。一人当たりのGDPは3,000ドルを突破したため、自動車や高額の家電製品など耐久消費財もこれから本格的に普及するようになり、そして、日本国内市場の拡大は、様々な不利要素——少子高齢化、耐久消費財市場の飽和、マイナス成長など——によって制約されるため、日本企業は中国市場に目を向けるのは当然であろう。

第2に、前述したように、中国の産業構造には、第2次産業から第3次産業へのシフトが遅れていること、ポスト工業化が到来していないなどの特徴がある。地域間の所得格差を考えると、第2次産業は今後もしばらく、大きなシェアを維持するであろう。様々な資本財と生産財を必要とする第2次産業を維持するための国内の供給能力に限界があるため、資本財や生産財の生産に競争優位を有する日本の製造業にとっては大きなチャンスである。2008

年の対中輸出品目に日本で精製した軽油など鉱物性燃料や半導体などの電子部品が上位を占めていることは、これを裏付ける根拠である。

第3に、中国の「財別貿易特化係数」は、1990年代初めごろ、典型的な途上国型（一次産品＞一般製品＞機械類製品）から未熟NIEs型（一般製品＞一次産品＞機械類製品）へシフトし、1990年代末ごろ、さらに成熟NIEs型（一般製品＞機械類製品＞一次産品）に進化してきた。この結果、日中貿易は、高付加価値の工業製品を日本が中国に輸出し、中・低付加価値の工業品を中国から輸入する、という新国際分業のパターンを示している。日中間貿易における質の向上は今後、貿易額を一層引き上げる可能性が高い。

第4に、人民元高という構造変化は中国の輸入増をもたらす。これまで中国で「現地生産・現地調達」を行ってきた日本企業は今後、元高を利用して日本からの調達を増やす可能性も出てきた。これも日本の対中輸出を押し上げる要因の1つになるであろう。

一方、日本の対中貿易額を高水準に維持できる要因として、まず、第1に、資本財・生産財の競争優位性を挙げられる。日本は現在でも依然として世界最高水準の製造業を持っている。改革開放期以降でも、中国にとって、日本は最重要な生産財・資本財の供給国である。産業構造の高付加価値化を目指す中国は今後、日本から高品質の生産財・資本財の輸入をさらに増やすに違いない。

第2の要因としては、高品質の耐久消費財の日本の優位性である。日本経済新聞社が2007年に行った中国の市場調査によると、中国の消費者が購入したい主要な耐久消費財ブランドで、日本製がほとんど上位に立った（デジカメでソニー、自動車でホンダ、テレビで松下電器（当時）がそれぞれ首位）[20]。市場で高品質の製品に対する認知度が全体的に向上すればするほど、日本製の耐久消費財が本領を発揮できる。これまでに日本企業が先進国市場で経験したことは今後、中国市場でも再現するであろう。

第3に、日中間における生産技術の分業関係も重要な推進要因である。改革開放期以降、中国の製造業企業は猛烈に先進国企業の技術を吸収・導入し、製品・製造技術とも飛躍的に向上させてきたが、製品・製造技術においては日本との差は依然として埋められていない。これが日中間に都合のよい分業

関係を形成させた。同種の商品にしても日本企業が高付加価値品、中国企業が汎用・普及品（たとえば、テレビ、オートバイ、自動車、デジタルカメラなど）をそれぞれ生産し、中国企業が大量組立生産を行い、日本企業が中核部品を供給する場合も多い（携帯端末と専用コンデンサー、液晶テレビとパネル、エアコンとコンプレッサーなど）。このように中国の生産規模が大きくなればなるほど、「生産誘発型輸入」が発生し、日本から中国への輸出は増えることになるであろう。

(2) 対中直接投資と企業戦略の調整——輸出型から内販型へ、在来型技術分野から未来型技術分野へのシフト

　中国経済における構造変動が日本の対中直接投資に与えた影響は極めて大きい。2000年以降、日本企業の対中直接投資は年間3,000～4,000億円のペースで推移している。業種別の金額ベースから見ると、「電気機械」はトップを維持し、「輸送機械」、「機械」、「化学」、「鉄・非鉄」がこれに次ぐ[21]。これまで日本企業による中国の現地生産は、必ずしも中国市場のみに供給するためのものではなく、グローバル生産の一環として展開するケースもあれば、安価な労働力の活用や最適な立地や量産効果の追求などを目的としたケースもある。たとえば、対中直接投資のトップ業種の電気機械のうち、電子部品の生産は労働コストに左右される要素が多いため、これまでに日本企業は材料や設備（日本企業の得意分野）を日本から持ち込み、中国現地法人会社で生産する戦略、いわゆる典型的な「迂回輸出型」戦略を採用した。ところが、元高に起因する労賃上昇、労働法による労働者保護、輸出奨励の縮小、税制改革による税負担増などによる投資受入側としての中国の優位性が薄れている。このような所得水準の上昇や産業構造高度化政策の推進などの構造改革は、日本企業の対中投資の業種再編を迫っている。要するに、労働コストの活用を目的とする迂回輸出型の対中直接投資は今後難しくなる一方、現地市場向けの直接投資にはチャンスが現れている。

　日本企業は、中国経済の構造変化に対応するための戦略調整をすでに始め出した。まず、中国の産業政策や外資政策の変更に対応する対中直接投資に変化が見られた。表3-9に示されたように、中国政府が今後奨励業種とする

表3-9 最近の日本企業の対中直接投資業種の変化事例（括弧内は発表年）

業種	企業	戦略調整
アパレル	ユニクロ	9割の在中生産体制を調整、バングラデシュに工場を新設（2009年）
	シキボウ	上海の生産工場を2011年にベトナムへ移転（2008年）
電機	シャープ	上海の国有企業と提携し、液晶テレビ用パネルを現地生産へ（2009年）
	ソニー	液晶テレビの生産を中国EMSメーカーに委託へ（2008年）
	東芝	液晶テレビ生産を台湾メーカーの中国工場に委託生産へ（2008年）
	ダイキン	中国大手エアコンメーカー格力と基幹部品と金型を合弁生産（2009年）
	京セラ	天津工場を増強し太陽電池モジュール生産能力を現在の4倍へ（2009年）
流通	三陽商会	2011年に現在の約8倍の70店の設置、婦人服の専売も増強（2009年）
	ヤマダ電機	2009年末に瀋陽に海外一号店を出店（2009年）
	高島屋	2012年に上海に同国最大級の百貨店を出店へ（2009年）
	無印良品	中国主要都市に出店数を増やす（2009年）
	ファミリーマート	今後の3年間に現在の3倍の500店に拡大へ（2009年）
サービス	セコム	年内に現地企業との合弁会社数を倍増させる（2009年）
	日立製作所	企業情報システムを代行運用するデータセンター事業を上海に設立（2009年）
食品	キッコーマン	河北省に醤油を生産する合弁会社を設立する（2008年）
	ヤクルト	天津市に3ヶ所目となる工場を建設し、乳酸飲料を生産へ（2008年）

出所：各種の報道により筆者作成。

産業分野（たとえば、太陽電池や食品・飲料生産）への投資は増加していることがわかる。また、国民所得の向上に対応して、流通やサービス分野への対中投資や追加投資が活発になった。今後、この類の対中投資はさらに増える可能性が高い。第3に、これまで安価な労働力を利用した企業は、在中事

表 3-10　未来型産業分野の技術開発水準の国際比較

	日本	米国	欧州	中国	韓国
燃料電池	◎（↑）	◎（→）	○（→）	△（↑）	○（→）
バイオ燃料	○（↑）	◎（↑）	○（→）	△（→）	○（→）
高性能二次電池	◎（↑）	○（→）	○（→）	△（↑）	○（↑）
超電導利用	◎（→）	◎（↑）	○（↑）	△（→）	△（↑）
リサイクル技術	◎（↑）	○（↑）	○（↑）	△（↑）	△（↑）

説明：◎＝圧倒的優位、○＝優位、△＝遅れている。
　　　↑＝上昇傾向、→＝現状維持。
出所：『日経産業新聞』2008 年 4 月 16 日の記事による。

業の調整に乗り出し始めた。その代表はユニクロである。2008 年末ごろ、ユニクロは、約 9 割を生産する中国への一極化集中から転換し、バングラデシュなどを第 2 の生産拠点として育成しようとする戦略調整に転換した。

　今後の日本企業の対中直接投資には、「技術的な競争優位を持つ分野を伸ばす」戦略が挙げられる。その典型は未来型産業技術分野――燃料電池、バイオ燃料、超電導、リサイクル技術など――である。表 3-10 はこれらの未来型産業分野に関する技術の国際比較である。ほとんどの分野で日本は世界的に技術優位性を持っている。これらの分野で技術的に遅れた中国は、日本に強く期待しているに違いないので、今後、日本企業にとっては大きな進出チャンスとなる。

(3)　国際市場競争――ライバルになりつつある中国企業

　中国経済の構造変化が日本経済に与えるもう 1 つの影響として、世界市場に現れる日中企業間の競争が挙げられる。現時点では世界の製造業市場における中国企業のパフォーマンスから見ると、日本企業の強いライバルになるには、なお時間がかかると思われるが、中国企業の「スピード」――技術キャッチアップの速さ、意思決定の素早さ、企業行動の速さなど――を考えると、近い将来、中国企業は世界市場で日本企業と衝突する可能性が高い。中国の対外直接投資額が、2000 年のわずか 10 億ドルの小規模から、2008 年に一気に 40 倍以上（400 億ドル強）に増加した勢いを考えると、おそらく近

い将来、世界市場における日中企業間の競争が発生する可能性が高い。これまでに筆者が行った東南アジア市場での現地調査によると、日系企業に比べて中国企業は次の独自の競争優位を持つことを示唆している。
　①途上国の底辺市場を開拓する能力
　②製品価格の競争力
　③途上国市場に適するほどほどの製品品質
　④途上国市場消費者ニーズの熟知
　⑤フレキシブルな現地経営手法
　⑥現地華僑・華人資源の活用術
　⑦経営者のハングリー精神
　⑧従業員の競争心

　すでにタイやベトナムの耐久消費財――家電、オートバイ、テレビ、通信機器など――市場では中国企業が日系や韓国系企業と真正面から競合している。今後、海外に進出する中国企業を想定して、新たな企業戦略の再構築をする必要に日本企業は直面するであろう。現地進出した日系企業は今後中国企業とどのように付き合うかを真剣に考える時期を迎えた。

　本章は、中国経済発展の最近の特徴と日本経済に与える影響について、4つの側面――産業構造、企業構造、労働環境、通貨政策――から分析した。2008年に始まった世界金融危機は、まだ出口が見えない状態にある。金融業においては欧米に比べて日本企業は受けた打撃が比較的軽微であるが、欧米市場の冷え込みにより、日本の製造業は深刻な打撃を受けた。短期的にはその活力を回復する見込みがない欧米市場に比べて中国市場の重要性は一層増している。日本経済新聞社が2008年末に日本の大手企業経営者に対して行った調査によると、今後、有望とされる市場について、大半の経営者は「中国」をトップに挙げ、中国市場が世界的景気回復のきっかけになるとの見解を示している[22]。また、同社がまとめた中国進出日本企業へのアンケートによると、2008年度の中国事業の最終利益は2007年度に比べ「増加」と答えた企業が5割を超え、「大幅黒字」と「黒字」の回答が約62％に達した[23]。世界経済が低迷している中、中国経済のパフォーマンスは日本経済に

第3章　中国経済発展の最近の特徴と日本経済に与える影響について　95

とっては頼りの1つになっていることが明らかである。

注

1) 『通商白書』公表後、中国の統計当局は、2007年のGDP金額を再調整した結果、その年のGDPがドイツのそれを超えた。ここでの記述は依然として再調整前の「第4位」のままである。
2) 経済産業省『通商白書』2008年版、65頁。
3) ここでの情報は2009年3月に北京で開催された全人代で明らかにされたものである。
4) 1994年に中国では中央政府と地方政府の間に「分税制」が導入された。2007年の統計数字には中央政府分のみが反映されているので、それに地方財政の分を加えると、財政規模はもっと大きくなると思われる。
5) 詳しくは「中国、経営高度化課題に」『日経産業新聞』2007年10月23日の記事を参照されたい。
6) 同注5。
7) 富士総研ゼミナール「新時代の中国経済、29」(『日本経済新聞』2008年2月13日)を参照。
8) 集団企業の典型例は「郷鎮企業」である。
9) 『日経産業新聞』2008年7月1日の記事を引用。
10) 同前注7を参照。
11) ここのデータは、『日経産業新聞』2009年1月28日の記事を参照した。
12) 詳しくは『日経産業新聞』2008年8月8日の記事を参照されたい。
13) このデータは、『日本経済新聞』2009年1月26日の記事によるものである。
14) 「走出去」という用語は1998年頃にも提起されたが、正式には2000年10月に『中共中央の国民経済・社会発展第10次五カ年計画制定に関する決議』が国家戦略として定められた。
15) 詳しくは『日本経済新聞』2008年12月29日の記事を参照されたい。
16) 『日本経済新聞』2008年8月11日の記事を参照。
17) 労働保険制度については、多くの先行研究がある。李捷生［2000］には労働保険に関する詳細な分析があるので、参照されたい。
18) ここでの記述は、「中国、社会保障を拡充」『日本経済新聞』2009年1月30日の記事を引用した。
19) 技術・資金と市場を海外に求め、大量生産を国内で行う、という「両頭在外、大進大出」や、材料、技術、市場を海外に求める「三来一補」などの戦略はその典型例である。
20) 『日本経済新聞』2007年7月12日の記事による。
21) 信金中央金庫総合研究所編『図解中国ビジネスQ&A』(蒼蒼社、2004年)による。
22) 「景気回復は2010年前半」『日経産業新聞』2008年12月29日の記事を参照した。
23) 「中国事業「黒字」62%」『日経産業新聞』2009年4月15日の記事による。

参考文献

1. 経済産業省『通商白書』2008 年版
2. 中国商務部ホームページ、http://hzs.mofcom.gov.cn
3. 『中国統計年鑑』(2007 年)、電子版 (http://www.stats.gov.cn/tjsj/ndsj/2007/indexch.htm)
4. 『日経産業新聞』
5. 『日本経済新聞』
6. 富士総研ゼミナール「新時代の中国経済」『日本経済新聞』
7. 李捷生［2000］『中国「国有企業」の経営と労使関係』御茶の水書房

第4章

日本企業 in 中国

板垣 博

1 はじめに：中国拠点の重要性

　中国の経済成長、とりわけ21世紀に入ってからの中国国内市場の成長によって、日本企業にとっての中国の重要性がますます高まってきている。2008年秋に顕在化した世界的な金融危機によって、危機の震源地であるアメリカ以上に日本の経済成長率や生産量の減少幅が大きかったことから、いわゆるデカップリング論（アメリカやヨーロッパで経済危機が発生したとしても、アジアの新興国を中心とする成長によって世界経済の破綻は免れるとする説）は誤りであったとされる。短期的に見ればその通りであろう。しかし、中長期で見れば、中国、インド、ASEAN地域、そして日本・韓国・台湾などを加えたアジアの経済成長が、世界経済発展のエンジンとして、いっそう大きな役割を果たすであろうことは疑いない。日本企業のグローバル戦略は、日本、北米、欧州、そして中国をはじめとするアジアの4極から成り立ってきた。4極の中でも、多くの日本企業にとって日本国内と北米の比重が高かった。だが、金融危機を脱した後の世界では、4極構造に大きな地殻変動が起きる可能性が大である。日本企業にとって中国事業の役割は、中国の政治的・社会的不安という要素は無視できないものの、今後いっそう大き

くなるであろう。

こうした問題意識に基づき、本稿では以下の3点を論じる。まず第1に、日本企業の対中国投資を概観し、投資目的、進出地域、産業分野の面でどのように変化してきたかを明らかにする。また、日本企業にとっての中国の、そして中国にとっての日本企業の存在が重要であることを確認する。第2に、日本企業による対中国直接投資の2本の柱である電機・電子産業と自動車産業を取りあげて、日本企業の中国進出の経緯と特色を、現地企業や他国の企業との競争関係と関連させながら明らかにする。第3に、日本企業の現地経営の特色を、日本企業の他の地域（特に日本企業にとってこれまで中国以上に重要であったアメリカを中心とする北米地域）における現地経営や他国企業の在中国現地法人と比較しつつ論じ、合わせて日本企業が直面する課題とその解決の方向を考察する。

2 日本企業による直接投資の推移と概要

中国が1970年代末に改革開放に踏み切った後、日本企業の対中国投資が開始されたが、80年代までは投資額の小さなものが多く、投資を伴わない委託加工も多くの数にのぼった。業種としては労働集約型の繊維、雑貨、食品加工、電機・電子の組立（部品組立を含む）が支配的であった。立地としては華南あるいは珠江デルタと呼ばれる広東省、なかでも香港に隣接し80年に経済特区に指定された深圳と、遼寧省にあり84年に沿海開放都市に指定された大連を中心としていた[1]。

もうひとつ、直接投資ではないが、この時期に注目されるべきは、日本からのプラント輸出である。その中心は、カラーテレビの組立ライン、カラーブラウン管および部品の製造ラインであり、日立、東芝、松下、NEC、JVCなどの日本企業はプラントの輸出と共にさまざまな量産技術を供与した。このプラント輸出は、その後の日本家電メーカーによる直接投資の地ならしをしただけでなく、やがてライバルとなって日本企業に立ちはだかる中国地場メーカーの技術基盤をも提供する結果となった。

日本企業による中国投資が本格化したのは、1992年の鄧小平によるいわ

ゆる南巡講話およびそれに続く中国共産党第14大会での社会主義的市場経済の提唱が、改革開放路線の後退という疑念を払拭した1990年代前半である。立地の面では珠江デルタと大連が引き続き中心であったが、市場経済化の進展とインフラの整備によって投資規模が拡大しただけでなく、繊維や雑貨に加えて電機、オートバイなど一段と付加価値の高い分野が投資の中心となった（JETRO 2004）。

1990年代の後半に、投資ラッシュの反動、中国の経済引き締め政策、更には日本の国内不況の深刻化などによって、投資は一度落ち込みを見せる。しかし、中国がWTOに加盟した2000年代に入って日本企業の投資は再び急増した。投資は一段と大型化し、立地においては上海を中心とする華東地域すなわち長江デルタが中心に躍り出た。業種では電機・電子、機械はもちろん、自動車の組立・部品が重要な地位を占めるようになった。また、研究開発拠点の設立が見られるようになったのも注目すべき現象である。こうした立地や業種の変化は、安価な労働力を利用する輸出拠点から、急成長し将来性の大きな国内市場向け製品への転換を意味するものでもあった。

近年（2007〜2008年）の対中国直接投資において、日本がどのような地位を占めているのかを、まず確認しておこう（表4-1参照）。投資国・地域としては香港のシェアが圧倒的に高く、それに続くのが英領バージン諸島である。3番手集団として、ケイマン諸島、シンガポール、日本、韓国がほぼ一線で並んでいる。ただし、これらの国・地域のうち、香港、英領バージン諸島、ケイマン諸島は、第三国からの投資がそれらを経由したものである（当然だが香港は一部香港資本を含む）。したがって、単独の国別投資としては、日本からのものが、シンガポール、韓国と並んで首位の座にあると言える。

一方、近年（2006〜2008年）の日本の直接投資の相手国としての中国の地位はどうであろうか（表4-2参照）。アメリカが首位にあり、上で述べた理由からケイマン諸島を除くと、年により凹凸はあるが、中国はイギリス、オランダと並んで2番手集団を形成している。つまり、日本の対中国直接投資は、日中双方にとって大きなプレゼンスを示しているのである。

ついでに言えば、投資のみならず、貿易関係においても日中はお互いに重

表 4-1　中国の国・地域別対内直接投資（2008 年）

(単位：件、%、百万ドル)

順位	対中投資国・地域	契約件数				実行金額			
		07 年	08 年	伸び率	比率	07 年	08 年	伸び率	比率
1	香港	16,208	12,857	-20.7	46.7	27,703	41,036	48.1	44.4
2	英領バーレーン諸島	1,883	975	-48.2	3.5	16,552	15,954	-3.6	17.3
3	シンガポール	1,059	757	-28.5	2.8	3,185	4,435	39.3	4.8
4	日本	1,974	1,438	-27.2	5.2	3,589	3,652	1.8	4.0
5	ケイマン諸島	342	216	-36.8	0.8	2,571	3,145	22.3	3.4
6	韓国	3,452	2,226	-35.5	8.1	3,678	3,135	-14.8	3.4
7	アメリカ	2,627	1,772	-32.6	6.4	2,616	2,944	12.5	3.2
8	サモア	765	346	-54.8	1.3	2,170	2,550	17.5	2.8
9	台湾	3,299	2,360	-28.5	8.6	1,774	1,899	7.0	2.1
10	モーリシャス	243	133	-45.3	0.5	1,333	1,494	12.1	1.6
参考	EU	2,384	1,844	-22.7	6.7	3,838	4,995	30.1	5.4
	全世界合計	37,871	27,514	-27.4	100.0	74,768	92,395	23.6	100.0

注1：順位は2008年の実行金額。
注2：EUは15カ国（ベルギー、デンマーク、英国、ドイツ、フランス、アイルランド、イタリア、ルクセンブルク、オランダ、ギリシャ、ポルトガル、スペイン、オーストリア、フィンランド、スエーデン）。
出所：商務部資料をもとに作成。

表 4-2　日本の国・地域別対外直接投資の推移

(単位：億円、%)

順位	投資対象地域	06 年		07 年		08 年	
		金額	比率	金額	比率	金額	比率
1	米国	10,834	18.5	18,524	21.4	44,618	33.9
2	ケイマン諸島	3,347	5.7	6,889	8.0	22,825	17.3
3	英国	8,424	14.4	3,737	4.3	6,752	5.1
4	中国	7,172	12.3	7,305	8.4	6,700	5.1
5	オランダ	9,940	17.0	14,710	17.0	6,656	5.1
6	インド	597	1.0	1,782	2.1	5,429	4.1
7	ブラジル	1,654	2.8	1,458	1.7	5,376	4.1
8	オーストラリア	547	0.9	4,781	5.5	4,899	3.7
9	ドイツ	1,312	2.2	1,022	1.2	3,948	3.0
10	韓国	1,768	3.0	1,533	1.8	2,447	1.9
参考	EU	20,875	35.7	23,636	27.3	23,294	17.7
	ASEAN	8,090	13.8	9,169	10.6	6,503	4.9
	ロシア	186	0.3	117	0.1	317	0.2
	世界合計	58,459	100.0	86,607	100.0	131,686	100.0

注：順位は08年（速報）ベース。
出所：財務省統計をもとに作成。

表 4-3　日中の貿易関係

2008 年日本の輸出入　　　　　　　　　　（単位：百万ドル）

	輸出			輸入	
	額	構成比		額	構成比
世界	775,917	100.0		756,086	100.0
中国	124,035	16.0		142,337	18.8
米国	136,200	17.6		77,617	10.2

出所：JETRO、2008 年日本の貿易相手国 TOP50、より作成。

2007 年中国の輸出入　　　　　　　　　　（単位：百万ドル）

	輸出			輸入	
	額	構成比		額	構成比
世界	761,953	100.0	世界	955,818	100.0
日本	83,986	8.4	日本	133,951	14.0
米国	162,891	19.1	韓国	103,757	10.9
香港	124,473	15.1	台湾	101,022	10.6
			米国	69,379	7.3

出所：JETRO 資料より作成。

要なパートナーである（表 4-3）。日本にとって中国は、アメリカに僅差で続く第 2 位の輸出相手国であり（2008 年の日本の輸出全体に占めるシェアは、アメリカ 17.6％、中国 16％）、輸入相手としては 2 位のアメリカに大差をつけて中国が第 1 位である（同じく 2008 年の日本の輸入全体に占めるシェアは中国 18.8％、アメリカ 10.2％）。中国にとっても日本は、アメリカと香港に次ぐ第 3 位の輸出相手国であるが（2007 年の中国の輸出全体に占めるシェアは、アメリカ 19.1％、香港 15.1％、日本 8.4％）、香港への輸出は大部分が再輸出されるので、日本は実質上第 2 位の輸出相手国である。輸入相手国としては、中国にとっても日本が第 1 である（2007 年の輸入全体に占めるシェアは日本 14.0％、2 位の韓国 10.9％、3 位の台湾 10.6％；以上、輸出入のデータは日中いずれもドルベースでの JETRO 資料から）。つまり、直接投資と貿易が相互に排除し合うのではなく、むしろ相互促進的な関係であることをうかがわせる。

表 4-4　地域・業種別

	合計		製造業							
					食料品		化学・医薬		鉄・非鉄金属	
	額	構成比	額	構成比	額	構成比	額	構成比	額	構成比
アジア	150,434	100.0	105,914	70.4	6,838	4.5	14,468	9.6	7,509	5.0
うち中国	42,756	100.0	31,938	74.7	1,586	3.7	3,379	7.9	2,496	5.8
北米	207,888	100.0	110,748	53.3	3,519	1.7	23,806	11.5	6,398	3.1
西欧	165,024	100.0	99,520	60.3	22,635	13.7	11,894	7.2	2,922	1.8
全世界	618,584	100.0	342,913	55.4	38,597	6.2	53,354	8.6	19,808	3.2

注：構成比は域内の業種の割合を示す。
資料：『財政金融統計月報』第 680 号、2008 年 12 月号。

　次に、表 4-4 によりながら日本企業の対中国直接投資の概要を見ておこう。まず、目立つのは、製造業の比率の高さである。2007 年末現在の対中国直接投資残高の 75％を製造業が占めており、これは、世界平均はもちろん、製造業比率の高いアジア平均と比べてもそれを更に上回る数字である（表 4-4）。こうした製造業中心という性格は、直近の（2006〜2008 年）フローから見た投資動向においても変化がない（表 4-4 と同じ財務省資料）。

　製造業の中にあって、ストック（投資残高）の面でもフローの面でも大きな比重を占めているのが電機機器と輸送機械（自動車およびオートバイ）である。上で述べたように、早い段階から日本の対中国投資をリードしてきた電子・電機産業が大きなシェアを有するのは、容易に想像がつく。しかし、後述するように、欧米企業に比べて出遅れていた自動車産業を中心とする輸送機器分野が、投資残高においては電機機械に次ぐ地位を占め、フローでは近年電機機械とほぼ肩を並べるシェアを有しているのは、部品を含む自動車産業が今や対中投資の柱となっていることを示している。非製造業では、投資残高・フロー共に、卸売・小売業の比重が高いことに注目しておこう。

　2008 年の中国内での地域別投資額は、上海市、大連市、広東省、北京市、天津市、山東省の順になっている模様である（表 4-5）。細かい順位の変動は別として、上海市を中心とした華東地域、深圳・東莞・広州などの華南地域、更には大連、北京、天津などの大都市からなる沿海部を投資の中心とする構図には、変わりがない。

投資残高（2007 年末）　　　　　　　　　　　　　　　　　　　　　　（単位：億円、%）

一般機械		電機機械		輸送機器		非製造業		卸・小売		金融・保険	
額	構成比	額	構成比	額	構成比	額	構成比	額	構成比	額	構成比
8,008	5.3	29,689	19.7	21,770	14.5	44,519	29.6	15,383	10.2	14,847	9.9
4,403	10.3	7,867	18.4	6,578	15.4	10,819	25.3	5,292	12.4	3,186	7.5
6,945	3.3	27,362	13.2	34,218	16.5	97,140	46.7	47,200	22.7	27,332	13.1
3,953	2.4	16,473	10.0	25,682	15.6	65,504	39.7	17,790	10.8	32,006	19.4
19,607	3.2	74,873	12.1	90,504	14.6	275,672	44.6	85,084	13.8	120,657	19.5

表 4-5　2008 年日本の対中地域別投資額

（単位：百万ドル）

都市・省	投資額
北京市	475
天津市	435
上海市	1,197
大連市	831
広東省	530
山東省	402

出所：JETRO（2009）『北東アジア地域事務所共同調査報告：特集中国北アジア　日本企業が直面する課題』。

　次に節を変えて、日本の対中直接投資の中心産業である家電と自動車の中国進出を見ていこう。

3　家電産業：日本企業の中国進出と中国企業の台頭

　1978 年末の改革・開放政策の目玉の一つは、それまでの重化学工業偏重政策を改め、消費財重視を打ち出したことである。これによって、カラーテレビなどの家電製品に対する需要に火がついた。しかし、当時の中国企業の生産能力および技術水準の低さから需要の拡大に対応できず、輸入が急増した。こうした事態を受けて、中国政府は外国企業からのプラント輸入と技術

導入によって国産化を推進する政策をとった。80年代半ばまでに、松下、日立、三洋電機、日本ビクター、東芝、ソニーといった日本の家電企業は、カラーテレビ組立および部品のプラント輸出と技術移転において中心的な役割を果たした。こうした日本を中心とする外国からの設備・技術の導入と、高関税および値崩れを防ぐための価格統制という中国政府の産業保護政策とが相まって、中国各地で多数の国有企業がカラーテレビ事業分野に参入した。その結果、中国のカラーテレビ生産能力は、80年代に一挙に拡大したのである。

カラーブラウン管については、まず、78年に中国政府のプロジェクトとして、日立、旭硝子などの日本企業の技術による一貫製造プラントが陝西省咸陽に建設された。中国政府の当初の計画では、この工場が一手にブラウン管の供給を行うことにしていたが、上で述べた旺盛な需要に基づくカラーテレビの生産急拡大に追いつかず、日本からのブラウン管輸入が急増した。そこで、86年に、上記咸陽プラントの増設の他、東芝のプラント輸出による工場（上海）、松下およびフィリップスとの合弁工場（松下は北京市との合弁、フィリップスは南京市との合弁）という3工場の新設が決まった。中国政府は、当初基幹部品であるブラウン管の生産は合弁ではなく全てプラント設備と製造技術をパッケージで導入する方針であったが、松下と北京市政府などの粘り強い交渉の結果、合弁事業が認められたものである。その後、日立（深圳）をはじめとする外国企業が合弁企業を立ち上げたため、ブラウン管を中国国内で調達する体制が整った（以上、高城 1996、青木 2003、天野・範 2003）。

冷蔵庫、洗濯機、エアコンなどいわゆる白物家電についても、その組み立てラインと主要部品に関する生産設備、製品技術、工程管理技術、品質管理技術がパッケージされたプラント輸出が次々と実施された。なかでも松下グループは、他の家電メーカーの数倍の150件におよぶプラント輸出を行った（青木 2003）。

ところが1990年代に入ると、家電産業を、高関税と価格統制によって保護しつつ、外国からの技術導入によって育成しようとする中国政府の政策に大きな綻びが生じるようになった。まず、日本から香港に向けて輸出された

大量のカラーテレビやVTRが、香港の業者を介した巧みな仕組みによって公然と無関税で密輸され始めたからである[2]。メイド・イン・ジャパンへの高い信頼に基づく旺盛な需要によって、大量の密輸品が国内市場に出回ったために、政府の保護下で参入した地場カラーテレビメーカーは厳しい競争にさらされることとなった。また、技術とパッケージにされたプラント設備の導入によって家電産業の近代化を図ろうとする政策にも、大きな限界があった。電子・電機産業の早い技術革新のテンポに、計画経済的規制下に置かれた現地工場がついていけなかったからである。

こうした事情を背景に、鄧小平の南巡講話以後に市場経済化が加速する中で、中国政府は外資参入の障碍となっていた規制を緩和した[3]。規制の緩和と市場経済化への流れが後戻りしないとの確信とがあいまって、外国企業の投資ラッシュが始まった。松下、日立、東芝、シャープ、三洋、日本ビクターなどの日本企業をはじめ、LG、サムスンの韓国勢、フィリップスなどの外国企業が、現地企業との間で合弁会社を設立し、カラーテレビの現地生産を開始した（天野・範 2003）。また、白物家電においても、主として現地企業との合弁により外資の現地生産が開始された。例えば、シャープ（合弁）、三洋（合弁）、日立（合弁、2000年代には単独出資（以下、独資））、三菱（合弁）、東芝（合弁）、松下（合弁）、富士通ゼネラル（独資）がエアコンの現地生産に乗り出した。そのうち、日立、三洋、三菱、東芝、松下は、エアコンの中核部品であるコンプレッサーの現地生産も行った（丸川 2007）。

しかし現地生産の開始は、日本企業の中国市場における躓きの始まりでもあった。日本製品の大量密輸入とそれに続く外資の合弁事業開始によって、それまでの保護政策下で多数参入した国有カラーテレビメーカーは、厳しい競争に直面した。競争の中で凋落する数多くのメーカーがある一方で、逆境をバネとして急速に力をつけた新興メーカーが出現した。政府の価格統制を無視していち早く安値攻勢によってシェアを拡大した四川省の長虹電子がその一例である。康佳（広東省）、長虹電子、TCL（深圳）といった企業が価格競争力を武器として急速にシェアを拡大し、2000年代の前半にはこれら3社が中国国内市場の4割以上を占めるに至った。この3社は国有企業に分類はされるものの、地方に所在していたためそれまでの国有企業とは異なる奔

放な経営が展開できたのである。逆に、日本のカラーテレビメーカーのシェアは大きく低下していった（丸川 2007）。

2000年代半ば以降の薄型テレビの立ち上がり期にも、中国メーカーの対応は速かった。台湾や韓国メーカーからパネルを調達して、多数の企業が薄型テレビの分野に参入した。この分野で3Sと呼ばれたソニー、サムスン、シャープが、ブランド力を活かして存在感を高めた時期もあったが、薄型テレビ市場がいよいよ本格的に拡大した2008年後半には、トップ5社は全て価格競争力を持つTCL、創維、海信などの中国企業が占め、この上位5社だけで市場シェアの7割に達するほど圧倒的な優勢を誇っている（「デジタル時評：中国液晶テレビ市場」『日経産業新聞』2009年4月27日）。

白物家電においても、カラーテレビと全く同じ構図が出現した。1990年代の初めには日本製品が人気を博していたのであるが、日本の家電企業が現地生産に乗り出した90年代半ば頃から、急速に力をつけた地場メーカーがシェアを拡大していった。その代表は、冷蔵庫、洗濯機、家庭用エアコン、掃除機などでシェア1、2位を占める海爾（ハイアール）である。その他、同じく電子レンジ、家庭用エアコン、炊飯器、掃除機などでシェアの上位に顔を出す美的電器（メディア・エレクトリック・アプライアンス）、電子レンジでトップの格蘭仕（ギャランツ）、エアコンでシェア1位を獲得するに至った格力（グリー）などがある。日本の家電メーカーは、洗濯機でパナソニックが10％程度のシェアを獲得しているのを除けば、いずれの製品においてもわずかなシェアしかとれていない（シェアは2008年のもの。日本電機工業会 2009）。

カラーテレビでも白物家電でも、1990年代初めには日本製品に対する人気が高かったにもかかわらず、1990年代後半から2000年代にかけて中国企業が急速に競争力を強化していった主な要因は、次の3点である。第1に、中国企業が生産する製品の品質・精度が向上した。第2に、中国企業はあまり機種の数を増やさず大量生産することによって規模の経済を通じたコスト削減に成功した。第3に、販売網を拡充したカラーテレビのTCL、迅速で徹底したアフターサービスでブランド力を高めた白物家電の海爾に代表されるように、販売・サービスのネットワークを強化した。逆に、日本企業の製

品が人気を落としたのは、価格が割高で、しかも販売網やアフターサービス面で後れをとったからであった[4]（丸川 2007、日本電機工業会 2009）。

　ただし、こうした市場シェアの動向から、中国企業を勝者、日本企業を敗者と断じるのはやや一面的である。まず、日本企業は相変わらず高機能・ハイエンド製品では都市部を中心に一定の競争力を維持しており、金額ベースでのシェアは台数ベースでのシェアほど低くはない。次に、多くの中国家電メーカーは自社では基幹部品を製造しておらず、それを供給するのが日本企業をはじめとする外資系企業である。日本企業が供給する基幹部品の代表は、ブラウン管テレビ時代のブラウン管、テレビ用LSI、エアコンや冷蔵庫のコンプレッサーなどである（丸川 2007、日本電機工業会 2009）。先に述べた中国家電企業製品の品質・精度が大きく向上した裏側に、メイド・イン・ジャパンならぬメイド・バイ日本企業の基幹部品があったことは重要である。

　中国企業の側から見れば、長期にわたる技術蓄積と費用のかさむ生産設備を必要とする基幹部品には投資せず、手軽な完成品の組立に特化する戦略を採ってきたと言えるであろう。これは、欧米企業へのキャッチアップを目指す高度成長期およびそれ以降の日本企業が、鉄鋼、電子・電機、乗用車などさまざまな分野で、将来性の不確実な先端技術を選択し、時には当時の常識では身の丈にあまる投資を敢行してきたのとは対照的な行動である。完成品の組立に特化する中国企業のメリットは、市場ニーズや技術変化に身軽に対応できるフットワークの良さであろう。しかし、中核部品は皆が外部に依存しているから、ライバルに対して製品面での根本的な差別化はできない。いきおい、大量生産によるコストの引き下げと値下げ競争に走らざるを得ない。そこから生まれるのは、慢性的な過剰生産能力と価格の切り下げ競争、そして低利潤という負のスパイラルである。これが、最大のデメリットである。

　日本企業も本気で中国市場でのシェアを取りに行くなら、この価格競争に巻き込まれざるを得ないが、ボリュームゾーンでどこまで競争優位を発揮しうるかという問題がある。そこで、最終製品は諦めて、中核部品の供給に特化するという戦略も成り立ちうる。しかし、市場ニーズの変化に直接曝される完成品分野を社内に有していることで、新しい技術変化への対応が可能な基幹部品を磨き上げることができるという側面もあるようだ[5]。だとすると、

完成品事業は、日本企業の本丸である基幹部品の競争優位を確保するためのコストである、とも考えられる。

4　自動車産業：グローバル企業の戦場と台頭する民族系企業

　自動車産業においても、改革開放の前後で状況が大きく変化した。改革開放の前には、共産党幹部向けの「紅旗」、中堅幹部向けの「上海号」といった乗用車が細々と生産されていた他は、ソ連の技術援助に基づいて生産された4トントラック（解放号）やその後の中ソ対立の中で独自に開発された5トントラック（東風号）、あるいは地方政府が力を入れた2トン小型トラックといった商用車が中心であった。この時代のキーワードは、「自力更生」と「工場乱立」である。外国の技術や資本に頼らない自力更生路線は、中国企業と海外企業との間の技術ギャップを拡大させ、機能・品質面で大きな遅れをもたらした。そうした中で、多くの地方政府が上記のトラックのノックダウン生産に乗り出し、100を超える自動車メーカーが設立された。これが工場乱立である。工場乱立は、今に至る過剰生産能力の一つの要因であるし、そこでのノックダウン生産は、安易な製品コピーや設計や基幹部品を外注に頼る慣行の淵源ともなったと言われる（以上、上山 2009、丸川 2007）。

　改革開放後の1980年代になると、中国政府は自力更生から外国企業の資本と技術を利用して自動車産業を発展させようとする路線へと転換する。ただし、外資の進出にあたっては、国有企業との合弁を義務づけ、1つの外資が合弁できる国有企業を2社以下に限定し、しかも外資の出資比率は50％以下とするという枠がはめられた。また、1987年に採用された乗用車発展政策では、自動車メーカーの乱立を解消するために、国有企業を集約してその数を減らそうとする「三大三小」（後に三大三小二微）と称される政策が打ち出された[6]。これは、外国メーカーにとっては、合弁相手となりうる企業がこの8社に限定されたことを意味する。つまり、籠をはめた形での外資利用政策であったと言える。こうした、状況がほぼ1990年代後半まで続く。

　合弁相手の外国企業として、当時の中国政府が最も強い期待を寄せたのは、日本企業、なかでも輸入車クラウンの人気が高かったトヨタであったと言わ

れている。しかし、80年代のトヨタをはじめとする日本企業は、激化する貿易摩擦に対応するためのアメリカ現地生産を最優先しており、経営資源を中国に振り向ける余裕に乏しかった。消極的な日本企業に代わって最初の進出を果たしたのは、ドイツのフォルクスワーゲン（以下VWと略記）である。VWは、1983年に上海汽車との合弁で上海大衆汽車を設立し、海外工場で使い古された設備と金型を中国に持ち込んで「サンタナ」の生産を開始した。サンタナは、中堅幹部向けの公用車およびタクシーとして利用され、ほぼ市場を独占するに至った。さらにこの最初のモデルを15年にわたって大きな改良を施すこともなく生産し続けたにもかかわらず、サンタナの圧倒的優位の構図が1990年代後半まで維持された（上山 2009）。

「三大三小」政策が打ち出されたことによって、外資の参入が認められたのは、上で述べた上海大衆汽車の他は、第1汽車とVWとの合弁、北京汽車とアメリカン・モーターズ（AMC、のちにクライスラー、さらにはダイムラークライスラー）との合弁、広州汽車とプジョーとの合弁であった。また、天津汽車はダイハツからの、軽自動車メーカー2社はスズキおよび富士重工からの技術援助によって生産を行った。こうした、体制が1990年代後半まで続くのである。

最初に変化をもたらしたのは、プジョー撤退の後を受けて広州汽車との合弁事業を継承したホンダと上海汽車との新規合弁が認められたジェネラル・モーターズ（以下GM）が、90年代末に最新のモデル（ホンダはアメリカと同じモデルのアコード、GMはビュイック）を中国市場に投入したことである。これらのモデルは、旧態依然としたそれまでのモデルに飽き足らなかった消費者の人気を呼んだ。こうした事態を受け、さらには2001年のWTOへの加盟を取り巻く状況もあり、2000年代に入ってから、中国政府の方針に変化が生じ始めた。三大三小二微政策は事実上棚上げされ、これにより外資にとっては参入の機会が増大し、合弁相手の選択肢が広がった。その結果、それまでのVW、GM、ホンダに加えて、トヨタ、日産をはじめとする日本メーカー、現代・起亜の韓国メーカー、さらにはシトロエン、フォードといった多数の外国メーカーがこぞって参入し、それに奇瑞、吉利など台頭著しい民族系メーカーが絡むという、中国はプレイヤーの多彩さでは世界

でも類を見ない自動車の一大生産拠点となった。

多彩なグローバルプレイヤーの参入によって、かつて独占的地位を誇ったサンタナの市場シェアはまたたくまに低下し、2000年以降、世界の有力自動車ブランドがしのぎを削る競争市場へと中国の自動車市場は激変した。VWやGMと比べて出遅れた感があるトヨタをはじめとする日系メーカーは、近年急速に市場シェアを拡大し、中国市場での存在感を高めている。乗用車に限ってもホンダ（広州汽車、東風汽車および輸出車を生産する独資の3社、以下、（　）内は合弁相手の社名を記す）、トヨタ（天津第一汽車、広州汽車）、日産（東風汽車）、スズキ（長安汽車）、マツダ（長安汽車とフォード）、三菱自工（東南汽車）が中国で現地生産を行っている。1社ずつをとると、シェアの高いホンダやトヨタでも10％に満たないが、日系メーカーを合わせると近年ではシェアが20数％から30％に達しており、企業の出身国別では最大勢力となった。日本車が人気を博している最大の理由は、高い品質にある[7]。VWは、サンタナのシェアこそ大きく失ったものの、上海汽車および第一汽車との合弁により、ジェッタ、パサート、アウディ、シュコダなど多彩なモデルを有しており、単独会社としてはトップ集団としてのシェアを維持している。また、合弁相手こそ上海汽車1社であるが、投入モデルの多様化と中国仕様に改変するための開発センターを擁するGMもVWとほぼ肩を並べるシェアを占めている。北京市のタクシーに採用されて話題となった韓国の現代自動車は、北京汽車との合弁生産によりトヨタやホンダと並ぶシェアを占めている（以上、上山2009の他、『日本経済新聞』2009年4月26日、『日経産業新聞』2009年7月16日などによる）。

他方で、この数年、躍進著しいのは奇瑞、吉利、BYDといったいわゆる民族系メーカーであり、低価格帯の小型車に特化しつつ、台数ベースでは日系メーカー全体とほぼ同程度の市場シェアを有している。国際化するコピー問題や、電機産業と同じく開発力の弱さに由来するエンジンなど基幹部品や設計の外注依存度の高さ、今後の環境規制強化への対応に関する不安といった弱点はあるものの、低価格を武器とした成長は著しい。特に、最近の中国政府の小型車に対する優遇策によって、一段とシェアを伸ばしつつある。

こうした民族系メーカーの成長が今後も続くのか否かについては、今指摘

されている問題点は主として経験の浅さに由来しており、技術の蓄積と共に遠くない将来にはグローバルプレイヤーと互して戦えるようになるという意見と、乗用車のような総合力を必要とする分野では、これらのメーカーが先進国の自動車メーカーなみの技術力を身につけるのは容易ではないとする見方に、大きく分かれている（丸川 2007、上山 2009）。この点についての筆者の考えは、今のところ後者に近い。その理由は、開発設計や基幹部品までをもアウトソーシングに頼り、手っ取り早く利益と成果を求める中国企業の志向性は、総合的な技術の蓄積をベースに、企業内・企業間の情報共有に基づく全体最適の設計思想とものづくり力が要求される乗用車の生産とは不適合な面がある、と考えるからである。短期での利益と成果を求める志向性、言い換えれば経営戦略の面を過度に重視し、地道な技術の蓄積を軽視する多くの中国企業の姿勢は、アメリカの自動車ビッグ3と共通している。そして、ビッグ3の凋落の根因は、この地道な技術蓄積の軽視と過度の戦略志向にあるのではないか、というのが筆者の判断である。

5 中国における日本企業の経営

本節では、中国に進出した日本企業の内部に立ち入った考察を行う。考察の焦点は、進出方式や現地経営陣の特徴など現地経営の枠組み、他国の企業と比較した人事管理の特徴、日本企業が抱えるジレンマとその解決策、などに当てられる[8]。

(1) 中国現地経営の枠組み

経営の枠組みにおいて、第1に挙げるべきは、単独出資が中心であるアメリカへの投資とは異なり、現地企業との合弁形態が多いことである[9]。その1つの理由は、既に述べた自動車組立における中国政府による規制である。また、自動車分野でなくても、とりわけ初期の投資においては、進出にあたって中国政府の意向が働き、合弁を余儀なくされたというケースも少なくない。しかし、規制はなくとも日本の企業の側から合弁を選択するという事例が多々ある。特に、中国の国内市場をターゲットとした進出においてそうで

ある。日本や米欧諸国などの先進国とは大きく異なる商習慣、法治ではなく人治の国であるとされる中国の中央・地方政府との交渉など、日本企業単独ではなかなか対応し切れないのが実情である。中国地場企業、とりわけ中央や地方政府とほとんど一体化している国有企業との合弁は、この面で大きな力になる。

第2に、企業買収ではなく新規設立を好み、しかも、「積み上げ方式」とでも呼べるように、現地の従業員の技術や経験の蓄積に合わせて、事業規模や拠点数を一歩ずつ拡大していく着実性に、多くの欧米の企業とは異なる日本企業の特徴がある。この点は、製造業だけでなく、スーパーマーケットや化粧品の販売拠点についても、同じことが言える。例えば、イトーヨーカ堂が事業を展開する都市を北京と成都に絞り、しかも1店舗ずつ徐々に増やしていったのに対して、アメリカのウォールマートやフランスのカルフールは、M&Aなどを活用しながら一挙に全国展開していった。また、資生堂は、グリーンフィールド（注：買収ではなく新規設立のこと）で立ち上げた製造拠点を長期間かけて拡大していき、更に顧客に接する販売要員も自前の研修センターで時間をかけながら育成していったのに対して、ライバルであるフランスのロレアルは、M&Aによって一挙に製造拠点と販売拠点を獲得し、後発でありながらシェアの面では資生堂を上回った。

第3に、世界的に事業展開する日本の大企業にとっての中国の位置づけは、製造拠点であれ販売市場であれ、重要ではあるが日本国内や北米および欧州と並ぶグローバルな活動のあくまで1つの拠点である。この点ではアメリカやヨーロッパのグローバル企業とも共通しているが、台湾や韓国企業とは大きく異なっている。中国への依存度が最も高いのは台湾企業であり、極端な場合には本社ごと中国に移転した企業すらある。韓国の大企業にとっても、中国は製造拠点としても販売拠点としても、時には国内を上回る世界で最も重要な位置づけにある。ただし、日本企業にとっての中国の位置づけは、社会的インフラの充実や中国市場の急成長と共に重要度を増してきており、今後は、いっそう重要性が高まると予想される。

第4に、少数の日本人出向者主導の経営が行われているが、日本方式をかなり深く理解している中国人管理者もまた大きな働きをしている点に特徴が

ある。この点を、少し詳しく説明しておこう。

　まず、大半の現地法人の最高責任者には日本人出向者が就いている。この点は、アメリカを含む多くの進出先の日本企業で共通しており、さらには、韓国や台湾企業の中国現地法人も同様である。ただし、上で述べた現地法人の戦略的重要度に応じて、日本、韓国、台湾企業の現地最高責任者の本国での地位には相違がある。出向者の本国での地位が最も高いのは台湾企業であり、多くの場合、本社社長の家族や古くから信頼の厚い右腕といった人物が現地最高責任者となっている。韓国企業も本社での地位が役員クラスである者が多い。日本の企業では、本社での地位が課長や部長クラスが多かったが、中国拠点の重要性が増すにつれてより上位の役職者へと変化しつつある。

　次に、日本企業の北米拠点と比べて全従業員に占める日本人出向者の比率が低い。注の8と同じ研究調査から見ると、北米における日本人出向者の比率は2％内外が平均的であるが、中国では1％未満が大半であり、0.5％未満の現地法人も少なくない。しかも、北米拠点が日本企業の進出先としては先行しており、現地経営の経験が長くなればなるほど日本人比率が低下するだけに、この数字には見かけ以上の開きがあると言える。中国現地法人における日本人出向者の比率が北米と比べて低いのは、次の3点が主な理由である。第1に、日本語をかなり自由に使えるいわゆる日本語人材が多くの在中国日系企業に存在する。彼らは、日本本社や取引先の日本企業とも大きな言葉の障碍がなく意思疎通ができ、その分日本人出向者の必要度は減る。第2に、単なる言葉だけの問題ではなく、日本での留学経験や勤務経験のある人材が企業内に存在する。そうした経験は、当然のことながら日本企業の経営方式への理解度を深め、これまた日本人出向者の必要性を低下させる。第3に、日本から地理的に近く、現地スタッフだけでは解決が難しいトラブルが生じた際にも、出張者で対応できる。

　日本方式をかなり深く理解している中国人管理者もまた大きな働きをしている、と述べたが、彼らの主な役目は現在の段階では経営管理の側面であって、戦略的判断まで任されているケースはまだ少ない。特に、生産工場レベルでは、現地法人は日本の分工場としての位置づけにある企業が多く、その場合には日本人出向者といえども戦略的判断の余地は大きくない。

(2) 人事管理から見た現地経営の特色

　日本企業の現地経営の特色を、アメリカ企業や台湾企業・地場企業と比較しつつ、人事管理の面から見ていこう。人事管理を取りあげるのは、これが次に論じる日本企業が直面する課題と深く関わっているからである。

　中国における日本企業の人事管理は、伝統型の日本流を基本としつつ、部分的に現地風のアレンジを施す、というスタイルが主流である。特に、北京、天津、大連といった北方や、老舗の国有企業との合弁会社にその傾向が強い。

　まず賃金・給与であるが、戦後の高度経済成長期以降に日本の大企業で採用されだした職能資格制を骨格とするところが多い。すなわち、年齢・勤続年数のいわゆる年功と能力評価の2つの要素で従業員をランクづけ、そのランクによって個々人の基本給が決まるという制度である。職能資格的給与制度の下では日本国内と同様に、上下の給与格差はそれほど大きくはなく、短期の成績が給与にただちに反映されることも少ない。ただし、日本ほど制度が整備されておらず、職位を以てランクに代える企業も少なくない。また、上海を中心とした華東地域では、後述する奨励金という名の成果給を一部取り入れている日本企業が存在する。しかし、その場合でも、台湾企業や一部の中国企業とは異なって成績が悪くても奨励金を全額カットすることはほとんどなく、また給与全体に占める奨励金の比率も3分の1程度に抑えてある。

　昇進も内部昇進を旨とするという企業が支配的である。日本の企業は経営者の現地化が遅れているという見方が一般的であり（例えば白木 2005）、事実、先に見たように経営の最高責任者は日本人というケースが支配的であるが、その下の現地化はかなり進んでいる。具体的には、現地法人の課長クラスはほぼ中国人、部長・役員クラスでは日本人と中国人が半々、といったところが平均像である。もちろん、操業経験の深浅、合弁か単独出資か、輸出目的か国内市場中心か、などによって異なってはくるのであるが。

　昇進の面での日本との違いの1つは、男女平等である。多くの企業で女性管理職を見かけるし、また、インタビューからも彼女らがはつらつと勤務している様子がうかがわれる。筆者が訪問した企業の中には、夫婦一緒にその企業に勤めているが、妻の方が上の役職に就いているというケースが複数あ

った。もうひとつの違いは、日本国内よりは昇進が速いことである。能力を発揮すれば若くして管理職に抜擢される。ただし、中国におけるアメリカ企業ほど昇進の速度は速くない。ともあれ、昇進の面では、男女間・世代間の平等が進んでいる現代中国の状況が反映されている。

　経営側の姿勢は長期雇用の面でも日本国内と共通している。中国では、1995年の労働法によって、全員契約制が施行された。つまり、正社員を含む全従業員を対象に任期を定めた労働契約が結ばれることになったのである。これは、日本とは違って、文字通りの終身雇用制と年功序列制のもとで緩みがちであった旧国有企業体制下での労働規律を引き締める一種のショック療法であったと解釈できよう。しかし、契約制に関する実際の運営は企業によってまちまちである。多くの日本企業では、そしてこの点では老舗の国有企業も同じであるが、よほどのことがない限り契約が更新される。これが、経営の側の長期雇用志向である。ただし、大きな地域差があるものの、従業員の転職志向は日本よりずっと強い。この点、日本の企業のみならず、中国で経営する全ての企業にとっての頭痛の種であるが、後述するように事態は日本企業にとってより深刻である[10]。

　日本の企業の特徴をより鮮明にするために、他国の企業の人事管理を見ておこう[11]。

　多くのアメリカ企業では、人をランクづけるのではなく難易度や重要度に応じて仕事をランクづける給与体系となっている。仕事をランクづけるためにはそれぞれの仕事の定義づけ（＝仕事内容の明確化・専門化）が必要である。その上で、個々人がどれだけ仕事をきちんとこなしたかを評価する。その直近の成績が給与に反映され、その結果としての給与の格差も大きくなる、いわゆる成果主義型給与システムが採用されている。したがって、高いポスト（高いランクづけの仕事）に就き、しかるべき成果をあげた人材は高報酬を得ている。優秀な人材は若くして抜擢される（つまり速い昇進）。ただし期待された成果をあげ得なければ解雇の憂き目にあう。こうして、アメリカのグローバル企業には、高報酬を求め自信に満ちた若者を採用することが可能となり、これが上述した人事制度を機能させる要因となる、という循環が成立している。ドイツの企業は、アメリカ企業ほどの高報酬ではなく、むし

ろ雇用の安定を重視し、日本の企業よりは成果主義的色彩が強い、という日本とアメリカの中間にある。

　なお、欧米の企業は人材の現地化が進んでいるとしばしば評価されるが、実態を詳しく見ると文字通りの現地化とは少し異なる様相が浮かび上がる。たしかに、経営のトップに中国人が就任するケースが日本企業と比べると多いが、その中国人達は必ずしも中国で採用され内部昇進によってトップに上り詰めた人材ではない。しばしば、親会社で勤務していた（例えば）中国系アメリカ人であったり、親企業の本国に留学した経験のある人材がスカウトされたり、というケースが少なくない。いわば、マザー・ドーター組織（かつてのヨーロッパ多国籍企業が、旧植民地出身の留学生などを本社で採用し、企業文化・価値観を共有する彼らを旧植民地の子会社に派遣して経営を任せる仕組み）の現代中国版である。

　多くの台湾企業と中国の民営企業、そして海爾（ハイアール）など「改革派」国有企業では、ドライな信賞必罰型の人事制度が採用されている[12]。給与は基本給（固定給）と奨励金（成果給）から成り、それぞれ2分の1ずつというケースが多い。しかるべき成果をあげれば奨励金は満額もらえるが、じゅうぶんな成果があげられなかったり、ミスを犯したりすれば、減額、しかもしばしば全額カットされる（つまり給与が半額になる）。日本では、この奨励金をしばしばボーナスと訳しているが、日本のボーナスとは全く異なる制度である。また、成績の下位何分の1かの人材は、降格させられたり、契約更改が得られなかったりする。

　こうして見ると、現代の中国ではさまざまな人事管理の仕組みが共存していることが判る。その中にあって、日本企業が採用している人事制度の評判は一般に芳しくない。いわく、経営者の現地化が遅れている、給与が高くない、昇進が遅い、したがって優秀な人材の採用が難しく、また採用したとしても逃げられてしまう、云々。それでは、日本の企業は、アメリカ企業のような、あるいは台湾企業のような人事制度を採用すればよいのであろうか。節を改めて検討しよう。

(3) 日本企業の競争力、中国事業のジレンマ、解決の方向

　日本企業の海外事業（ここでは中国事業）での競争力にはどのような特色があるのであろうか。製品開発機能の海外移転は今の段階では限定的であるし、日本企業が強い国際競争力を有する素材などの生産も主として日本国内で行われているケースが多いので、ここでは、完成品や部品の組立および小売業の販売をとりあげて、その強みを見ていく。

　日本の大手製造業の組立工場や大規模小売店の特色＝強みを端的に表現すれば、大量生産・大量販売ではあるものの、1つの品物をまとめて一度に生産したり陳列したりするのではなく、たくさんの品種を小分けにして生産し販売する能力である。これを、多品種小ロット（ロットはひとかたまりのこと）生産などという。多品種小ロット生産や販売には次のような数多くの長所がある：①在庫を置かないので在庫管理の費用を節約できる。②多様で、しかも変化する消費者の需要にきめ細かく対応できる。③特定の商品の売れ行きが落ちても他の商品でカバーできるので、全体の生産量・販売量が大きく変動しない（不況などで全ての商品の売れ行きが落ちれば別だが）。④ロットごとに品質チェックができるので、大量の不良品を生み出す可能性が低くなる。⑤生産ラインの側に余計な部品在庫がないので、作業がしやすく効率が上がる。⑥同じく部品在庫が生産ラインの脇に山と積まれていなければ、工場全体を見渡せるので管理がしやすい。

　日本の企業は、多品種小ロット生産や販売を実現するために、さまざまな工夫を凝らしてきた。最も有名なのが、「必要なときに、必要なものを、必要なだけ造る」というトヨタのジャスト・イン・タイム（JIT）であろう。小売業の世界では、売れ行きを品種ごとに把握し過不足なく品揃えをする（日本の）セブンイレブンやイトーヨーカ堂の「単品管理」が世界的に有名になり、〈タンピンカンリ〉とそのまま英語で表現されたりする。

　多品種小ロット生産や販売の弱点は、異常事態に弱いということである。話を短くするために生産だけに限定すると、最も頻繁に起こり、かつ深刻な打撃を与えるのが品質不良である。在庫を最小限にしているので、自社や取引先の生産ラインのどこかで重大な不良が発生すれば、ただちに生産ライン

全体がストップしてしまう危険にさらされている。そこで、品質管理を専門家に任せきりにするのではなく生産現場でできるだけ不良品を造らない仕組みを作る（これを「品質の作り込み」という）、不良の発生をできるだけ早く発見する（検査要員だけに任せず作業者も不良を見つける）、不良の原因をできるだけ早く解析し再発しないような措置を講じる（不良はしばしば複合的な要因から生じるのでいろいろな部署が協力する必要がある）、といった努力が重ねられてきた。専門家や技術者だけに任せるのではなく、生産現場を含むさまざまな階層と部署の社員が品質管理に携わるので、これを全社的品質管理（Total Quality Control: TQC）などと表現する。

JIT、単品管理、TQCなどについては、実にたくさんの研究書、解説書、マニュアル本が出版されてきたので、その仕組みについては誰でも知ることができる[13]。つまり目に見える仕組みとなっている。ところが不思議なことに、仕組みを知っていれば、それがうまく機能するかというとそうではない。うまくいく企業とうまくいかない企業とがある。トヨタ、イトーヨーカ堂をはじめ、日本の企業にはこれらの仕組みを考案し、うまく使いこなす企業が多数存在する。一方、ジェネラル・モータース（GM）などアメリカのいわゆるビッグ3は、1990年代にこうした仕組みを取り入れようといったんは試みたが、あまり効果が上がらず諦めてしまった。なぜ、そうなるのか。実は、これらの仕組みがじゅうぶんに機能するためには、それを支える「簡単には目に見えない」仕組みが必要なのである。

JIT、単品管理、TQCがうまく機能するには、社内の工程間・生産現場・販売現場・仕入部門・品質管理部門や社外の主要な取引先との間のチームワークと連係プレイが肝要である[14]。連係プレイがうまくいくためには、相手を知らなくてはならない。相手を知る一番良い方法は、その現場で実際に仕事をすることである。事実、多くの日本企業では配置転換を積極的に行い、多面的な技能を身につけた社員を育ててきた。実際に仕事まではしなくても、少なくとも相手が何をしているか、何をしようとしているかを知らなくてはならない。これを情報の共有化という。多面的な技能の形成や情報の共有化に長けた企業が日本に多いのは、根本的な仕事の仕方と関連している。その仕事の仕方とは、仕事の垣根が低い点が基本である。仕事を明確に定義づけ

てそこに人を配置するのではなく（アメリカ流）、仕事の縄張りを高くしないで、臨機応変に人に仕事を割り振る方式である。これが、多面的技能の形成や情報共有化の重要な土台である。また、多面的な技能には幅広く仕事をこなすというだけでなく、難易度の異なる仕事にも関わっていくという側面がある。生産現場であっても、単に上からの指示どおりに仕事をするのではなく、創意工夫をこらし積極的に改善策を講じていくことが期待されている。連係プレイには、こうした幅広い層の従業員が、積極的に経営に参加するという姿勢が必要である（参加型経営）。

　部門間・企業間の連係プレイと情報の共有化、多面的技能の形成、参加型経営にはもうひとつ大事な土台がある。相手をよく知るためには、時間をかけて一緒に仕事をする必要がある。それが、長期雇用と長期継続取引である[15]。また、配置転換を行った直後には慣れない仕事で効率は下がるから、多面的技能形成のメリットを享受するには、社員にすぐに辞められては困る。この意味でも長期雇用が大事である。日本の優れた企業は今でも（少なくとも正社員の）長期雇用は大事にしているし、大事な部品の供給者とは系列ではなくても長期に取引を続けている。多くの日本企業が、JIT、単品管理、TQCを得意としている根本には、仕事の垣根の低さと、長期継続性を重視する経営のあり方がある。

　もちろん、アメリカ方式にもメリットがある[16]。仕事の定義を明確にし、専門性を高めることによって、それぞれの仕事は自己完結性の程度が高くなり、他とのコミュニケーションに労力と時間をかけなくて済む。また、人が入れ替わっても組織の継続性が維持できる。明確に定義づけられた仕事や権限の集合体を、強力なリーダーシップによって束ねていくのである。強力なリーダーシップのもとでの経営であるから、意思決定にも時間がかからない。アメリカが得意とするIT産業などは、こうした組織特性と馴染みやすい。また、アメリカの仕組みは、文化的多様性に満ち、人の移動が頻繁に見られるアメリカ的環境の中で生まれたものであるが、文化の異なる他国に持ち込んでも理解してもらいやすい。更に、多くの中国企業では、仕事の垣根が高く、トップダウン型であるというアメリカ企業との共通性がある。ますます、中国ではアメリカ方式が理解されやすいわけである。社員の流動性が高すぎ

ると、どの企業にとっても問題であるが、こうした理由から日本企業にとってのダメージの方が大きい。

　先に見た日本企業の人事管理のあり方は、仕事の仕方および組織の特性と深く関わっている。仕事別ではない給与は人に仕事を割り振る方式や情報の共有化と、上下の格差の小ささは参加型経営と、長期雇用およびある程度時間をかけての能力評価と昇進は多面的な技能の形成と、それぞれ適合している。中国に進出した当初の日本企業は、いわば手探り状態の中で自分たちに慣れ親しんだ人事のシステムを持ち込んだのであろう。しかし、これだけ中国での操業経験を長年積んでもやはり人事制度の基本的骨格が変わらないには理由がある。まず、日本の企業は、自分たちの競争力を発揮するためにJIT、単品管理、TQCなどの仕組みを移転しようとする。そして、それらが機能するためには他部門との連係プレイなど仕事の仕方を持ち込む必要があり、さらにはそれと日本企業の人事制度とが適合的であるからである。

　ところが、ここで日本企業に困ったことが起きる[17]。JITなどの目に見える仕組みは形があるので持ち込みやすい。しかし、目に見えない仕事の仕方はそもそも理解してもらうのが難しい。ましてや中国で一般的な高い仕事の垣根やトップダウン型意思決定とは異なっているので理解してもらうのがますます難しくなる。また多面的な技能には当然のことながら時間がかかる。しかし、現地での経営は待ったなしであるから、いずれ判ってもらえるなどと悠長に構えているわけにはいかない。そこで、仕事の仕方を理解している日本人駐在員の存在が必要となる。また、部門間の連係プレイを浸透させるには、経営のトップによく判っている人材（やはり日本人出向者）が就く必要がある。これが、日本人の出向者の比率がアメリカ企業などに比べて高く、経営トップも多くの日系企業で日本人が就いている根本的な理由である。

　しかし、これがまた問題の種である。日本人トップと日本人出向者の存在は、経営者の現地化の遅れを意味する（もっとも、これには時間と共に変化が見られ、また、いくつかの留保が必要であることは既に述べた）。また、時間をかけての日本企業の能力評価の仕組みと昇進スピードの遅さも若い野心的な人にはそぐわない。そこで、日本企業は優秀な人の採用が難しく、首尾良く採用しても逃げられてしまう、という評価がしばしば見られる。競争

力を維持するには、日本人出向者の存在と日本的人事管理の仕組みが必要であるが、それは現地の有能な社員のモチベーションを削ぐ可能性がある。これが、日本の企業が中国で直面しているジレンマである。正確に言うと、中国だけでなく多くの国で直面してきたジレンマであるが、若くて野心的な人材が頻繁に転職を繰り返す中国の大都市で、このジレンマがいっそう際立っている。

　では、解決策はないのか。もちろんあるが奇策はない。次のような、当たり前のことを時間をかけて地道にやっていくしかない。

　まず採用時に、現地法人のそれぞれのミッションに応じて、どのような能力を持っている人材が必要かを明確にする必要がある。優秀な人材といっても、その中身はさまざまである。面白い事例を紹介しよう。上海にある世界的大手自動車部品メーカーが、研究開発センターを新設することになった。最初は、優秀な人材を獲得したいということで、北京の清華大学や上海の復旦大学卒業の成績優秀者を採用したが定着しない。常に技術革新が起こっているとはいえ、部品の設計という地道な作業は彼らに合わないという反省から、大学自体は1ランク下であるが真面目で力のある人材の採用に切り替えた。その結果、上海という転職の頻繁に見られる地域にありながら離職率は2％以下となった。事実、その研究開発センターの職場内で彼らとインタビューをする機会に恵まれたが、皆が生き生きと仕事をしており、また仕事中にもかかわらず作業の手を止めて熱心に仕事内容を説明してくれた。このことはまた、優秀な従業員にとって、単なる給与ではなく、仕事のやりがいがいかに大事かを示している。

　上とも関連するが、同じく採用時に、自社が求めている人物像を明確に相手に伝え、日本の企業や自社の企業文化に適する人材を慎重に選別する必要がある（田浦・劉 2008）。日本企業との適正を一口で言えば、長期で自分のキャリア設計を考え、安定した環境の中で力を発揮したいという人物である。当たり前のことだが、同じ中国人といえども、実にさまざまなタイプの人間がいる。アメリカ流の仕事の仕方を望んでいる人材を獲得してもお互いに不幸である。また、一般的に日本の企業は、採用時に自社のこと、そして自社が求めている人物像を明確に相手に伝えず、もっぱら応募者のことだけを聞

く傾向がある。日本国内での採用ならそれでよいかもしれないが、海外では、ことに中国では、自社の特色や長所を積極的に相手に伝え、人材のミスマッチを避ける必要がある。日本企業にとっての明るい見通しは、中国の優秀な大学生の中で、近年、中国の国有企業を志望先とする者が増えていることである。とびきりの高給ではないが安定的な職場環境であるという意味で、日本企業と国有企業には共通性がある。

多面的な技能形成やチームワークが経営の土台となる日本企業では、どうしてもアメリカ企業などに比べて、昇進や昇給が遅れがちになる。そこで、どのような力をつければ、どのような職位や仕事に就けるのかを明示したロードマップを作成し、それを社員に伝えることが必要である。事実、そうした試みを既に始めている日本企業が存在する (Itagaki 2009)。また、従業員のキャリアアップのために、自社が何を実施しているかを採用時に応募者に伝える必要もある。一般に日本企業はこのあたりの宣伝が必ずしもじゅうぶんではない。

目に見えない仕事の仕方を理解してもらうには、それがなぜ必要かをはっきりと説明する必要がある。オン・ザ・ジョブトレーニングを重視し、習うより慣れろをモットーにしてきた日本人出向者には、これが得意でない人が少なくない。日本の学校教育を受け、日本の職場で働いている日本人なら当たり前のことでも、例えそれが合理的であっても文化が異なれば当たり前でないことはたくさんある。日本人にとって当たり前のことを、きちんと説明する言葉を日本人出向者は持つ必要がある。

とはいえ、日本人出向者の言葉だけでは、相手の琴線に触れるのは難しいところもあるだろう。成功している海外法人の中には、日本企業の組織や戦略の特徴をよく理解し、それを同僚や部下に現地流に「翻訳」し、組織全体を活性化できる現地の人材が、トップや重要なポストに就いているケースがある[18]。こうした、現地の人材を「キーパーソン」と呼ぶなら、こうしたキーパーソンを意識的に育てていく必要がある。これまでは、成功している日本企業でも偶然の僥倖によってそうした人材と巡り会ったという傾向が強い。経営者の現地化を真実のものにするためには、キーパーソンを意識的・計画的に発掘・育成しなければならない。その際、重要なのは、大事な仕事を日

本の優秀な社員がどのようにこなしているかを身をもって体験してもらうことである。将来はキーパーソンと目する人材には、キャリアアップの節目節目で、日本の本社や事業所で実際に仕事を任せるといった方策が必要であろう。日本人が日本流の仕事の仕方を身につけているのは、日本人だからではない。先輩の仕事の仕方を見ながら、そして企業の中でそうした先輩と一緒に仕事をしながら身につけていくのである。

注
1) 経済特区とは、外国の輸出企業を呼び込むために、輸出入関税や所得税の減免、100％出資の許可といった外資優遇策と引き替えに輸出を義務づけた制度である。1980年に深圳をはじめ、マカオに隣接する珠海、華僑とのつながりが深い汕頭（以上は広東省）、台湾の対岸である福建省の厦門の4都市が指定された。1984年、経済特区の成功をみた中国政府は、外資の優遇・誘致地域を更に拡大して、大連、天津、上海、青島、寧波、温州など沿海部の港湾都市を沿海開放都市に指定した。以上、郭（1999）を参照。
2) その仕組みは、次のようである。香港の仲介業者が日本から輸入した家電製品を中国国境に運びこむ。中国の税関は品物を没収し競売にかけるが、そこで、香港の仲介業者と示し合わせていた中国の業者が落札する。その中国の業者が代金を香港の業者に支払うことで、無関税での密輸が成立するのである。なお、1992年時点においても、カラーテレビには100％の高率関税が課せられていた。以上、丸川（2007）を参照。
3) 最も大きな効果があったのは、1994年に中国国内販売の結果得られる人民元と外貨の交換が認められるようになったことである。これにより、部品を輸入して製品を中国国内に販売するという現地生産が容易になった（丸川 2007）。
4) その要因の一つは、2001年に中国がWTOに加盟するまで、販売やサービスを目的とする会社の設立が容易に認可されなかったことである（丸川 2007）。
5) 筆者が行ったインタビューでの、複数のエレクトロニクスメーカーのエンジニアの意見による。
6) 三大三小とは、大型車メーカー3社（第一汽車、東風汽車、上海汽車）、小型車メーカー3社（北京汽車、天津汽車、広州汽車）であり、後に二微と称される軽自動車メーカー2社が追加された。
7) 例えば、アメリカの調査会社JDパワー・アジアパシフィックによれば、中国で生産されている乗用車を対象とした初期品質ランキングで、6部門中5部門で日本車がトップを占めた（『日本経済新聞』2006年12月25日朝刊）
8) 本節の叙述は、次の研究助成金によって可能となった研究成果の一部を利用したものである。武蔵大学海外特別研究員（2006年度）、平成15年～平成19年度武蔵大学オープン・リサーチ・センター・プロジェクト（研究分担者＆経営グループ責任者、プロジェクト名「グローバリゼーションによる各国・各地域の経済、社会、

文化変容の実態と影響に関する国際比較研究」；経営グループのテーマは、「日本・韓国・台湾企業の海外経営に関する比較研究」）、平成19年度～平成21年度科学研究費・海外学術調査（研究代表者、テーマ「中国進出日系企業における仕事の管理の仕組みから見た人材育成の目指すべき方向」、課題番号：19402032）。

9）注8で述べた武蔵大学オープン・リサーチ・センター・プロジェクトで調査対象となった在中国日系企業18社のうち、日本の親会社の出資比率が90％以上を占めている現地法人は6社しかなく、同じく注8の現在継続中の科学研究費・海外学術調査でこれまで調査対象となった在中国日系企業11社のうち、日本の親会社の出資比率が90％以上を占めている現地法人は5社である（つまり計29社中11社）。反対に北米では、筆者が参加した研究プロジェクトの調査対象日系企業37社のうち、日本の親会社が90％以上出資している現地法人は31社にのぼる。中国と北米での調査対象親会社はかなり重複しているので、これは親会社ではなく進出先の特性を示すデータであると言える。アメリカについては銭・板垣（2005）参照。

10）なお、それまでの労働契約法があまりにも従業員の立場を弱くしたという反省から、2008年に新しい労働契約法が採用された。新労働契約法は、それまでの勤続10年以上の場合に加えて、3回目の契約を結ぶ際には期限を限定しない契約にする（つまり定年まで雇用する）ことを企業に義務づけている。この点に関しては、田浦・劉（2008）参照。

11）筆者が各種のプロジェクトで実際に訪問インタビューを行ったのは、日本企業、中国地場企業、韓国企業、台湾企業、ドイツ企業が主であり、アメリカ企業のサンプルはごく限られる。したがって、以下に述べるアメリカ企業の特色は、主として筆者が訪問した企業の中国人人事管理責任者からの情報に基づく。

12）海爾については吉原・欧陽（2006）参照。

13）JITやTQCをはじめとするトヨタの生産システムについては、藤本（1997）が代表的な研究である。単品管理については邊見（2008）を参照。

14）以下の点についての詳しい説明は、板垣（2008）を参照。

15）長期雇用のメリットについては小池（2003）、長期取引のメリットについては浅沼［1997］を参照。

16）日本企業とアメリカ企業との経営比較に関しては古い文献であるが加護野他（1983）が今でも参考になる。また、ドーア（2001）も参照せよ。

17）以下の叙述については、Itagaki（2009）を参照。

18）その代表例が、英国日産の社長を務めのちに欧州全体の社長となったウィッキンスであろう。ウィッキンス（1989）。

参考文献

青木俊一郎（2003）、「松下電器：中国での事業展開」（吉原英樹・板垣博・諸上茂登編、『ケースブック国際経営』有斐閣、所収）。

天野倫文・範建亭（2003）「日中家電産業発展のダイナミズム――国際分業の展開と競争優位の変化―(上)（中）（下）」（『経営論集』第58・59・60号）。

浅沼萬里（1997）『日本の企業組織：革新的適応のメカニズム：長期取引関係の構造

と機能』東洋経済新報社。
ロナルド・ドーア（2001）（藤井眞人訳）『日本型資本主義と市場主義の衝突：日独対アングロサクソン』東洋経済新報社（Ronald Dore, *Stock Market Capitalism: Welfare Capitalism, Japan and Germany versus the Anglo-Saxons*, Oxford University Press, 2000）.
藤本隆宏（1997）『生産システムの進化論――トヨタ自動車にみる組織能力と創発プロセス』有斐閣。
邊見敏江（2008）『イトーヨーカ堂：顧客満足の設計図――仮説・検証にもとづく売り場づくり』ダイヤモンド社。
板垣博（2008）「日本製造業の競争優位と石油・ガス産業への適用可能性」（安保哲夫編著『日本石油・ガス企業の国際競争戦略：国際石油メジャー・日本製造企業との比較』ミネルヴァ書房、所収）。
Itagaki, Hiroshi (2009) 'Competitiveness, localization and Japanese companies in China: realities and alternate approaches', *Asia Pacific Business Review* (Routledge), Vol. 15 Issue3.
JETRO（2004）『中国市場に挑む日系企業：その戦略と課題を探る』ジェトロ。
JETRO（2009）『北東アジア地域事務所共同調査報告：特集中国北アジア　日本企業が直面する課題』ジェトロ。
加護野忠男・野中郁次郎・榊原清則・奥村昭博（1983）『日米企業の経営比較：戦略的適応の理論』日本経済新聞社。
郭四志（1999）『日本の対中国直接投資』明徳出版社。
上山邦雄編著（2009）『巨大化する中国自動車産業』日刊自動車新聞社。
小池和男（2003）『仕事の経済学』東洋経済新報社。
丸川知雄（2007）『現代中国の産業：勃興する中国企業の強さと脆さ』中央公論新社。
梅松林・寺内英雄（2008）「新たな段階に向かう中国自動車産業の課題」（『知的資産創造』2008年7月号）。
日本電機工業会家電部（2009）『中国の白物家電の生産拠点ならびに市場としての評価と日系メーカーの課題』日本電機工業会。
錢佑錫・板垣博（2005）「北米調査結果の全体像――1989年北米調査および欧州・東アジアとの比較と統計的検証」（河村哲二編『グローバル経済下のアメリカ日系工場』東洋経済新報社、所収）。
白木三秀編（2005）『チャイナ・シフトの人的資源管理』白桃書房。
田浦里香・劉沫真（2008）「中国市場の動向と日本企業の人材マネジメント戦略」（『知的資産創造』2008年7月号）。
高城信義（1996）「電子産業：技術形成と企業改革　技術移転」（松崎　義編『中国の電子・鉄鋼産業』法政大学出版局、前編第1章所収）。
ピーター・ウィッキンス（1989）『英国日産の挑戦―「カイゼン」への道のり』東洋経済新報社。
吉原英樹・欧陽桃花（2006）『中国企業の市場主義管理――ハイアール』白桃書房。

第5章

グローバル化とインドの経済自由化

二階堂 有子[1]

1 はじめに

　インドは1991年にこれまでの閉鎖的な経済政策から180度転換し、経済自由化を開始した[2]。折しも世界経済の潮流は、ヒト・モノ・カネ、そして情報までもが国境を越えて容易に移動できるグローバル化が加速を始めた時期であった。以降、インドは漸進的ではあるが着実に国内の構造改革と対外自由化を進め、近年では中国と並び新興国として注目されるようになった。本稿では、独立後のインド経済を丁寧に描くことで、経済自由化のタイミングがNIEsやタイ、インドネシア、マレーシアなどのASEANより遅れ、グローバル化の加速し始めた1990年代に重なった理由や世界に統合されながら国内の規制緩和と対外自由化をいかに進めてきたかを明らかにする。また、現在のインドの経済発展プロセスが韓国や中国など東アジア諸国のそれと比べていかにユニークであるかも明らかにする。

　本稿の構成は、次の通りである。第2節では、2000年代以降インドが注目されるようになった対外的な要因を説明する。第3節は、インド経済を時期区分することを通じて、独立後インドが採用した開発戦略とその戦略を転換せざるを得なかった背景を明らかにする。また、グローバル経済のもとで

のチャンスを内部化できた背景を明らかにする。第4節は、経済成長の源泉を需要と供給サイドから検討することで、インド特有の発展パターンを提示する。第5節は、経済成長を背景に国際社会でのインドの存在感が高まる中、インドと日本の経済関係を概観する。最後に、インドが自らの潜在能力を活かして成長を持続させるための条件を提示する。

2 インドが注目を浴び始めた背景

本節では、経済自由化を進めていたインドが2000年代に入り一躍新興国として注目を浴びるきっかけとなった2つの対外的な要因を説明する。

(1) アメリカのIT革命

1990年代のグローバル化がヒト、モノ、カネにとどまらず情報の移動まで容易になった背景には、アメリカのIT革命の影響が大きい。アメリカ経済は1990年代に入り、低迷する日本やEUを尻目に年率平均3.2%という成長を記録した。1990年代後半からは失業率の低下も顕著にみられるようになり[3]、このような構造変化の要因として、ITの急激な進歩が技術革新の大きな波を起こして経済成長を加速させたとのニュー・エコノミー論が展開されるようになった[4]。

IT産業は、コンピュータや通信機器などIT関連機器および半導体といった製造業（ハードウェア）部門と電気通信やソフトウェアといったサービス部門から構成される。そして、これらIT産業の発展の歴史は、マイクロ・エレクトロニクスの発展とともにある。まずハードウェア部門では、1940年代にエレクトロニクスの進歩が応用数学と結びついて最初のデジタルコンピュータが生み出された。1950年代初めには商用コンピュータが開発され、1960年代以降は集積回路（IC）の開発によりコンピュータの小型化が進んだ。1970年代からは個人用のコンピュータ（PC）も開発され、画像を扱うグラフィックス技術やデータを蓄積する記憶媒体の高度化も進んだ。他方、電気通信などのサービス部門においても、1960年代にマイクロ波や光ファイバーが実用化された。その後、1970年代には商業目的の通信衛星

が打ち上げられ、通信回線は大容量・低コストのものとなった。また、ネットワークもプロトコル（TCP/IP）の利用により異なるコンピュータ同士がデータを交換することが可能になった。さらに、1980年代からスイスで開発されていたwww技術が1992年に公開されると、インターネットが急速に普及し、加えてコンピュータの取り扱いを容易にするOSとしてwindows95が発売されると、コンピュータの利便性が飛躍的に向上した。

このようなIT産業の発展によりアメリカでは、リストラクチャリングを進める企業の労働生産性が向上したといわれる[5]。また、多数のITベンチャー企業の出現とインターネット関連株を中心に株価が上昇し、NASDAQ総合指数は2000年3月に史上最高値を更新した。

このようなアメリカ発のIT革命は、世界にも波及した。例えば、IT関連機器や半導体などハードウェアの供給基地として東アジアが、ソフトウェア開発やIT関連サービスのオフショアセンターとしてインドが伸張する契機となった。

中国や台湾など東アジア諸国は、低賃金労働者を活かした家電や電子など加工組立型の製造業に比較優位をもち、海外からの直接投資を受け入れて成長してきた。アメリカ企業も例外ではなく、企業は価格競争に勝ち抜くために、東アジア諸国から部品の調達や製造委託を行っていた。そして1990年半ばになると、急増するIT関連機器需要に対応するため、東アジア諸国へ進出して生産拡大を図った。こうした結果、中国のIT関連製品輸出は、2004年に米国を抜いて世界一になった[6]。コンピュータの標準化や普及に貢献したIBM社のPC製造部門が中国企業・レノボ社によって買収されたことも記憶に新しい。

他方、インドのソフトウェア産業は、数学能力の高さと軍事関連ソフトウェアの独自開発の経験を背景に途上国の中では比較的注目されていた。政府も安価で優秀なIT技術者を抱えるソフトウェア産業に比較優位があると認識し、1980年代半ばの部分的自由化ではいち早く規制緩和を行っていた（伊藤編 1988）。そして、アメリカで2000年問題を控えて既存ソフトウェアの改修が集中的に行われるようになると、世界的にIT技術者が不足した。アメリカ企業はこれまで実績の乏しかった、インド企業へ下請け作業を発注

することになった。この実績を通じてインドのソフトウェア産業は、高い技術水準と開発コストの面での比較優位を広く世界に知らしめることになった。また、ソフトウェアだけではなく、英語が話せることや欧米との時差を利用したコールセンターや会計処理といった IT 関連サービス輸出が拡大する契機となった。

(2) BRICs レポート

Goldman Sachs は 2003 年 10 月に投資家向けレポート "Dreaming with BRICs: the Path to 2050" を発表した。通称「BRICs レポート」を執筆したのは、Dominic Wilson とアメリカ生まれのインド人 Roopa Purushothaman である[7]。彼らは、ブラジル、ロシア、インド、中国の英頭文字からなる BRICs がこのまま健全な政策を継続し、十分に潜在能力を活用するならば、今後 50 年間に世界経済で大きな比重を占めるようになると予測した。具体的には、各国の人口や資本ストックの予測値を経済成長モデルに当てはめて、GDP や 1 人当たり GDP、経済成長率についての長期推計を行った。推計によると、一国の経済規模を示す GDP について次のような可能性を指摘した──(1) 中国は数年のうちにドイツを追い越し、2015 年までに日本を、2041 年までにアメリカを追い越して世界一の経済大国になること、(2) インドは 2032 年までに日本を追い越し、アメリカと中国に次ぐ経済大国になること、(3) ブラジルとロシアも 2050 年までにドイツ、フランス、イタリア、イギリスを追い越すこと、(4) つまり、2039 年までに BRICs の GDP は G6（アメリカ、日本、イギリス、ドイツ、フランス、イタリア）のそれを凌駕すること[8]──。

このような BRICs のキャッチアップを可能にする要因は何であろうか。まず、経済成長モデルでは、1 人当たり資本が定常状態の値より低ければ低いほど資本ストックの成長率が高くなり、ゆえに経済成長率も高くなる。また、Gerschenkron (1962) の「後発性利益」として知られているように、後発国は先発国の資本や技術、ノウハウなどを利用しながら工業化に着手できるので、先発国よりも短期間でキャッチアップできる可能性がある[9]。

このレポートの発表以降、BRICs は NIEs や ASEAN に続く新・新興国と

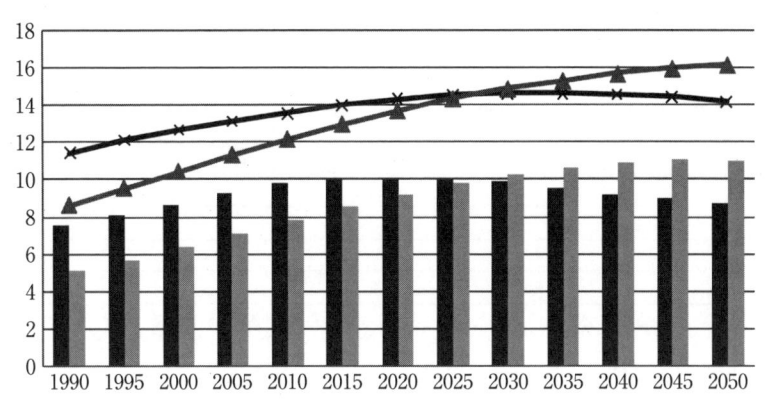

図 5-1a 中印の人口と生産年齢人口の推移（億人）

凡例：■ 生産年齢人口(中)　■ 生産年齢人口(印)　—×— 人口(中)　—▲— 人口(印)

して一躍注目を浴びるようになった。とりわけ BRICs の魅力は、(1) 経済規模が大きく、市場や生産拠点として有望な点、(2) 1990 年代から経済自由化を加速させた点である。上述では経済規模の指標の 1 つとして GDP を取り上げたので、ここでは国土面積や人口について付け加えたい。まず、BRICs 各国の国土面積は大きく、BRICs 全体では世界の国土面積の約 26% を占める。国土面積が大きいということは、経済発展のプロセスで需要が高まる天然資源を埋蔵している可能性がある。国別でみると、ロシアは原油と天然ガス、ブラジルは鉄鉱石の世界屈指の産出国である。また、ブラジルは原油の代替エネルギーとして注目されているバイオエタノールの産出国としても有名である。インドは、原油や天然ガスは十分でないものの、石炭の埋蔵量が大きく、鉄鉱石や金属資源にも恵まれている。ただし、広大な国土と輸送手段の制約により鉱物資源の比較優位を自らの経済発展に十分に活かせていないのが現状である（山崎 1997）。

次に、BRICs 各国は人口も多く、BRICs 全体で世界の人口の約 42% を占めている。国別でみると、中国が約 13 億人と世界最大の人口を有し、インドが約 11 億人で続いている。人口が多いということは、経済発展に伴い所得が増加すれば大きな需要（中間層）が生まれる可能性がある。また、BRICs は働く世代、つまり人口に占める 15 〜 64 歳までの生産年齢人口の

図5-1b　従属年齢比率（％）

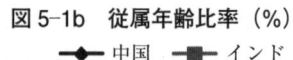

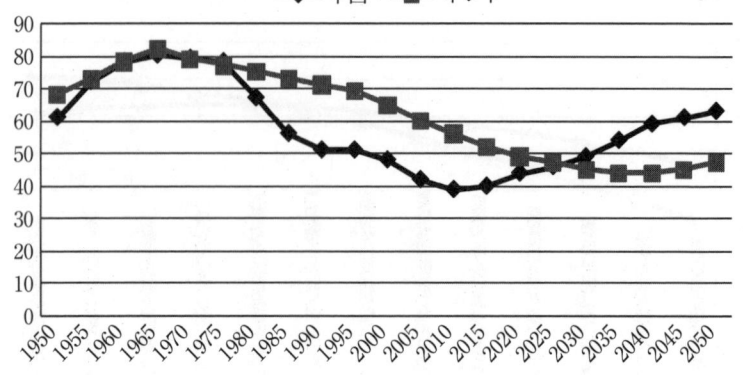

── 中国　── インド

出所：United Nation, Population Division of the Department of Economic and Social Affairs (http://www.un.org/).

割合が高い。このことは、低賃金労働者が多いことそれ自体が比較優位の源泉となるほか、労働者による貯蓄の増大が経済発展のプロセスで必要な投資の増大をもたらし、持続的な経済発展へ寄与する可能性がある。今後の見通しについて国連の人口推計によれば、インドは2030年に中国の人口を追い越すと予想されている（図5-1a）。人口抑制政策を採用してきた中国に対し、宗教的な理念や教育がいまだ低所得層まで十分に普及していないインドでは今後も人口増加が続くと予測されている。インドの生産年齢人口比率（生産年齢人口／人口）は2005年の62.3％から2025年の67.9％へ、2045年には69.0％へと上昇するのに対し、中国のそれは、2005年の70.4％から2025年の68.6％へ、2045年には62.3％へ低下する。また、従属年齢比率（14歳以下と65歳以上の人口／生産年齢人口）に関しても、インドは2005年の60％から2025年の47％へ、2045年には45％へ持続的に低下する一方、中国のそれは2005年の42％から2025年の46％へ、2045年には61％へと上昇する（図5-1b）。つまりインドでは、高齢者や子供の人口が相対的に減少する一方で、生産年齢人口が相対的に増大するため、扶養負担が減り、生産活動が活発になることが予想される。インドは、こうした人口における優位性（人口ボーナス）を経済発展に活かすことができるならば、BRICsレポートが予測しているように、(1) 今後30～50年間、BRICsの中で最も高い成

長率を続け、(2) 2050年まで唯一3％以上の成長率を継続することができるであろう[10]。

このように経済規模が大きいBRICsがそれまでの閉鎖的な経済政策から自由化路線へ転換したことで、投資先としての魅力が増大した。UNCTADによれば、世界全体の直接投資（Foreign Direct Investment: FDI）に占めるBRICsへの投資額は2000年の5.7％から2007年の10.6％へほぼ倍増した[11]。次節では、インドが経済政策を転換するに至った背景について検討していく。

3 インド経済の長期的動向と時期区分

第二次世界大戦の戦中から戦後にかけて、インドは第三世界のリーダーとして活躍するなど当時は発展途上国の中でも最も発展していた国の1つであった。当時の開発経済学の思想を代表していたものも、インドの開発戦略であった（絵所 1991）。しかし図5-2a、bのように、途上国の中では最も高かったインドの工業化率や貿易額のシェアはその後低迷し、次第に世界経済での地位を低下させていった。本節では、独立後のインドがどのような開発戦略を採用し、それをなぜ1991年に転換するに至ったのか、経済政策の変遷とともに明らかにする。同時にそれは、経済自由化の開始がNIEsやASEANより10～30年遅れたことやグローバル経済のもとでの対外的なチャンスをインドがいかに取り込んでいったかについて答えることにもなる。

表5-1のように、独立後のインド経済は大きく2つの時期に分けられる[12]。第Ⅰ期は、第一次五カ年計画が開始された1951年度から30年間である。この時期は、経済成長率が平均3.5％前後の低位に張り付く状態が長く続き、インドの経済学者からも「ヒンドゥー成長率（Hindu Rate of Growth）」と揶揄されるほどであった。特に1960年代半ば以降、政情不安や旱魃、石油ショックの影響により、経済成長率はより不安定になっていった。第Ⅱ期は、部分的自由化が開始された1980年代から今日までであり、念願のヒンドゥー成長率から脱却して安定的な成長軌道に乗ったようにみえる[13]。特に、2003年度から2006年度の年平均経済成長率は8.7％を記録した。ただし、実質経済成長率が2桁を超えたのは1988年度のたった一度だけであり、日

図5-2a 新興国の工業化率（％）

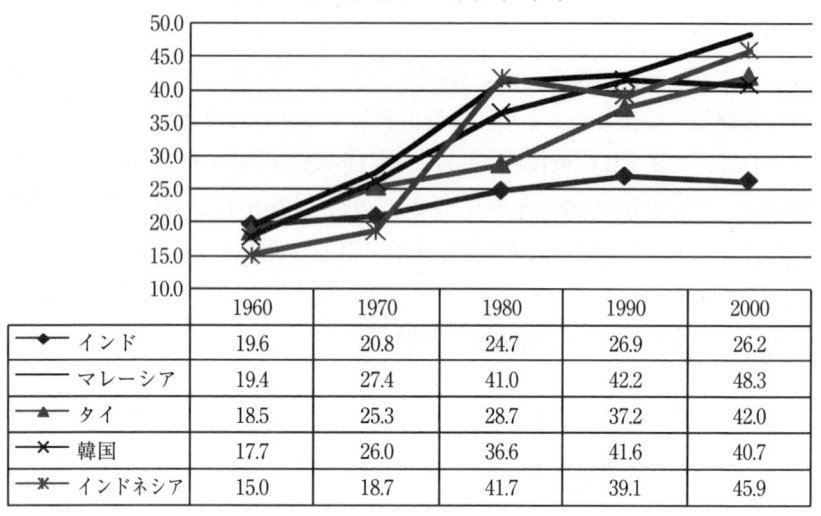

	1960	1970	1980	1990	2000
インド	19.6	20.8	24.7	26.9	26.2
マレーシア	19.4	27.4	41.0	42.2	48.3
タイ	18.5	25.3	28.7	37.2	42.0
韓国	17.7	26.0	36.6	41.6	40.7
インドネシア	15.0	18.7	41.7	39.1	45.9

注：工業化率＝第二次産業生産額/GDP。
出所：World Bank, *The Complete World Development Report 1978-2009*.

図5-2b 新興国の対世界・財貿易シェア（％）

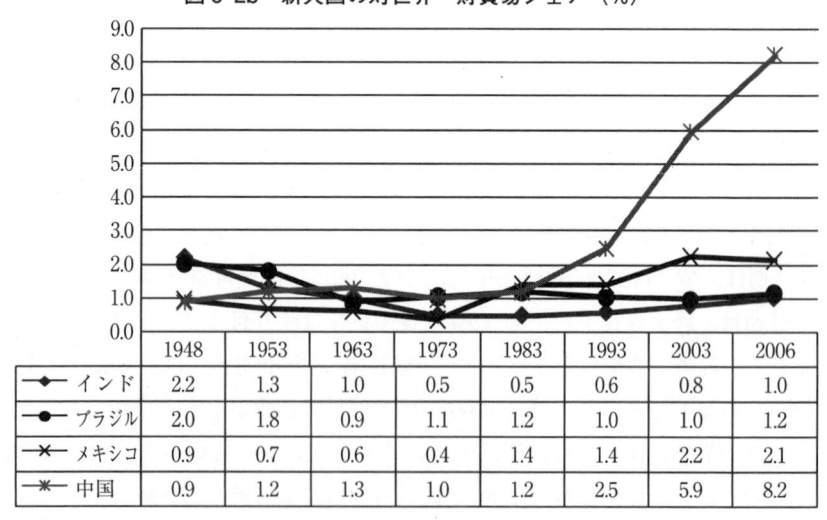

	1948	1953	1963	1973	1983	1993	2003	2006
インド	2.2	1.3	1.0	0.5	0.5	0.6	0.8	1.0
ブラジル	2.0	1.8	0.9	1.1	1.2	1.0	1.0	1.2
メキシコ	0.9	0.7	0.6	0.4	1.4	1.4	2.2	2.1
中国	0.9	1.2	1.3	1.0	1.2	2.5	5.9	8.2

出所：World Trade Organization（http://www.wto.org/）.

表 5-1 実質経済（GDP）成長率の平均と標準偏差（％）

期間（年度）	GDP	標準偏差
Ⅰ. 1951-1980	3.6	3.3
① 1951-1960	3.9	2.6
② 1961-1970	3.8	3.3
③ 1971-1980	3.2	4.1
Ⅱ. 1981-2006	6.1	2.0
① 1981-1990	5.4	2.1
② 1991-2000	5.6	1.8
③ 2001-2006	7.4	2.1

注：GDP は 1999 年度価格。
出所：Reserve Bank of India (RBI), *Handbook of Statistics on Indian Economy* 2008.

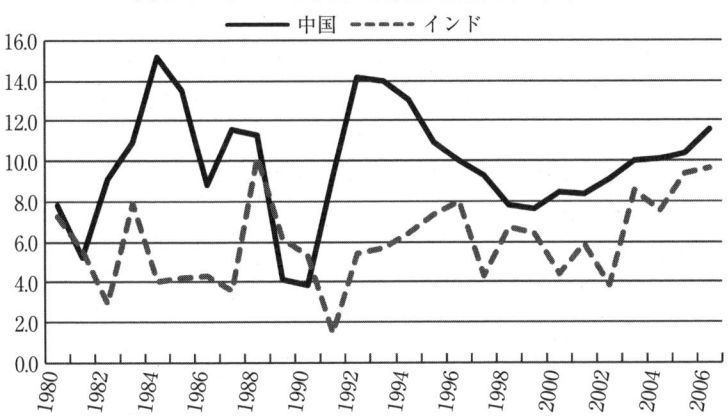

図 5-3　インドと中国の実質経済成長率（％）

出所：中国は World Bank, *The Complete World Development Report 1978-2009*, インドは Ministry of Finance, *Economic Survey*, various issues.

本や中国でみられたような高度経済成長というよりもむしろ漸進的な成長といえる（図 5-3）。

(1) 第 I 期——インド型開発戦略の形成と展開

1947 年 8 月 15 日、インドはイギリスの植民地支配から念願の独立を果たした。渡辺 (2004) によると「植民地とは宗主国が需要する特定の食糧や工業原材料を供給するために、宗主国の資本と技術をもって開発された地域」であり、インドも例外ではなかった。当時のインドは綿花や藍、食用穀物など第一次産品の輸出に特化したモノカルチュア経済として特徴づけられる。インドでは、長年にわたるイギリスとの垂直貿易が工業部門——とりわけイギリスからの安価な繊維の流入が繊維産業——に打撃を与えた経験もあり、インドは貿易に頼らず世界市場から自立する必要があると唱えられていた (Eswaran and Kotwal 1994)。

加えて、当時のインドを取り巻く国際環境は、第一次産品に対する需要が低下し、交易条件が著しく悪化している状況下にあった。元来、第一次産品の需要の所得弾力性は工業製品のそれよりも小さいが、(1) 先進国における技術進歩が第一次産品の代替品を普及させたこと[14]、(2) 先進国で国内農業を保護する動きがみられたことが第一次産品の需要低下に拍車をかけた。こうした状況下では、アメリカやオーストラリアが採用したような第一次産品の輸出を通じた工業化は困難であった。

このような初期条件と国際環境は、途上国は第一次産品の輸出を行っている限り発展できないという「輸出ペシミズム」の論拠ともなり、インドは輸入代替工業化を採用することとなった。ただし、インドが採用した開発戦略は、同じように輸入代替工業化を採用した NIEs やタイ、インドネシア、マレーシアなどの ASEAN と比べて、ユニークである。それは、権威主義的な政治体制のもとで開発を進めたこれら東アジア諸国とは対照的に、インドは 1940 年代から続く民主主義体制のもとで、開発を進めた点である。そして、広大な国土に多様な宗教や民族、言語を内包するインドが目指した国家建設は、自立的な経済発展の達成とその発展の恩恵が国民・地域に公平に行き渡る社会主義「型」社会の実現であった[15]。そのような経済社会の実現のため

に、インドは政府がプランニングという形で市場に介入しながら対外市場に依存しない輸入代替工業化を開始した。

1）インド型開発戦略を支えた経済政策

　理想とする社会経済の実現に向けて、インド型開発戦略は多様な経済政策を通じて具体化されて行った。1948年に公共部門と民間部門が担う産業分野を定めた産業政策決議が公布されると、1951年度から第一次五カ年計画が実施された。ただし、インド型開発戦略がより明確に形作られるのは、重工業化が開始された第二次五カ年計画（1956〜60年度）から第三次五カ年計画（1961〜65年度）にかけてであり、マハラノビス・モデルがその理論的根拠となった。マハラノビス・モデルとは、閉鎖経済を前提として、経済を資本財（生産財）生産部門と消費財生産部門とに分け、前者への投資配分を大きくすればするほど長期的には経済成長率が上昇するというものである。このモデルには、ネルー初代首相による、外国からの供給（輸入）に頼らず経済的に自立するためには、機械産業など重化学工業を発展させることが必須であるという主張が大きく反映されていた（Panagariya 2008）。このような開発戦略を遂行するための手段として、1956年の産業政策決議と1951年の産業（開発・規制）法といった産業政策が公布された。

　1956年の産業政策決議では、1948年産業政策決議による公共部門と民間部門が担う産業分野の再設定が行われ、全産業は3つのカテゴリーに分けられた。第1のカテゴリーは原則として公共部門が独占する分野であり、兵器や原子力、鉱業を始め、航空・鉄道、電力、電信・電話などの17基幹業種が割当てられた。第2のカテゴリーは公共部門と民間部門が共に参入可能な分野であり、工作機械や化学、肥料などの12業種が割当てられた。第3のカテゴリーは基本的には民間部門に委ねられる分野であり、残された消費財を中心とする業種が割当てられた。ただし、民間部門が担うことができる産業分野においても、国の開発計画に沿うように民間企業の投資と生産を振り向けるため、1951年の産業（開発・規制）法により産業ライセンス制度が導入された。具体的には、民間企業による製造の開始や立地の変更、生産能力の拡張、新製品の製造にあたり、国からライセンスを取得することが義務

表 5-2　工業生産指数

	1955 年度	1960 年度
工業全体	139	194
綿織物	128	133
鉄鋼	122	238
機械	192	503
化学	179	288

注：1950 年度＝100 とした指数。
出所：Panagariya [2008]．

付けられた。その結果、産業ライセンスは、重工業を中心に産業を多様化させるためや地理学的にも都市部に基幹産業が偏らないように発行された。こうして、重工業など基幹産業を公共部門が主導する混合経済体制ができ上がっていった一方で、雇用創出のために小規模工業（Small Scale Industries: SSI）に対する優遇政策も開始され、SSI は産業ライセンスの適用外におかれた。

　こうした産業政策を対外政策が補完した。全ての財の輸出入は、輸出入管理局の発行するライセンスによって数量を制限された。特に輸入は、輸入代替を促進するため厳しく制限され、ライセンスの発行に際しては、「重要性」と「国内入手不可能」の原則が適用された。そのため、輸入品目は生産のために必要な原材料・中間財または資本財が中心となり、消費財の輸入は原則禁止された。さらに、石油製品や肥料、薬品など必需品は、専売品目として国営機関が独占的に輸入した。

　こうした開発戦略により、インドは 20 世紀前半の年率平均 1% 以下の低成長率から脱し、前述のように 1951 ～ 1960 年度には平均 3.9％の成長率を達成した。表 5-2 はこの時期の主要な産業の成長を示したものであるが、産業が多様化されながら鉄鋼や化学、機械産業が著しく成長しているのがうかがえる。Panagariya（2008）は、1950 年代のパフォーマンスが 1960 ～ 70 年代と比べて良好であった理由として、次のような点を挙げている。まず、インド経済はまだ小さくかつシンプルであったので、政府は意思決定が容易で、部門間を調整することが容易であったことである。独立時の官僚機構は、相

図 5-4　1950-90 年度の財輸出入額/GDP（%）

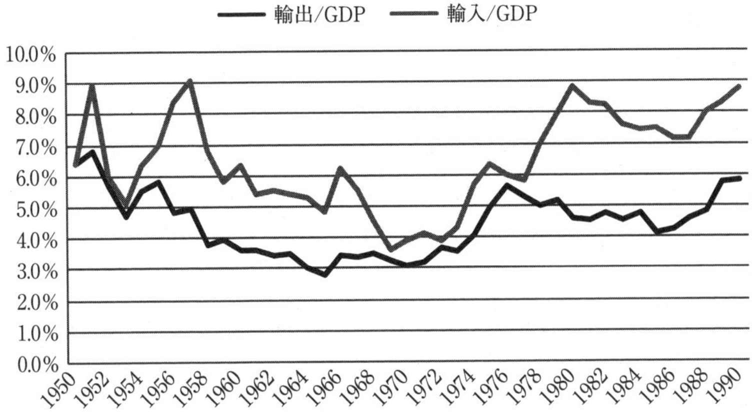

── 輸出/GDP　── 輸入/GDP

注：GDP は補助金を除いた経常市場価格（current market prices）。
出所：RBI, *Handbook of Statistics on Indian Economy 2008*.

対的に効率的かつ誠実であり、ライセンスの発行が遅れたりロビー活動や賄賂の影響を受けたりすることも少なかった。次に、産業政策や対外政策が比較的リベラルであったことである。特に機械産業が未だ育っていなかったこともあり、機械の輸入や FDI を通じた技術導入に比較的寛容であった。そして、そのような措置が結果的に企業の生産性向上に起因した。図 5-4 は財の輸出入額を GDP で割ったものであるが、1950 年代の輸入比率は低下傾向を示しておらず、彼のいうように規制が厳格ではなかったことがうかがえる[16]。

しかし 1950 年代後半になると、輸入の増大やロイヤルティの送金に伴い外貨は不足していった。また、次第に経済が大きくかつ複雑になるにつれて、政府による調整はより困難になっていった。

2）政治経済危機から規制強化へ

1950 年代に形作られた体制は、1960 ～ 70 年代に渡って幾度となくインドを襲った国境紛争や天災、政治的な要因により、統制色の強いものへと変化していった。まず、1962 年に中印国境紛争が勃発し、それは 65 年の印パ国境紛争へつながった。その後 2 年間旱魃が続き、インドは財政難、食糧難に

陥った。1966年に首相に就任したインディラ・ガンジーは、この危機を、ルピー切り下げや輸入ライセンス種目の削減など規制緩和を実施することを条件に、アメリカや世界銀行からの食糧支援や借款によって乗り切ろうとした。だが、パキスタンとの関係悪化を理由にアメリカが資金援助を打ち切り、続いて世界銀行も借款を大幅に削減したことへ反発し、経済政策は一転、一層内向的なものへと強化された。加えて、1967年の総選挙で与党の国民会議派は政権に返り咲いたものの、初めて7つの州で敗北を喫したことが彼女を中道左派的な路線へ転換させることになった。

例えば、「緑の革命」を進め食糧自給に重点をおく第四次五カ年計画[17]がスタートした1969年には、公共部門への資金供給ルートの確保と農業金融の強化を目的に主要商業銀行14行が国有化された[18]。また同年、独占・制限的取引慣行法（Monopolies and Restrictive Trade Practice Act: MRTPA）が公布され、総資産が2億ルピー以上あるいはマーケットシェアを33％以上占める大企業は、既存の産業ライセンスとは別に、生産能力の拡大や新規企業の設立、M&Aに際し別途許可が必要となった。MRTPA施行の背景には、ロビー活動や巧妙な手口でライセンスを複数取得する大企業の経済的集中が問題視されるようになったことが挙げられる。このMRTPAのもとで、大企業は市場の集中を進めず、公益に沿う場合のみ認可が下りることになった。1967年にはSSIだけに生産が許される留保品目制度が開始され、労働集約的な47品目を大企業は製造できなくなった[19]。さらに1973年には、外国企業の出資比率を40％までに制限する外国為替規制法（Foreign Exchange Regulation Act: FERA）が公布され、既存の企業は増資をすることで外国企業の出資比率を低下させるか[20]、インド市場から退出するかの選択を余儀なくされた。また、例外的に参入が認められた場合でも、輸出義務や段階的国産化、技術移転を伴うことなど様々な規制が課せられた。そのため、この時期にIBM社やコカ・コーラ社は一時インド市場から撤退した。

産業政策や対外政策に加え、労働や土地など要素市場もこの時期に規制が強化された。労働に関する規制として、1947年に制定された産業争議法（Industrial Dispute Act: IDA）が1976年に改正され、大企業が労働者を解雇することが困難になった。この改正法では、工場やプランテーションなどは

事業所（establishments）と定義され、300人以上を雇用する事業所は労働者を削減する際、州政府から許可を得なければならないと定められた。だが、政治的なプレッシャーにより許可が下りることはほとんどなく、企業の退出が実質的に不可能となったほか、企業はストライキや労働組合からの賃上げ要求に苦しむこととなった。1982年の改正では、IDAが適用される事業所は300人から100人を雇用する事業所へと下方修正された。このような保護政策は留保品目政策とならび、大企業が労働集約的な産業に参入する障壁となった。

　土地に関しても1976年に新しい規制、すなわち市街地土地（上限・規制）法（Urban Land (Ceiling and Regulation) Act: ULCR）が導入された。これは都市部への集中を防ぐために個人や企業が取得できる土地の面積を制限したもので、過剰に空閑地をもつ所有者は、その土地をわずかな補償金と引き換えに、州政府へ引き渡さなければならなかった[21]。ULCRと賃借統制法（Rent Control Law）は、都市部の土地不足と地価の高騰を引き起こす要因となり、ムンバイの地価は1990年代に世界でも最も高い1つとなった。またULCRは、破綻した企業が労働者などへの補償のために土地を売却することを禁じたため、破綻した企業の退出障壁ともなった（Panagariya 2008）。

　こうして、インドはあらゆる民間部門の経済活動が政府による規制によってコントロールされるようになり、このようなシステムは「ライセンス・ラジ（License Raj）[22]」と揶揄された。こうした過度な統制システムは民間部門のインセンティブを削いだほか、1971年の印パ紛争や旱魃、1973年の第一次石油危機などの対外ショックと相まって、インド経済を経済停滞とインフレーションというスタグフレーションに導いた。

(2) 第II期——経済自由化への道程

1) 既存の体制のもとで部分的な自由化

　1980年代に入ると、韓国などNIEsの発展を目の当たりにし、政府も過度な統制システムが生産効率や近代的技術導入の弊害となっていることを認識し始めた。1980年に首相に返り咲いたインディラ・ガンジーは、IMFから構造調整融資を受入れることに決め、自らが強化した一連の規制を緩和し始め

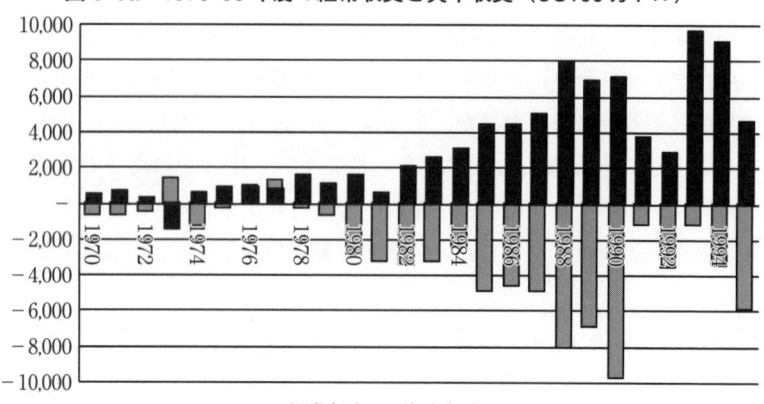

図 5-5a　1970-95 年度の経常収支と資本収支（US100 万ドル）

■経常収支　■資本収支

た。その後、1984 年にインディラ・ガンジーは暗殺されるが、政権を引き継いだ息子のラジブ・ガンジーは規制緩和をより一層推し進めた。

具体的には、競争力の向上と近代化を目標に、産業ライセンス制度の緩和が実施された。とりわけ、技術力を活かして発展を期待されていた自動車やIT・電子産業を中心に、ライセンスで許可された生産能力を超える生産量の容認や生産能力の範囲内で複数の製品を組み合わせて生産することが可能になった[23]。対外政策でも輸入ライセンスが緩和され、部品や新しい機械の購入など資本財の一部を自由に輸入できるようになった。FERA 下の 40 ％という出資制限には変化はなかったが、大規模な投資と技術の近代化を要する自動車や IT・電子産業では、外国企業との技術提携ばかりでなく資本提携も許可されるようになった[24]。特に我が国との関係でいえば、1980 年代前半にスズキが政府との合弁により自動車産業への参入が許可されて以降、日本企業との資本あるいは技術提携によって多くの企業が参入した（二階堂 2003）。そのほか、MRTPA 企業への規制も緩和され、生産能力の拡大や新規事業への参入に門戸が開かれた[25]。

2) 経済自由化とライセンス・ラジの終焉

1980 年代の既存の体制のもとで実施した部分的な経済自由化は、外国企

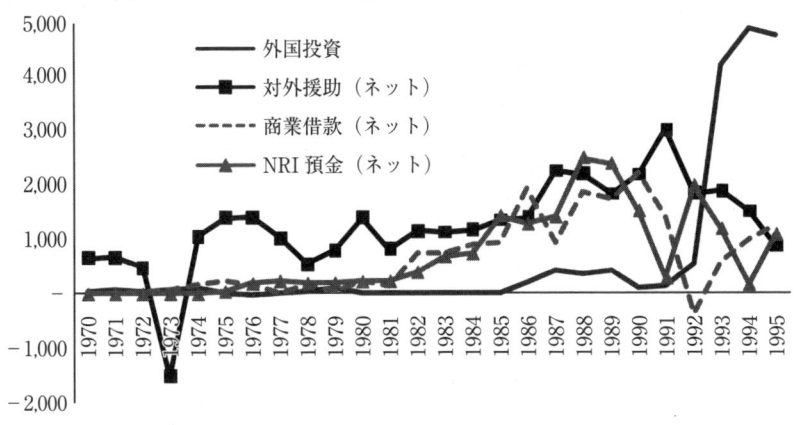

図 5-5b　1970-95 年度の資本収支項目（US100 万ドル）

凡例：
― 外国投資
■ 対外援助（ネット）
--- 商業借款（ネット）
▲ NRI 預金（ネット）

注：外国投資は直接投資と間接投資の合計。
出所：RBI, *Handbook of Statistics on Indian Economy 2008*.

業との提携や資本財の輸入を通じて技術の近代化をもたらし、自動車産業では乗用車の生産台数が、IT 産業ではソフトウェア輸出がそれぞれ増大した。また対外借款を通じた公共投資の拡大は GDP の上昇に寄与した。だがその一方で、それらは 1950 年代から続く慢性的な貿易赤字や対外債務を悪化させることになった。そのような状況下で 1990 年 8 月の湾岸戦争の発生は、石油関連製品の価格を押上げ、貿易赤字をさらに膨らませたほか、湾岸諸国へ出稼ぎに出ていた労働者からの送金が減少し、経常収支を悪化させた（図5-5a）。こうしたインド経済の状況を鑑みて、真っ先に非居住者インド人（Non-Resident Indian: NRI）が預金を引き揚げ、続いて公共投資を下支えしてきた商業的な借款も激減し、インドは国際収支危機に陥った（図 5-5b）。国内市場の狭隘や国際収支の制約に直面し、早々と輸入代替工業化から転換を図った NIEs や ASEAN に対し、インド型開発戦略を支えていたのは、国内市場の大きさと NRI の資金であった。それが湾岸戦争を契機に破綻した。折しも、グローバル化が加速し始めた時期であった。

1991 年 6 月のナラシマ・ラオ政権発足時には、外貨準備は輸入額のわずか 2 週間分ほどであった。ラオ首相は着任後すぐに IMF・世銀に融資を要請し、財政支出削減や金融引締め、ルピー切下げなどマクロ経済安定化と構造調整

を組み合わせた新経済政策に着手した。今日に至る経済自由化路線の端緒となった1991年7月の新経済政策では、(1) 公共部門独占分野を17業種から8業種へ削減、(2) 産業ライセンスの取得義務は18業種を除いて撤廃、(3) MRTPA企業による生産能力の拡大や新規企業の設立、M&Aにおける事前許可の撤廃、(4) 外国企業の出資比率を優先的な35業種に限り51％まで許可、(5) 専売品目の削減や消費財に対する輸入ライセンス規制の緩和、が織り込まれ、これまでのインド型開発戦略の支柱となってきた経済政策が撤廃ないし緩和された。

　それまでの開発戦略の成果として、インドは食糧の自給ばかりでなく工業製品の自給もほぼ達成した。基幹産業を中心に公共部門が主導的な役割を担い、各五カ年計画を通じ投資を集中させてきたことで、早い時期に一応の基幹産業を確立させたほか、民間部門の国産化促進と相俟って「ビーリー（紙巻タバコ）から人工衛星まで」フルセットの産業基盤を築くことができた。しかし、外国企業を国内投資の源としてばかりでなく技術や経営ノウハウ移転の源としても取り込んできた東アジア諸国に対し、インド型開発戦略がもたらした高コスト体質や技術的遅れはもはや決定的なものとなった。

　1991年以降、政権を担う政党が代わっても経済自由化路線は基本的に引き継がれ、漸進的に規制緩和は進行している。公共部門が独占する産業分野は原子力や原子力令下の特定鉱物、鉄道運輸の3業種だけとなり、ほとんどの業種に民間部門が参入できるようになった。産業ライセンス取得の義務もアルコール飲料の蒸留・醸造やタバコ、電子航空機と防衛機器、導爆線やマッチなど産業用火薬類、有害化学物質の5業種を除き自由になった。また、製造業企業の立地も自由に選択ができるようになった[26]。輸入数量制限はウルグアイ・ラウンド交渉の締結に伴い、2001年4月までに撤廃された。唯一残る貿易障壁としての輸入関税の水準も全体の単純平均で1991年度の128.0％から2001年度の37.1％へ、2008年度には13.5％へ低下した。FDIについても、現在参入を禁じられているのは、小売業（単一ブランド製品を除く）や原子力、宝くじ、賭博のみであり、製造業を中心にほぼ100％出資が可能になった。いまだ出資制限が残る業種においても、航空業が49％へ、通信業と銀行業が74％へ引上げられるなど規制緩和が進んでいる[27]。外国

為替制度は、一時的な二重為替レートを経て、1993年に変動為替相場へ移行したほか、1994年に経常取引における為替の自由化を実現した。ただし、証券投資についてはアジア通貨危機を目の当たりにしたこともあり、資本取引の自由化を急がず、認可を受けた外国機関投資家に限り投資が可能である。

4　経済発展の源泉

経済自由化の開始以降、平均成長率は1991〜2000年度の5.6%に上昇し、続く2001〜2006年度にはさらに7.4%へ上昇した（前掲表5-1）。本節では、グローバル化が加速する中で経済自由化を開始したインドの経済成長の源泉を明らかにしていく。

(1)　経済自由化の影響

「ライセンス・ラジ」の弊害を最も受けていたのは、製造業、とりわけ労働集約的産業に参入できなかった大企業であろう。経済自由化以降、企業は最も効率的な場所で自由に生産活動を行うことが可能になったので、企業のパフォーマンスは向上していることが期待される。しかし、これまでの実証研究によれば、企業のパフォーマンスを全要素生産性（Total Factor Productivity: TFP）の観点から検証した場合、生産性が向上していると必ずしもいうことができない。むしろ、Goldar (2004) やTrivedi et al. (2000)、佐藤編 (2009) など大半の実証研究は1991年の経済自由化以降、製造業企業のTFP成長が減速したと指摘している。ただし、経済自由化が企業の生産性にマイナスの影響を与えたというのではなく、プラスの影響を上回る、農業での成長鈍化や製造業における設備稼働率の低下など他のマイナスの要因があったためだとしている[28]。

また、Topalova (2004) やKrishna and Mitra (1998)、Balakrishnan et al. (2000) は関税率の低下、すなわち貿易自由化が企業の生産性にどのような影響を与えたかについて実証分析を行った。しかし、推計方法や対象産業の相違により結論が分かれており、コンセンサスは得られていない。製造業を含めインド経済の成長率は2000年以降さらに上昇しているため、2000年代

表 5-3　雇用と失業（100 万人）

	1983 年	1993 年度	1999 年度	2004 年度
労働力人口	263.8	334.2	364.9	419.7
(1) 就業者	239.5	313.9	338.2	384.9
(2) 失業者	24.3	20.3	26.7	34.7
失業率	9.2%	6.1%	7.3%	8.3%

注：失業者の定義は、対象週における各 1 日の経済活動に注目した（CDS）基準。
出所：Planning Commission（http://planningcommission.gov.in/）.

のデータを含めて改めて実証分析を行う必要があるだろう。現時点で経済自由化の影響について結論付けるのは時期尚早だと思われるが、これら一連の研究で唯一共通している点がある。それは、企業が労働節約的な技術を採用する傾向にあることである。これは FDI 自由化や資本財の輸入が容易になったことが一因と考えられるが、インドはいまだに余剰労働力を抱えている（表 5-3）。それにもかかわらず、労働から資本へ代替が起こる要因は何であろうか。以下では、経済自由化以降の経済成長の源泉を需要サイドと供給サイドから検証しながら、こうした要因を明らかにしていく。

1) 需要サイド―対外部門―

韓国や中国など東アジア諸国の経済発展プロセスでは、外国企業を積極的に取り込み、労働集約的な製造業製品の輸出が経済成長を牽引した。だが、インドの現状をみる限り、同じことは当てはまらない。表 5-4 は経済自由化以降の貿易実績の推移である。財とサービス輸出額の対 GDP 比は 1991 年度の 8.7％から 2001 年度の 12.9％へ、2006 年度には 22.3％へ上昇した。財輸出、サービス輸出はそれぞれ 2001 年度以降、顕著に増大しているのがわかる。金額ベースではいまだに財輸出がサービス輸出を上回るものの、サービス輸出は徐々に財輸出に肉薄してきている。特にサービス輸出の中でも、ソフトウェア開発やビジネスサービスと呼ばれる業務委託の輸出が著しく伸びている。2006 年度のソフトウェアとビジネスサービスの輸出額はサービス輸出全体の 66.4％を占め、それは GDP の 5.5％に寄与している（表 5-4）。

第5章 グローバル化とインドの経済自由化　147

表 5-4　インドの貿易実績の変化（GDP 比%）

	1991 年度	1996 年度	2001 年度	2006 年度
1 財・サービス輸出額	8.7%	10.7%	12.9%	22.3%
(1) 財輸出額	6.9%	8.8%	9.4%	14.0%
(2) サービス輸出額	1.9%	1.9%	3.6%	8.3%
2 主要輸出品別				
Ⅰ 第一次産品	1.6%	2.1%	1.5%	2.1%
(1) 農業・農業関連製品	1.2%	1.8%	1.2%	1.4%
(2) 鉱物資源	0.4%	0.3%	0.3%	0.8%
Ⅱ 製造業製品	5.0%	6.3%	7.0%	9.3%
(1) 革製品	0.5%	0.4%	0.4%	0.3%
(2) 化学製品・医薬品	0.7%	1.0%	1.3%	1.9%
(3) エンジニアリング製品*	0.8%	1.3%	1.5%	3.2%
(4) 繊維・繊維製品	1.8%	2.2%	2.1%	1.9%
(5) ジュエリー製品	1.0%	1.2%	1.5%	1.7%
Ⅲ 石油製品	0.2%	0.1%	0.4%	2.0%
Ⅳ ソフトウェア・ビジネスサービス	n.a	n.a	1.6%	5.5%

注：GDP は経常市場価格（current market price）。財・サービスの輸出入額とソフトウェア・ビジネスサービス輸出額は国際収支表より、その他の輸出額は商工省のデータを用いて計算。
　＊鉄・鉄鋼、金属、機械、輸送機器、電子機器など。
出所：RBI, *Handbook of Statistics on Indian Economy* 2008; CSO, *National Accounts Statistics* 2008.

　2000 年問題への対応としてアメリカ企業からソフトウェア改修の委託を受けて以来、その実績がかわれて輸出が増大している。
　第一次産品や製造業製品、石油製品など財輸出を構成する各項目も輸出が伸びているが、図 5-6 のように製造業の輸出構成比には変化がみられる。製造業輸出全体に占める主要輸出製品の割合をみてみると、革製品や繊維製品、ジュエリー製品といった労働集約的な製品の割合が低下している一方、化学製品・医薬品やエンジニアリング製品といった資本集約的・知識集約的な製品の割合が伸びている。こうしたサービス輸出や財輸出にみられる傾向は、FDI の傾向とも一致している。1990 年代は食品加工や紙製品、繊維などの労働集約的産業にも FDI が集まっていたが、2000 年代はサービス業やエネルギー産業により FDI が集中している（表 5-5）。
　表 5-4 のように、2006 年度における財・サービス輸出額の GDP 比 22.3%

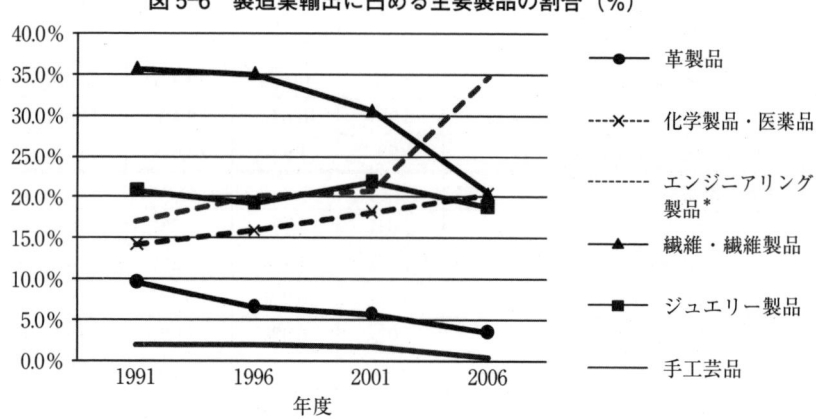

図5-6 製造業輸出に占める主要製品の割合（%）

凡例：
- ● 革製品
- ×（破線） 化学製品・医薬品
- （点線） エンジニアリング製品*
- ▲ 繊維・繊維製品
- ■ ジュエリー製品
- 手工芸品

年度：1991, 1996, 2001, 2006

注：エンジニアリング製品には，鉄・鉄鋼，金属，機械，輸送機器，電子機器などが含まれる。
出所：表5-4に同じ。

表5-5 FDI累積額のシェア（%）

順位	1991年8月から1999年12月		2000年1月から2008年11月	
1	輸送機器（自動車を含む）	12.37%	サービス（金融・非金融）	21.43%
2	電気機器	11.14%	ITソフト・ハードウェア	11.64%
3	サービス（金融・非金融）	9.71%	電気通信	7.77%
4	遠距離通信	9.69%	建設	6.24%
5	化学（肥料を除く）	9.57%	住宅・不動産	5.83%
6	燃料（電力＆製油）	8.75%	自動車	4.16%
7	食品加工	5.68%	電力	3.67%
8	紙・紙製品	2.08%	冶金	3.23%
9	その他の機械	2.04%	石油・天然ガス	2.75%
10	繊維	1.99%	化学（肥料を除く）	2.45%

注：1990年代と2000年代の産業分類は必ずしも一致しない。
出所：Ministry of Commerce and Industry (http://dipp.nic.in/).

は、いわゆる需要面からみたGDPへの寄与度として捉えることができる。インドの場合、この「外需」の比率は、民間消費支出の59.8％や粗資本形成34.5％など「内需」項目と比べるとかなり低い。すなわち、需要サイドからみたインドの経済成長の源泉は内需にあり、このような現状は、通貨安を前提に外需で稼ぐ従来の途上国の発展モデルと乖離している。

図5-7　各部門のGDPへの寄与（％）

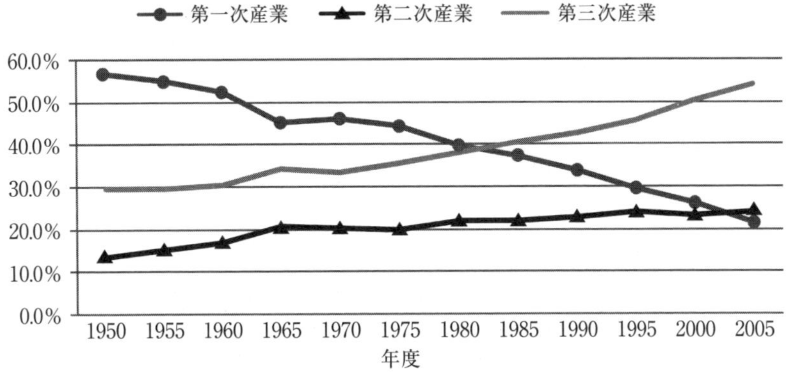

出所：表5-6に同じ。

2）供給サイド―産業構造―

　次に供給サイドをみていこう。これまでの東アジア諸国の経済発展プロセスでは、所得水準が上昇するにつれて、一国の総生産額（GDP）に占める第一次産業生産額の比率が減少する一方で、第二次産業生産額の比率が上昇し、続いて第三次産業生産額の比率が上昇した。また一国の総就業者数に占める各産業の就業者比率も同様に変化した。このような産業構造の変化はペティー＝クラークの法則と呼ばれるが、こうした法則はインドには当てはまらない。図5-7のように、経済発展とともにGDPに占める第一次産業生産額の比率が低下する一方、代わりに比率を伸ばしているのは第三次産業である。第三次産業の生産額比率は、大きな未組織部門を反映して独立後から30％ほどのシェアがあったが、経済自由化以降は製造業をサポートするような近代的なサービス業が増加し（Banga and Goldar 2007）、2006年度の生産額比率は54.7％に達している（表5-6）。このように、供給サイドからみた経済成長の源泉は第三次産業にある。ただし、ソフトウェア開発やビジネスサービスが第三次産業を牽引しているわけではなく、国内の経済活動の総和としては、卸売・小売業、ホテル・レストランや公共サービスが第三次産業を牽引している。したがって、前述の外需の寄与度も踏まえると、金融危機でIT産業が減速しても、インド経済に与える影響はそれほど大きくない。

　一方、就業人口比率をみると、表5-6のように就業人口の半分はいまだ第

表 5-6　2006 年度の産業別付加価値・就業者比率（%）

	付加価値	就業者
第一次産業（農業部門）	20.5	50.8
農林水産業	18.5	50.2
鉱業	2	0.6
第二次産業（工業部門）	24.7	19.8
製造業	15.4	13.3
建設	7.2	6.1
電力・ガス・水道業	2.1	0.3
第三次産業（サービス部門）	54.7	29.4
卸売・小売業、ホテル、レストラン	15.4	13.2
輸送・倉庫業、通信業	11.4	5.1
金融・保険業	6.7	2.2
不動産業・ビジネスサービス	7.6	
公共サービス	13.6	9.0

出所：CSO, *National Account Statistics* 2008,
　　　Planning Commission, *Eleventh Five Year Plan*, Table4.2.

表 5-7　1993-99 年度における製造業の付加価値と雇用の成長

	雇用者数年率成長率（%）	付加価値年率成長率（%）	雇用の生産弾力性
製造業	2.58	7.80	0.33
（1）組織部門	0.87	7.31	0.12
（2）未組織部門	2.95	8.66	0.34

注：雇用は CDS ベース、GDP は 1993 年度価格。
出所：Planning Commission［2002］、原データは CSO と NSSO の各ランド調査より。

一次産業にとどまっている。第三次産業が相対的に高い教育や技術水準を要し、労働節約的な性質を有すことを考慮すると、第一次産業の就業者を第二次産業、とりわけ製造業で吸収することが望まれるが、インドではそうした現象がみられていない。表 5-7 のように、1993〜1999 年度において製造業の生産額は年平均 7.80％の成長を記録したが、この期間の雇用の年平均成長率は 2.58％にとどまった。すなわち、雇用の年平均成長率を生産額の年平均成長率で割った雇用の生産弾力性は 0.33 となり、「雇用なき成長（Jobless

表5-8 組織部門の就業者数（10万人）

年度	公共部門	民間部門	合計
1999	194.15	86.98	281.13
2000	193.14	86.46	279.60
2001	191.38	86.52	277.90
2002	187.73	84.32	272.05
2003	185.80	84.21	270.01
2004	181.97	82.46	264.43
2005	180.06	84.52	264.58

出所：表5-3に同じ。

Growth）」の様相がうかがえる。製造業を動力使用で10人以上、未使用で20人以上雇用する組織部門とそれ未満の未組織部門に分類してみると、製造業の付加価値の64％を占め、就業者の17％を占める組織部門の雇用の生産弾力性（0.12）は、未組織部門のそれ（0.34）よりも低いことがわかる。2000年以降の組織部門の動向をみても、より雇用の創出が見込める組織部門の就業者数はむしろ低下している（表5-8）。

(2) サービス部門の台頭と工業部門の停滞の原因

こうした組織部門の停滞は、労働集約的産業に張り巡らされていた規制と無縁ではないであろう。長い間、労働集約的な製品の多くはSSIに留保されており、大企業は参入できなかった。経済自由化以降、留保品目は削減され、大半を輸出するならば大企業は留保品目であっても生産できるようになった。それでも、大企業にとっては労働者を雇用したり解雇したりする際の労働市場の柔軟性の欠如がいまだ参入の阻害要因であり続けている。

組織部門に属する企業は、工場法に基づき、州の工業局への登録が義務付けられ、労働者の福利厚生や安全対策、労働時間の上限を遵守しなければならない。特に、100人以上を雇用する企業は、産業争議法（IDA）のもとで、事業所を閉鎖したり、労働者を解雇したりする場合に政府の許可が必要となり、実際に許可が下りるまで長い歳月を要するといわれている。企業は産業

分類規制や産業ライセンス規制から解放されても、要素市場の法制の不透明性から解放されていないのである。したがって、企業は労働者を増やすことよりも資本集約的な技術を導入したり、政府の規制が及ばないより小さな企業へ業務を委託したりすることで経営効率や競争力を保持している可能性がある。

他方、サービス部門はそのような労働市場の硬直性に影響を受けない。前述のように IDA は工場やプランテーションで働く労働者の権利を守るために制定されたため、サービス部門の企業には適用されず、経営者は雇用と解雇する権利を保持できる。実際に、今回の金融危機により外資系金融機関や IT 企業で働いていた多くの労働者が解雇された[29]。

ただし、サービス部門の生産額比率の大きさを過大評価してはならない。ホテルやレストランの生産額比率が高いのは、現在の需給ミスマッチに伴う料金高騰を反映しているし、Nagaraj（2009）もサービス部門の生産額増大が技術変化と結びついていなければ高コストとなり、それがサービス部門の生産額比率を上昇させている可能性があると指摘している。

5 日本との関係

現在インドでは、経済成長を支える電力や道路、上下水道などのインフラ整備があちらこちらで進んでいる。特に首都のデリーでは、2010 年 10 月に英連邦競技大会が開催されることもあり、新空港や地下鉄、道路などのインフラ整備が急ピッチで行われている。こうしたインフラの整備に日本の ODA（政府開発援助）が活用されており、インドは 2003 年度以来、5 年連続最大の円借款受取国となっている（交換公文ベース）。歴史的な背景から反日感情が強い東アジア諸国に比べ、インドは親日国の 1 つであり、日本の技術や経営システムの導入にも意欲的である。これまでの日印関係は、どちらからみるかによって互いのプレゼンスに大きな差があったが、経済成長を背景に国際社会での存在感を高めつつあるインドを日本はもはや無視できなくなった。本節では、インドと日本の経済関係を貿易や投資、ODA の側面から検討する。

図 5-8a インドの輸出入に占める日本のシェア（%）

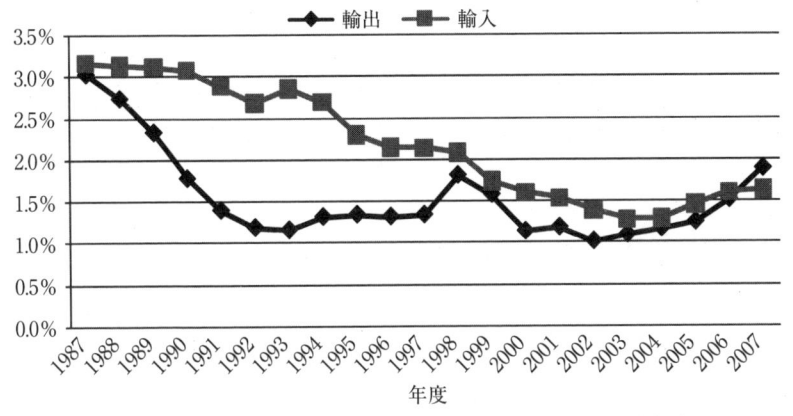

図 5-8b 日本の輸出入に占めるインドのシェア（%）

出所：Directorate General of Foreign Trade（http://dgft.delhi.nic.in/）, 財務省（http://www.mof.go.jp/）

(1) 貿易

　図5-8aのように、インドの財貿易相手としての日本のプレゼンスは、輸出入とも経済自由化以後大きく低下している。日本への輸出は、1987年度に全体の10.3%を占め、インドにとって日本はアメリカ、ドイツに次ぐ第3番目の輸出国であったが、1997年度にはイギリスや香港、ドイツを下回り第5番目の輸出国へ、2007年度はUAEや中国、地域貿易協定を締結したシ

ンガポールへの輸出が拡大し、日本は第12番目の輸出国へとその地位を低下させた。日本からの輸入も同様に、1987年度に全体の9.6％を占め、インドにとって日本はドイツに次ぐ第2番目の輸入国であったが、1997年度にはサウジアラビアやスイスを下回り第8番目の輸入国へ、2007年度になると中国やUAEからの輸入が拡大し、日本は第12番目の輸入国へとその地位を低下させた。一方図5-8bのように、日本の財貿易に占めるインドのシェアは、輸出入とも経済自由化以降低下していたが、2003年度以降再び上昇し始めた。輸出入額を合計した貿易額は年率平均21％の伸びを記録している。特に、対日輸出において石油製品が顕著に伸びており、2007年度の輸出額は資源価格の高騰を反映して前年比192％増であった。その他、ダイヤモンドや鉄鉱、大豆油かす、エビ、銑鉄などが主要な輸出製品となっている。対日輸入では、自動車部品や鉄鋼、ラジオやテレビ用の送信機器やテレビカメラ、工作・建設機械を中心とした機械類が主要な輸入製品となっている。建設ラッシュや自動車産業などの設備投資に伴い機械類の需要は今後も伸びると予想されるため、日本企業にとってインドは重要なマーケットになるであろう[30]。

(2) 直接投資

日本企業の対印FDIの動向をみても、日本のプレゼンスは低下傾向を示している。1980年代初めに進出したスズキに続き、1990年代に入るとホンダやトヨタなど自動車メーカーとその下請けメーカーが相次いで進出したが、2000年代に入るとそれらが一段落し、対印FDIは停滞している。商工省の統計によると、1991年8月から1999年12月までの国別FDI実行額では、日本は第3番目の投資国であったが、2000年4月から2008年12月までの同実行額では、第6番目の投資国へと後退した。2008年の対印FDI実行額のシェアは、モーリシャス経由の投資が49.6％のシェアを占め、その後にシンガポール13.1％やNRI6.8％、アメリカ6.3％、イギリス5.8％等が続く。日本のシェアは1.4％に過ぎず、NRIを除いた場合でも第9番目の投資国となっている。他国企業と同様に、日本企業も税制の優遇措置がある第3国経由で対印投資を行っている場合もあるが、東アジア諸国に対するFDIと比

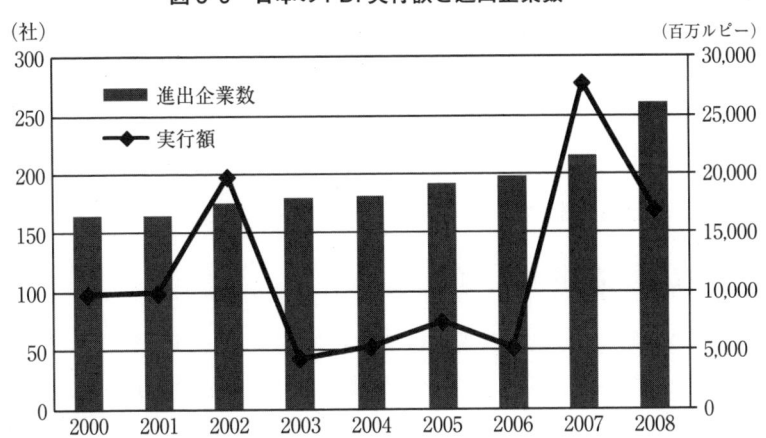

図 5-9　日本の FDI 実行額と進出企業数

注：FDI 実行額，進出企業数とも暦歴。
　　進出企業数は，日本企業の出資比率が 10％以上の日系現地法人数。支店や事務所は含まない。
出所：Ministry of Commerce and Industry（http://dipp.nic.in/），東洋経済新報社『海外進出企業総覧』各年版。

べると日本企業の慎重さがみてとれる。東洋経済新報社の『海外進出企業総覧』によると、インドに進出している日系企業は 2000 年版の 165 社から 2008 年版の 261 社へ増加したが、それは、中国に進出している日系企業 4878 社に比べると、18 分の 1 に過ぎない（図 5-9）。

こうした日本企業の慎重さは、国際協力銀行（JBIC）が毎年実施している『わが国製造業企業の海外事業展開に関する調査報告』からもうかがい知ることができる。中期的（今後 3 年程度）に有望な事業展開先として、インドは 2005 年度版で初めて中国に次ぐ第 2 位に浮上した。しかし、中国と比べると得票数が低いばかりか具体的な事業計画をもたない企業からの得票が大半で、企業の現実の投資可能性よりも将来への期待感が先行していた。

ただし、2008 年度の調査では、中国とインドを有望な投資先と答えた企業数はそれぞれ 297 社、271 社と得票数が拮抗してきている。また、投資計画なしの企業がいまだ半数であるものの、実際に投資計画をもつ企業数が着実に増加している。インドを有望と考える理由としては、(1) 現地マーケットの今後の成長性、(2) 安価な労働力、(3) 優秀な人材、が筆頭に挙げられ

ている。前2者は中国を有望と考える理由と同じだが、(3) は他国比でも高く評価されている。一方、対印投資の課題としては、(1) インフラ未整備、(2) 法制の運用が不透明、(3) 他社との厳しい競争、等が挙げられている。中国に比べてインフラ未整備を指摘する企業数が多く、特に道路や電力での未整備を指摘する企業が多い。日本企業の対印投資を促進するためにも、インフラ整備などの側面で日本政府の支援が期待されている。

(3) 包括的経済協力と ODA

　ODA の側面からみた日印関係は、貿易や投資に比べて緊密である。ODA は有償資金援助（円借款）と無償資金援助（贈与、技術協力）からなるが、対印 ODA は、インド自ら近隣諸国等へ技術協力を行っていることもあり、円借款が中心になっている。外務省『ODA 国別データブック 2008 年版』によると、2007 年度の対印 ODA の内訳は、円借款が 2,251 億 3 千万円、無償資金協力が 3 億 9,700 万円（以上、交換公文ベース）、技術協力が 12 億 3,100 万円（JICA 経費実績ベース）となっている。円借款に関していえば、インドは 2003 年度以来、5 年連続で最大の受取国である。インド政府は援助受入国を G8 と EU に限定しているため、インドからみても日本が最大の二国間援助の受入国である[31]。

　2000 年 8 月に「日印グローバル・パートナーシップ」の構築に合意して以来、ODA を通じた支援は、日印関係強化のための一層重要なツールに位置付けられている。2005 年 4 月の小泉首相訪印時や 2006 年 12 月マンモハン・シン首相来日時では、包括的な経済関係の構築が日印パートナーシップの中核に位置付けられるべきとの合意がなされた。具体的には、(1) 財・サービス貿易や投資の拡大、経済協力の拡大に向けた自由貿易協定／経済連携協定（FTA／EPA）交渉を開始すること、(2) 輸送・電力を含むインフラ整備や環境等の優先分野に ODA を通じた協力を引き続き行うこと、(3) 日本の技術力や人的資源、官民連携を最大限に活用しながら、インドのインフラと製造業を強化すること（日印特別経済パートナーシップ・イニシアチブ (SEPI)）、等が確認された。現在は FTA／EPA 交渉が進行中のほか、「デリー高速輸送システム（デリー・メトロ）建設計画」や「ハイデラバード外環

道路建設計画」、「マハラシュトラ州送変電網整備計画」などインフラ整備への円借款を通じた支援が行われている。また SEPI についても、対印投資や輸出を促進するため、デリーとムンバイ間の工業団地と港湾を貨物専用鉄道で結びつけるデリー・ムンバイ間産業大動脈構想（DMIC）実現に向けての技術や資金面での協力が行われている。2008 年 12 月のマンモハン・シン首相来日時には、日本政府が貨物専用鉄道建設計画（第 1 フェーズ）に約 4,500 億円の円借款を供与することを約束したほか、JBIC が DMIC 開発公社およびインド・インフラ金融公社との間で、DMIC 推進を目的としたプロジェクト開発ファンドの共同設立に向けて覚書を交わした[32]。

6　おわりに

　イギリスからの独立後、多様性をもつインドが採用した開発戦略は混合経済体制の下での輸入代替工業化であった。同じような輸入代替工業化を採用した NIEs や ASEAN が早々とこの工業化の限界に突きあたる中、インドが 1990 年初頭までこの開発戦略を継続しえたのは、国内市場の大きさと NRI の資金、そして民主主義であった。しかし、そうしたインド型開発戦略は湾岸戦争を契機とした国際収支危機で転換を余儀なくされた。以降、インドは世界経済でグローバル化が加速する中、国内の規制緩和と対外開放を漸進的に進めてきた。特に、安価で優秀な IT 技術者を有するインドは、アメリカの IT 革命におけるチャンスを逃がさなかった。
　しかしインドは、グローバル化の恩恵を十分享受しているとはいえない。それは現在の経済成長が工業部門、特に労働集約的な製造業をバイパスした「雇用なき成長」であるからである。経済自由化以前の規制や不透明な法制度が国内の大企業の参入を、道路や電力などインフラの未整備が外国企業の参入を阻害している要因である。
　インドが人口ボーナスという優位性を十分に活かし、BRICs レポートが予測したような経済成長を実現するには、労働集約的な製造業の強化を図り、サービス業と製造業が両輪となって発展していくことが不可欠である。そのために、日本は ODA や官民連携を通じてインフラ整備や技術支援を今後も

継続していくことが期待される。

注
1）本稿は、武蔵大学経済学部および東京大学大学院経済学研究科、武蔵大学イブニングスクールにおける講義の内容を拡張したものである。本研究にあたっては、法政大学比較経済研究所特別プロジェクト『BRICsの競争力と日本の国際戦略』、日本私立学校振興・共済財団の学術研究振興資金、武蔵大学総合研究所から研究助成を受けた。
2）インド経済に関する入門書としては、伊藤・絵所（1995）や絵所（1991；2008）、山崎（1997）がある。そのほか佐藤（2002）や絵所編（2002）、内川編（2006）、小田編（2009）などについては、ある程度の知識が事前に必要であろう。
3）U.S. Department of Commerce, Bureau of Economic Analysis (http://www.bea.gov/index.htm)
4）本節の記述は宮崎・丸茂・大来編（2002）を参考にしている。
5）IT産業の発達と普及がアメリカを中心に起こった背景には、アメリカの軍事産業における設備投資や研究開発の蓄積、電気通信事業の自由化がいち早く進んでいたためといわれている。
6）OECD, Information Technology Outlook 2008 (http://www.oecd.org/)
7）Roopa女史については絵所（2008）。
8）G6にはUS1兆ドル以上の先進国を対象としたため、カナダが含まれていない。1人当たりGDPに関しては、2050年にG6に並ぶのはロシアだけで、BRICsの平均的な国民はいまだG6の平均的な国民ほど豊かではないと予測されている。
9）キャッチアップ工業化や雁行形態発展論については末廣（2000）を参照のこと。
10）推計方法や仮定などは異なるが、インドの成長率が加速し、中国の成長率が減速するというシナリオは、第2章のローソンの予測と一致する。
11）UNCTAD, *World Investment Report*, various issues (http://www.unctad.org/)
12）時期区分に関しては、五カ年計画ごとに分けたり、1950年代、1960年代など10年ごとに分けたり論者によって異なる。本稿は紙面の制約もあり、大きく2つに分類した。これはWallack（2003）の結果と一致する。彼女は、1951～2001年度の期間について構造変化テストを行った結果、1980年度に唯一の分岐点を見つけた。
13）こうした安定的な成長の背景には、工業やサービス部門を中心にした改革ばかりではなく、後述するように農業部門の発展にも支えられている。独立以降、インドは農業軽視の重化学工業化路線により長らく食糧輸入国であったが、1960年代半ばの2年連続の旱魃を契機に、新技術導入による農業開発・食糧増産政策に転換した。いわば「緑の革命」により、1970年代末には食糧輸入がゼロという意味での食糧自給を達成し、1980年代に入ると、小麦以外の米、トウモロコシ、豆類など多様な穀物の増産がみられるようになったほか、「緑の革命」が遅れていた地域にも拡大し、農業発展が広範に及んだ（藤田 2002）。
14）例えば、天然ゴムに代わり合成ゴム、天然繊維に代わり合成繊維、錫・木製品に代わりプラスチック製品が普及するようになった（渡辺 2004）。

15) 2001年の人口センサスによれば、宗教の人口構成比は、ヒンドゥー教 (80.5%) が圧倒的多数を占めるものの、イスラム教 (13.4%) が年々構成比を増加させている。そのほか構成比の大きい順にキリスト教、シーク教、仏教、ジャイナ教となっている。民族はインド・アーリヤ族、ドラビダ族、モンゴロイド族等で、民族に対応する形で言語があり、22言語が公用語として認められている。そのうちヒンディー語が連邦公用語 (Official union language) として日本でいう国語に指定されている。そして、このような民族や言語に対応して7つの直轄統治領と28の州が構成されている (India National Portal (http://india.gov.in/knowindia.php))。
16) Panagariya (2008) は、こうした点を裏付ける研究として、Bhagwati and Desai (1970) と Kurien (1966) を挙げている。RBIのセンサスサーベイを利用した Bhagwati and Desai (1970) によれば、1964年3月31日時点で、外国企業と資本・技術提携関係をもつ民間企業は827社あった。うち591企業が資本提携、236企業が技術提携のみであった。また、資本提携している591企業のうち、262企業は外国企業が過半数株主であり、315企業は技術提携も同時に結んでいた。他方 Kurien (1966) によれば、この当時の民間部門の純資産に占める外国企業の比率は40.4%であった。
17) ネルー首相の死去後、首相に就任したシャーストリーは、これまで軽視されていた農業を重視する政策を打ち出した。1966年にシャーストリー首相は死去したが、インディラ・ガンジーはその路線を引き継いだ。
18) 生命保険会社はすでに1956年に国有化されていたが、この時期に損害保険会社や石油会社も国有化された (Panagariya 2008)。
19) 留保品目はその後、1972年に172品目、78年には急激に引上げられ807品目へ、88年には846品目へ達した (二階堂 2006)。
20) 外国企業の出資比率を40%以下にした企業は、地場企業と同等の扱いを受けることができた。
21) この法律は17州で施行されていたが、経済自由化後の1999年に Andhra Pradesh, Assam, Bihar, Maharashtra, West Bengal を除く12州では廃止された (Ministry of Urban Development (http://urbanindia.nic.in/moud/moud.htm))。
22) 「Raj」は、ヒンディー語で「王国」や「体制」を意味する。
23) これはブロードバンディングといわれる。例えば自動車産業では、これまで乗用車の生産のみを許可されていた企業は、バスやトラックなどの商用車と組合せて生産できるようになった。
24) Kumar (1994) によると、外国企業との提携に対する認可は1967～79年度の242件から1980～88年度の744件に増加した。特に許可総数に占める資本提携の認可の割合は、同期間で16.1%から22.8%へ増加した。
25) World Bank (1987) によると、MRTPA企業が生産能力の拡大を申請し、年度内に許可が下りた割合は1981年度の34.0%から1985年度の46.8%へ上昇した。同様に、新規事業所の設立を申請し、年度内に許可が下りた割合は、1981年度の23.7%から1985年度の42.8%へ増加した。
26) 人口100万人を超える大都市に立地する場合を除く。また製造業企業の立地は、各州の土地利用制限や環境制限の影響を受ける。

27) SSI に対してはいまだ国内外企業からの出資制限24％が定められている（Ministry of Commerce and Industry（http://dipp.nic.in/））。
28) 設備稼働率の低下は、1990年代前半に多くの企業が生産能力を引き上げる投資ブームが起きたが、その後の需要が生産能力に見合っていないことが原因である（Goldar 2004）。
29) Economic Times（http://economictimes.indiatimes.com/）など。
30) 2007年度二国間の貿易統計より（Directorate General of Foreign Trade（http://dgft.delhi.nic.in/））。
31) 2006年度の実績。OECD The Development Assistance Committee（www.oecd.org/dac）
32) 外務省（http://www.mofa.go.jp/mofaj/area/india/index.html）

参考文献

Balakrishnan, Pulapre, Pushpangadan, K. and Babu, M Suresh（2000）"Trade Liberalization and Productivity Growth in Manufacturing: Evidence from Firm-Level Panel Data" *Economic Political Weekly*, October 7, pp. 3679-3682.

Banga Rashmi and Goldar, Bishwanath（2007）"Contribution of Services to Output Growth and Productivity in Indian Manufacturing" *Economic and Political Weekly*, June 30, pp. 2769-2777.

Bhagwati, Jagdish and Desai, Padma（1970）*India: Planning for Industrialization*, Oxford University Press.

Eswaran, Mukesh and Kotwal, Ashok（1994）*Why Poverty Persist in India*, Oxford University Press（永谷 敬訳『なぜ貧困はなくならないのか』日本評論社 2000年）

Gerschenkron, A.（1962）*Economic Backwardness in Historical Perspective*, Harvard University Press.

Goldar, Bishwanath（2004）"Indian Manufacturing: Productivity Trends in Pre-and Post-Reform Periods" *Economic and Political Weekly*, November 20, pp. 5033-5043

Krishna, Pravin and Mitra, Devashish（1998）"Trade Liberalization, Market Discipline and Productivity Growth: New Evidence from India," *Journal of Development Economics*, Vol. 56, pp. 447-462.

Kumar, Nagesh（1994）*Multinational Enterprises and Industrial Organization: The Case of India*, Sage Publications.

Kurien, M.K.（1966）*Impact of Foreign Capital on Indian Economy*, People's Publishing House.

Nagaraj, R.（2009）"Is Service Sector Output Overestimated: An Inquiry" *Economic and Political Weekly*, January 31, pp. 40-45

Panagariya, Arvind（2008）*India: The Emerging Giant*, Oxford University Press.

Planning Commission（2002）*Report of the Special Group on Targeting Ten Million Employment Opportunities per Year over the Tenth Plan Period*, Government of India.

Topalova, P.（2004）"Trade Liberalization and Firm Productivity: the Case of India," *IMF*

Working Paper No. 04/28, International Monetary Fund.
Trivedi, Pushpa, Parakash, Anand and Sinate, David.(2000)"Productivity in Major Manufacturing Industries in India: 1973-74 to 1997-98", Development Research Group, *Study* No. 20, Reserve Bank of India.
Wallack, Jessica.(2003)"Structural Breaks in Indian Macroeconomic Data" *Economic and Political Weekly*, October 11-17, pp. 4312-15.
Wilson, Dominic and Purushothaman, Roopa(2003)"Dreaming with BRICs: the Path to the 2050" *Global Economic Paper* No. 99, Goldman Sachs.
World Bank(1987)"India: an Industrializing Economy in Transition" *Economic Report* No. 6633.

伊藤 正二編(1988)『インドの工業化――岐路に立つハイコスト経済』アジア経済研究所。
伊藤 正二・絵所秀紀(1995)『立ち上がるインド経済』日本経済新聞社。
絵所 秀紀(1991)『開発経済学――形成と展開』法政大学出版局。
絵所 秀紀(2008)『離陸したインド経済――開発の軌跡と展望』ミネルヴァ書房。
絵所秀紀編(2002)『現代 南アジア②経済自由化のゆくえ』東京大学出版会。
内川 秀二編(2006)『躍動するインド経済――光と陰』アジア経済研究所。
小田 尚也編(2009)『インド経済――成長の条件』アジア経済研究所。
佐藤 隆広(2002)『経済開発論――インドの構造調整とグローバリゼーション』世界思想社。
佐藤 隆広編(2009)『インド経済のマクロ分析』世界思想社。
末廣 昭(2000)『キャッチアップ型工業化論――アジア経済の軌跡と展望』名古屋大学出版会。
二階堂 有子(2003)「グローバリゼーション下の中国の台頭とインド自動車・二輪産業」大原盛樹編『中国の台頭とアジア諸国の機械関連産業――新たなビジネスチャンスと分業再編への対応――』アジア経済研究所。
二階堂 有子(2006)「市場開放後の小規模工業――社会経済開発の行方――」内川 秀二編『躍動するインド経済――光と陰』アジア経済研究所。
宮崎 勇・丸茂 明則・大来 洋一編(2002)『世界経済読本』東洋経済新報社。
藤田 幸一(2002)「インド農業論」絵所秀紀編『現代 南アジア②経済自由化のゆくえ』東京大学出版会。
山崎 恭平(1997)『インド経済 入門』日本評論社。
渡辺 利夫(2004)『開発経済学入門』東洋経済新報社。

第6章

東アジアに関する金融アーキテクチャー
——展望と課題——

大野 早苗

1 はじめに

　アジア諸国を含めたエマージング諸国は過去20年ほどの間に資本取引の自由化を推進してきたが、この間に資本収支危機に見舞われるエマージング諸国が続出した。中国は厳格な資本規制を維持していたことからアジア危機の影響を免れることができたが、今後は中国においても海外資本取引の自由化が進む見通しである。アジア危機以降、海外資本取引の自由化が経済発展に寄与するのか否か、あるいは危機を未然に防ぐための対策に関して様々な議論が行われてきたが、こうした議論は海外資本取引の自由化を模索する中国にとって非常に有益である。

　本稿では、資本規制の撤廃と危機との関連を国際金融のトリレンマという側面から議論した上で、中国が直面する問題、あるいは危機を未然に防ぐための対策として、通貨制度の選択、過剰流動性問題、外貨準備の活用、金融市場改革などについて概観していく。

2 国際金融のトリレンマとアジア諸国の通貨制度

　国際金融のトリレンマというものが知られているが、これは金融政策の独立性、自由な資本移動、通貨価値の安定性（固定性）の3つを同時に達成させることは不可能というものである。たとえば、金融政策の第1の目的は物価の安定とされているが、国内の物価情勢に照らし合わせて金融政策を実施するとともに自由な資本移動を許容すれば、金利差を起因に資本の流出入が発生するため、固定相場制を維持することはできない。日本を含めた変動相場制の採用国がこのケースに当てはまる。また、国内経済の状況に合わせて金融政策を実施するとともに固定相場制を維持するならば、金利差に対する為替レートの反応を排除するために資本規制を課す必要が生じる。ドル・ペッグ制を採用しつつも資本規制の緩和を進めてきたアジア諸国が通貨危機に直面したのはまさにこの問題である。あるいは、固定相場制と自由な資本移動を許容するならば国内の金融政策の自由度は制限せざるを得ず、香港などのカレンシー・ボード制を採用している国がこのケースに合致する。

　第二次世界大戦後の日本では厳格な資本規制が実施されてきたが、これは固定相場制を維持するとともに金融政策を国内の経済目標の達成に割り当てるために自由な資本移動が犠牲になっていたといえる。1973年に入ると日本は変動相場制の時代へと突入し、また資本取引についても規制緩和が徐々に進んでいったが、1970年代の為替規制、資本規制の撤廃は一進一退で進み、為替レートの動向に応じて資本流入規制、もしくは資本流出規制を強化することもしばしばであった。国際金融のトリレンマに関していえば、当時の日本の状況は、為替レートの固定性を部分的に緩和する一方で、国際的な資本移動に部分的な制限が加えられた状態であったといえる。1980年代に入ると資本移動の自由化は大幅に進み、「原則規制、例外自由」から「原則自由、例外規制」へと方針が大きく転換された。その中で、1985年以降には急激な円高が進行するが、当時採用された政策は資本規制ではなく低金利政策であった。すなわち、急速な円高を阻止するために低金利政策が採られたということは、金融政策が為替レートの安定化という政策目標に割り当て

表 6-1 アジア諸国の為替制度
IMF 公表ベース (2007 年)

国名	通貨制度
香港	カレンシーボード制
中国	クローリング・ペッグ制
インド	管理フロート制
マレーシア	管理フロート制
シンガポール	管理フロート制
インドネシア	管理フロート制&インフレターゲティング
タイ	管理フロート制&インフレターゲティング
韓国	変動相場制&インフレターゲティング
フィリピン	変動相場制
日本	変動相場制

られ、為替レートの安定化を図るために金融政策の独立性が部分的に犠牲になったと解釈することができる[1]。

　表 6-1 は IMF 公表ベースによるアジア諸国の為替制度を一覧にしたものだが、アジア諸国の為替制度は様々であり、伸縮的な為替制度を採用している国もあれば、カレンシー・ボード制のような強固な固定相場制を採用している国もある。ただし、いずれの国においても、通貨当局は為替レートに対して何らかの形で関与しており、特に米ドルに対して自国通貨を安定化させる政策を採用していると考えられる。図 6-1 はアジア通貨の対米ドル為替レートの推移を示したものだが、アジア通貨危機の発生以前はアジア各国がドル・ペッグ制を採用していたことが一目瞭然でわかる。IMF による公式の分類は実際の為替制度と異なることがしばしばあり、たとえば IMF 公式によるインドネシア、韓国、マレーシアなどは危機の直前まで管理フロート制となっていた。また、円ドル為替レートは変動相場制の下にあるため、危機以前にアジア諸国がドル・ペッグ制を採用していたということはアジア諸国の対円為替レートも変動相場制の下にあったことを意味する。通貨危機の直後の混乱期を経てアジア通貨が安定性を取り戻してくると、アジア通貨と円

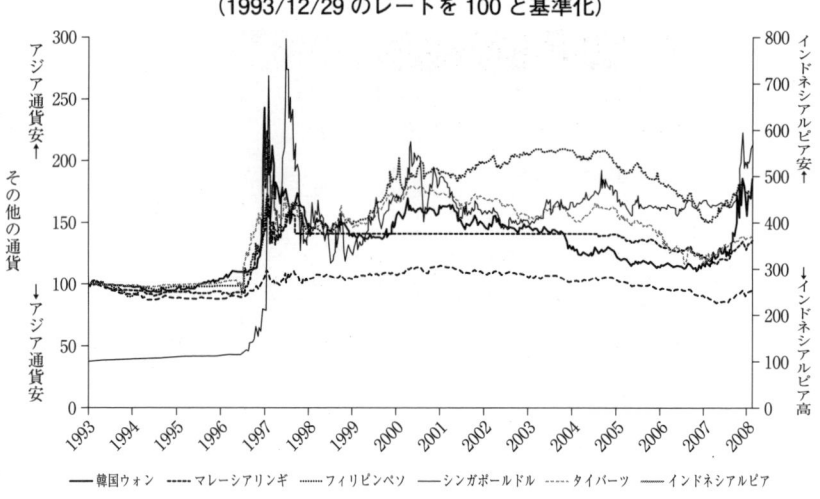

図 6-1 アジア通貨の対米ドル為替レート
(1993/12/29 のレートを 100 と基準化)

——韓国ウォン　‐‐‐‐マレーシアリンギ　……フィリピンペソ　―――シンガポールドル　‐‐‐‐タイバーツ　――インドネシアルピア

の相関が高まるようになったとの指摘がある。ただし、マレーシアがドル・ペッグ制を導入した1998年9月以降、アジア通貨は再び米ドルとの相関を高めた可能性がある（McKinnon 2001、Fukuda and Ohno 2008）。

　アジア地域における中国の存在感は拡大の一途をたどっており、また中国の為替制度の選択がアジア各国の為替政策に無視できない影響を及ぼすことも予想される。これまでの中国は固定相場制と金融政策の独自性を維持するために厳格な資本規制を実施してきたが、資本規制は徐々に緩和される方向にある。2005年7月に中国の通貨当局は管理フロート制の導入とバスケット通貨を参照レートに採用することを公式に表明したが、現在にいたるまで事実上のドル・ペッグ制が継続されている（図6-2）。

　中国を除くアジア各国は1980年代から1990年代にかけて資本取引の自由化を進展させてきたが、アジア諸国経済の成長期待やドル・ペッグ制による為替リスクの低下などの効果が重なり、アジア諸国向けの資本流入を誘発させたことが考えられる。こうした資本流入の拡大が過剰借入や、あるいはアジア通貨高によるアジア経済の国際競争力の低下につながり、アジア通貨危機発生の一因となった。一方、厳格な資本規制を維持していた中国も急速な

図6-2 主要通貨に対する中国人民元レートの推移
(2002年1月7日のレートを100と基準化)

資本流出に直面したが、深刻な通貨危機からは隔離された。

　望ましい通貨制度に関する議論はFriedman(1953)など古くから盛んに展開されてきたが、最近では、途上国は変動相場制、固定相場制のいずれかの為替制度を採用するのが望ましいという議論がある。ただし、アジア経済は経済取引の相手国が各国に分散しているという特殊事情から、他の途上国とは異なる制度を採用するほうが望ましいとの議論もある。中南米諸国にとって経済取引としての米国の存在は絶大であり、また東欧・中欧諸国において西欧諸国との経済取引のシェアは圧倒的である。一方、アジア諸国の主な貿易相手国としては米国の他に日本もあり、またアジア域内貿易のシェアもかなり大きい。こうした特徴をもつアジア諸国は、複数国との通貨価値の安定化を図るために通貨バスケット制度を採用したり、あるいはユーロのように、アジア域内の共通通貨を導入するのが望ましいという主張がなされている。

　アジアは域内各国が密接な経済関係を有しているが故に、アジア域内の為替制度に左右されやすいという傾向をもつ。その一因としてアジア域内のある国が為替制度を変更すると、アジア域内の周辺国との比較で国際競争力が

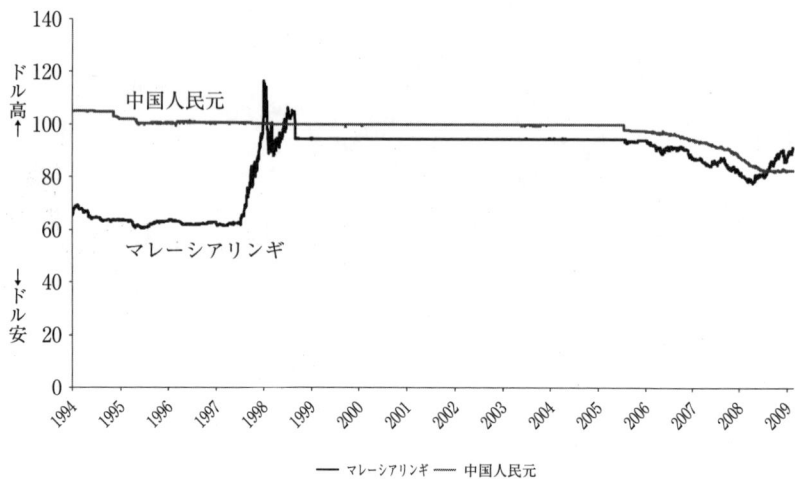

図6-3　マレーシアリンギと中国人民元の対米ドル為替レートの推移
（1998年9月1日のレートを100と基準化）

変化することが挙げられる。福田・計（2001）、Fukuda and Ohno (2008) は1998年9月のマレーシアによるドル・ペッグ制導入以降、マレーシアと密接な経済関係にあるタイやシンガポールにおいても、当該国通貨とドルの相関が高まったとの結果を示している。また、中国が2005年7月に管理フロート制導入を公表した直後にマレーシアも管理フロート制への移行を表明したが、2005年7月以降、人民元とマレーシア・リンギの対米ドル為替レートは極めて強い連動性を示している（図6-3）。アジア経済において、中国の存在感はますます増加するものと予想されるが、中国がドル・ペッグ制を持続させるならば、他のアジア諸国がドル・ペッグ制を放棄するインセンティブを喪失させることにもつながる。

　アジア域内にとっての望ましい為替制度として共通の通貨バスケット制度の導入が提案されているが、それが実現しない理由として為替相場制度選択に関する政策協調の失敗が指摘されている（小川・川崎 2008）。すなわち、他のアジア諸国がドル・ペッグ制を持続する中で通貨バスケット制度に移行する国があれば、その国と周辺のアジア諸国との経済関係が一時的に不安定化する可能性があることから、アジア各国の通貨バスケット制度の採用が進

まないと考えられる。たとえば、ドル安円高が進行すれば、通貨バスケットを採用している国の通貨が周辺のアジア諸国通貨に対して増価することになり、こうした不確実性が存在する下では、各国の通貨当局は「様子見」のスタンスをとることになる。これはいわゆる「囚人のジレンマ」に陥っている状態であり、各国が他の国の為替政策を所与として自国にとって最適な為替政策を決定しようとすることでむしろ状況が悪化してしまう。「囚人のジレンマ」から抜け出すために政策協調が必要となるが、協調が失敗すれば劣位した状況にとどまることとなる。

では、なぜそもそも、アジア諸国はドル・ペッグ制を採用するのだろうか。その理由として、基軸通貨としてのドルの地位や、米欧地域との金融取引の偏重などが挙げられるだろう。

基軸通貨として使用される通貨は、国際市場において媒介通貨、決済通貨、契約通貨、資産通貨としての機能を果たす[2]。外国為替市場においてドルは媒介通貨として圧倒的なシェアを占めているが、その背景にはドルの流動性が高く、それ故にドルの取引コストが最も低くなるという状況がある。こうしたドルの使用が契約通貨や決済通貨、あるいは資産通貨としてドルが選択されることにもつながるものと考えられる。

アジア諸国の貿易相手国は各地域に分散しているが、貿易における契約通貨、決済通貨としては米ドルが採用されているケースが多い。大野・福田(2004)は東アジア諸国の貿易契約通貨について分析しているが、アジア域内貿易において第三国通貨である米ドルの使用が圧倒的であることを示している。たとえば2002年におけるタイの対ASEAN向け輸出のうち89％は米ドルが決済通貨として使用されており、日本円を含めたアジア通貨が決済通貨として使用されたのは10％に満たない。また、タイの対日本向け輸出であっても日本円が決済通貨として使用されたのは21％でしかなく、米ドルが決済通貨として使用された輸出シェアは71％にのぼる。同様の傾向は他の東アジア諸国にもみられ、またドルの使用が圧倒的であるという現象は決済通貨のみならず契約通貨でもみられる。また、どの国の通貨が決済通貨や契約通貨として採用されるかについては、たとえば当該国の貿易金融市場の発達度といった要因が影響を与えるものと考えられるが、日米の貿易金融市

場の比較から考察しても円には勝算がない。

　さらに、資産通貨という観点からみても米ドルの存在感は大きい。東アジア諸国は膨大な外貨準備を保有しているが、その大半はドル建て資産である。外貨準備資産の価値の安定化を図るために米ドルと自国通貨間の為替レートの安定化を図るインセンティブが発生するものと考えられる。

　上述したようにアジア諸国の貿易相手国は分散しているが、金融取引の相手国は米欧地域に偏っている。表6-2および表6-3はそれぞれアジア諸国およびEU諸国の国際証券取引の相手国を地域別に示したものである。EU諸国の域内における証券取引のシェアは極めて高く、EU18カ国平均で60%を超えている。イギリスやスイスのように国際金融センターを有する国の域内シェアは相対的に低いが、国際金融センターを保有しない国ほど域内シェアは高い。一方、アジア域内における証券取引のシェアは20%から30%程度である。アジアの貿易取引における域内取引に関しては、EUと比較しても遜色ないが、金融取引に関しては、EUよりもアジアのほうが域内取引の規模が小さい。その裏返しとしてアジアと米欧との資金取引のシェアが高いのである。

　この点はアジア危機に関連して指摘されてきた現象でもある。すなわち、国際金融センターとしてのロンドンとニューヨークの地位は絶大であり、また米欧には有望な投資対象が存在する。アジアと米欧の市場インフラを比較しても、アジアの市場インフラが見劣りするのは否めない。アジアは押し並べて貯蓄率が高いが、米欧諸国よりも高い経済成長率が予想されているにもかかわらず、潤沢な資金が米欧諸国へと流出し、それが米欧の金融システムを経由してアジア地域へと還流する構造となっている。通貨危機の再発を回避するためにアジアの資金をアジア域内で循環させるための試みとして、アジア・ボンド市場の育成などが提案されてきた。一方、わずかながらではあるものの、最近ではアジア域内の金融取引のシェアには上昇傾向がみられる。アジアの経済成長とともにアジアの金融資本市場も目覚ましい成長過程にあり、またアジア危機以降、金融資本市場の制度インフラの整備も進んでいる。こうした変化がアジア域内の金融取引の拡大につながっているのかもしれない。

第6章 東アジアに関する金融アーキテクチャー　171

表6-2-1　アジア諸国による国際証券取引の相手国、取引シェア（2001年末）

		資金の出し手				
		EU18カ国[b)]	日本	アジア9カ国[a)]	米国・カナダ	その他
投資先	中国	23.08%	8.24%	50.52%	15.41%	2.75%
	香港	47.26%	6.33%	6.64%	36.57%	3.21%
	インド	41.62%	1.29%	3.67%	48.11%	5.32%
	インドネシア	29.17%	2.85%	18.23%	34.25%	15.50%
	日本	41.09%		3.70%	39.22%	15.99%
	韓国	31.05%	7.60%	10.92%	47.66%	2.78%
	マレーシア	22.32%	11.24%	43.31%	19.37%	3.76%
	フィリピン	24.56%	12.26%	20.69%	32.89%	9.59%
	シンガポール	35.20%	4.21%	7.00%	47.64%	5.95%
	タイ	32.86%	8.64%	31.01%	23.37%	4.11%
	アジア9カ国[a)]	35.88%	6.79%	14.81%	38.34%	4.18%

		投資先				
		EU18カ国[b)]	日本	アジア10カ国[c)]	米国・カナダ	その他
資金の出し手	香港	47.26%	6.33%	6.64%	36.57%	3.21%
	インドネシア	29.17%	2.85%	18.23%	34.25%	15.50%
	日本	41.09%		3.70%	39.22%	15.99%
	韓国	31.05%	7.60%	10.92%	47.66%	2.78%
	マレーシア	22.32%	11.24%	43.31%	19.37%	3.76%
	フィリピン	24.56%	12.26%	20.69%	32.89%	9.59%
	シンガポール	35.20%	4.21%	7.00%	47.64%	5.95%
	タイ	32.86%	8.64%	31.01%	23.37%	4.11%
	アジア8カ国[d)]	35.88%	6.79%	14.81%	38.34%	4.18%

a) アジア9カ国：中国、香港、インド、インドネシア、韓国、マレーシア、フィリピン、シンガポール、タイ
b) EU18カ国：オーストリア、ベルギー、デンマーク、フィンランド、フランス、ドイツ、ギリシャ、アイスランド、アイルランド、イタリア、ルクセンブルク、オランダ、ノルウェー、ポルトガル、スペイン、スウェーデン、スイス、イギリス
c) アジア10カ国：中国、香港、インド、インドネシア、韓国、マレーシア、フィリピン、シンガポール、台湾、タイ
d) アジア8カ国：香港、インド、インドネシア、韓国、マレーシア、フィリピン、シンガポール、タイ
（出所）IMF, Coordinated Portfolio Investment Survey (CPIS)

　アジア諸国がドル・ペッグ制を持続させることに問題がないわけではない。まずは米国の経常赤字問題である。サブプライム問題が顕在化した2007年以降、米国の経常赤字は縮小傾向にあるが、米国は依然として巨額の赤字を抱えている。これがドル暴落の引き金になるとの懸念につながっているのだが、ドル安になるということは、対ドル為替レートの安定化を図っているア

表 6-2-2 アジア諸国による国際証券取引の相手国、取引シェア（2007 年末）

		資金の出し手				
		EU18 カ国[b]	日本	アジア9 カ国[a]	米国・カナダ	その他
投資先	中国	23.41%	3.81%	46.62%	24.46%	1.70%
	香港	35.92%	5.35%	15.81%	37.16%	5.75%
	インド	26.50%	2.03%	8.63%	26.85%	35.99%
	インドネシア	35.33%	2.53%	19.74%	33.70%	8.70%
	日本	41.15%		2.47%	44.17%	12.21%
	韓国	37.38%	3.89%	12.00%	41.86%	4.87%
	マレーシア	29.28%	3.29%	33.51%	26.60%	7.31%
	フィリピン	46.32%	4.91%	8.06%	37.28%	3.44%
	シンガポール	35.54%	6.60%	8.20%	39.65%	10.02%
	タイ	45.11%	3.54%	13.49%	35.31%	2.56%
	アジア9 カ国[a]	31.85%	4.01%	20.75%	32.96%	10.44%

		投資先				
		EU18 カ国[b]	日本	アジア10 カ国[c]	米国・カナダ	その他
資金の出し手	香港	21.34%	2.71%	27.67%	9.79%	38.48%
	インドネシア	31.05%	0.94%	37.01%	13.10%	17.90%
	日本	38.11%		3.06%	34.26%	24.57%
	韓国	19.23%	3.08%	32.00%	33.68%	12.01%
	マレーシア	23.04%	1.70%	47.78%	11.20%	16.28%
	フィリピン	20.43%	1.27%	19.69%	36.38%	22.22%
	シンガポール	29.14%	2.59%	33.96%	12.92%	21.38%
	タイ	45.43%	0.43%	9.45%	9.77%	34.92%
	アジア8 カ国[d]	23.37%	2.68%	29.73%	13.63%	30.60%

a) アジア9 カ国：中国、香港、インド、インドネシア、韓国、マレーシア、フィリピン、シンガポール、タイ
b) EU18 カ国：オーストリア、ベルギー、デンマーク、フィンランド、フランス、ドイツ、ギリシャ、アイスランド、アイルランド、イタリア、ルクセンブルク、オランダ、ノルウェー、ポルトガル、スペイン、スウェーデン、スイス、イギリス
c) アジア10 カ国：中国、香港、インド、インドネシア、韓国、マレーシア、フィリピン、シンガポール、台湾、タイ
d) アジア8 カ国：香港、インド、インドネシア、韓国、マレーシア、フィリピン、シンガポール、タイ
（出所）IMF, Coordinated Portfolio Investment Survey (CPIS)

ジア諸国の通貨価値も下落することを意味する。また、アジア通貨に対してドル安が進行すれば、アジア諸国の対外資産の価値が毀損することにもなる。多くの東アジア諸国は経常黒字を持続させており、その反映として巨額の対外純資産を保有している。その一部は外貨準備であるが、大半はドル建て証券で占められている。また、民間の対外保有資産においてもドル建て証券の

第6章 東アジアに関する金融アーキテクチャー

表6-3 EU諸国による国際証券取引の相手国、取引シェア（2007年度末）

		資金の出し手				
		EU18カ国	日本	アジア9カ国[a]	米国・カナダ	その他
投資先	オーストリア	78.68%	3.45%	0.39%	7.86%	9.61%
	ベルギー	71.43%	5.28%	0.46%	10.13%	12.70%
	デンマーク	65.55%	5.21%	1.24%	20.85%	7.15%
	フィンランド	57.07%	2.84%	0.60%	29.30%	10.18%
	フランス	60.77%	6.11%	1.18%	19.80%	12.15%
	ドイツ	60.97%	5.67%	0.79%	14.14%	18.43%
	ギリシャ	83.14%	3.29%	0.20%	8.67%	4.69%
	アイスランド	70.20%	2.74%	1.38%	20.32%	5.35%
	アイルランド	72.87%	4.47%	2.14%	12.61%	7.91%
	イタリア	81.89%	4.72%	0.22%	8.55%	4.62%
	ルクセンブルク	81.51%	4.55%	2.12%	4.52%	7.30%
	オランダ	70.28%	4.44%	1.39%	14.76%	9.14%
	ノルウェー	51.96%	10.44%	1.54%	26.93%	9.13%
	ポルトガル	90.02%	1.25%	0.16%	3.79%	4.78%
	スペイン	80.17%	2.45%	0.20%	11.33%	5.86%
	スウェーデン	61.86%	5.52%	0.72%	24.45%	7.45%
	スイス	46.66%	2.64%	0.72%	45.76%	4.23%
	イギリス	45.29%	4.49%	3.66%	33.44%	13.12%
	EU18カ国合計	65.27%	4.70%	1.51%	17.94%	10.57%

		投資先				
		EU18カ国	日本	アジア10カ国[b]	米国・カナダ	その他
資金の出し手	オーストリア	72.89%	0.67%	0.03%	8.53%	17.88%
	ベルギー	83.91%	0.79%	0.01%	7.84%	7.45%
	デンマーク	60.98%	3.63%	0.10%	19.65%	15.64%
	フィンランド	80.61%	1.30%	0.10%	7.04%	10.95%
	フランス	72.97%	3.67%	0.03%	9.60%	13.74%
	ドイツ	79.05%	1.19%	0.03%	11.38%	8.35%
	ギリシャ	61.43%	0.15%		7.80%	30.61%
	アイスランド	68.42%	1.01%	0.00%	17.56%	13.01%
	アイルランド	58.75%	3.18%	0.05%	25.47%	12.56%
	イタリア	77.84%	0.89%	0.02%	10.04%	11.21%
	ルクセンブルク	58.05%	3.04%	0.28%	17.43%	21.19%
	オランダ	59.78%	2.45%	0.14%	26.44%	11.18%
	ノルウェー	60.50%	5.08%	0.04%	21.91%	12.48%
	ポルトガル	75.61%	0.10%		5.91%	18.38%
	スペイン	71.37%	0.16%	0.00%	7.61%	20.86%
	スウェーデン	65.84%	2.94%	0.02%	22.02%	9.17%
	スイス	57.38%	1.83%	0.02%	14.33%	26.44%
	イギリス	28.20%	4.63%	0.24%	26.45%	40.48%
	EU18カ国合計	61.70%	2.71%	0.10%	16.90%	18.59%

a) アジア9カ国：香港、インド、インドネシア、韓国、マカオ、マレーシア、フィリピン、シンガポール、タイ
b) アジア10カ国：中国、香港、インド、インドネシア、韓国、マレーシア、フィリピン、シンガポール、台湾、タイ

（出所）IMF, Coordinated Portfolio Investment Survey (CPIS)

占有率は高い。米ドルは基軸通貨であるが故に米国の対外債務はドル建てで行われているため、ドル安が進行しても米国の対外負債残高が膨張するということはなく、むしろドル安で対外保有資産の評価価値が増加することになる。基軸通貨国である米国の場合では経常赤字を削減するための規律付けが働かず、むしろアジア諸国などの周辺諸国が米国の経常赤字を起因とするドル安によって打撃を受ける可能性がある。

また、1) アジア諸国の対ドル為替レート安定化策は米国以外の国に対するアジア諸国の国際競争力を不安定化させる、あるいは 2) ドル・ペッグ政策はドルでアジア諸国に投資する投資家にとって為替リスクを排除する政策になっていることから投機的な資本流入を誘発させる、といった点もアジア危機の背景として指摘された。

アジア経済は相互依存的であり、またアジア域外との経済取引でも取引相手は多様である。こうした特徴をもつアジア諸国にとって、最適な通貨制度はドル・ペッグ政策ではなく通貨バスケット制度のようなものかもしれない。しかし、アジア経済において大きなプレゼンスを占める中国がドル・ペッグ制を持続させると、他のアジア諸国もドル・ペッグ制を採用することになり、アジア全体が最適な通貨制度から乖離した通貨制度を取り続けることになる。

3 過剰流動性問題

2005年7月に中国の通貨当局は管理フロート制の導入とバスケット通貨を参照レートに採用することを公式に表明したが、現在にいたるまで事実上のドル・ペッグ制が継続されている。資本規制を緩和させつつドル・ペッグ制が持続されれば、資産価格の乱高下が生じるなど、物価の安定性が阻害される事態が懸念される。現在までのところ、中国は経常黒字と資本黒字の双子の黒字を持続させており、その反映として外貨準備が急増している[3]。中国の為替介入は原則として不胎化介入であるが、外貨準備が凄まじいペースで累増する状況では不胎化介入が不完全化する可能性があり、漏洩した流動性が住宅市場などの資産市場に流入する事態が考えられる。あるいは、資本規制を緩和させつつ金融政策の独自性を維持しようとするならば、為替レー

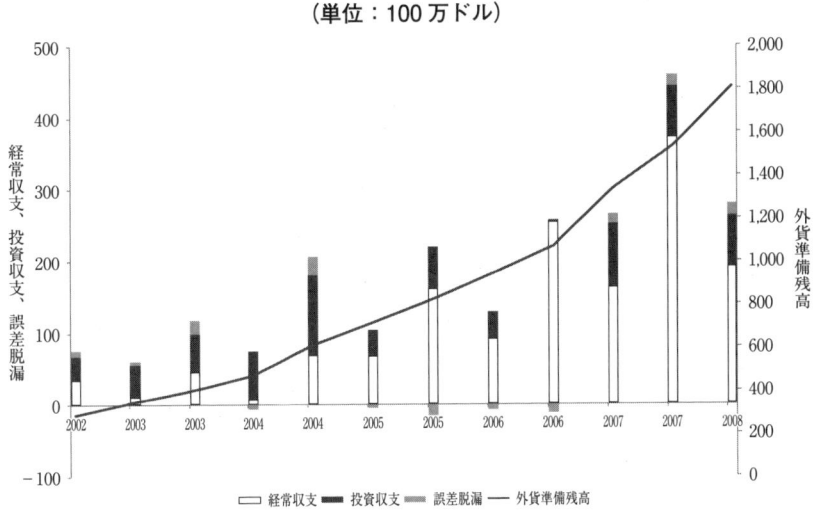

図 6-4　中国の国際収支と外貨準備残高
（単位：100万ドル）

経常収支、投資収支、誤差脱漏／外貨準備残高

□ 経常収支　■ 投資収支　▨ 誤差脱漏　― 外貨準備残高

トの変動性を許容せざるを得ない。

　図6-4は中国の国際収支の推移を示しているが、経常黒字と資本黒字を反映して外貨準備が累増している。特に2004年と2007年の投資収支の伸びが高い。また、この時期は将来の人民元の先高観が高まった時期にも相当し、人民元に対するドルのフォワード・ディスカウントが一段と拡大している（図6-5）[4]。したがって、2004年や2007年は将来の人民元高を期待した投機的資金の流入が増大していたと予想させる。

　外貨準備が増大し、かつ不胎化介入が不完全化すれば、マネタリー・ベースの増大につながり、マネタリー・ベースの増大は銀行部門における信用創造を通じてマネーサプライを増大させる。図6-6は中国のマネタリー・ベースの伸び率を示したものだが、外貨準備が急増した2004年、あるいは2007年に高い伸び率を示している。また、図6-7は中国の住宅価格の推移を示しているが、2004年や2007年には住宅価格が高騰しており、特に上海や北京といった大都市部における高級住宅価格の上昇が著しい。

　為替レートに対する通貨当局の関与は中国以外のアジア諸国でも行われており、中国と同じく外貨準備を累増させている（図6-8）。国際収支の黒字

図6-5 人民元に対するドルのフォワードプレミアムと米中の金利差

― フォワードプレミアム1年物　― 金利差（中国金利－米国金利）

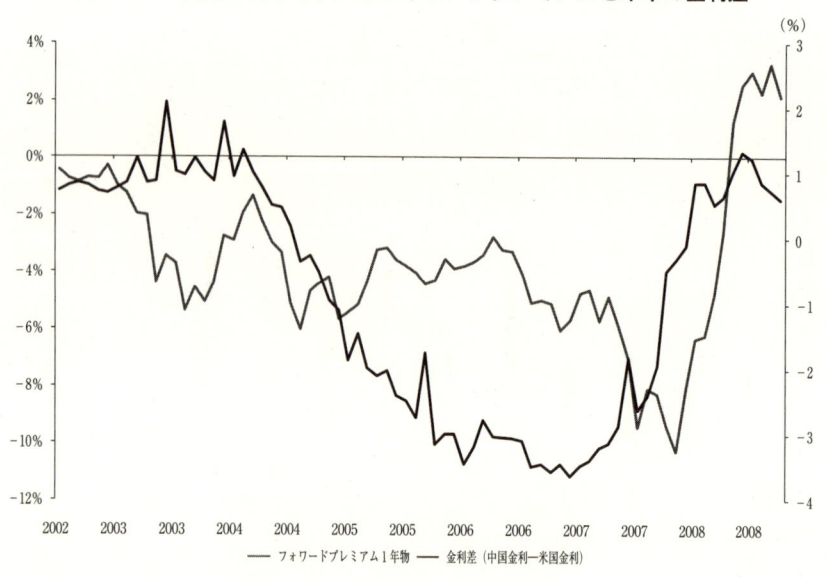

図6-6 マネタリーベース伸び率
（対前年同月比）

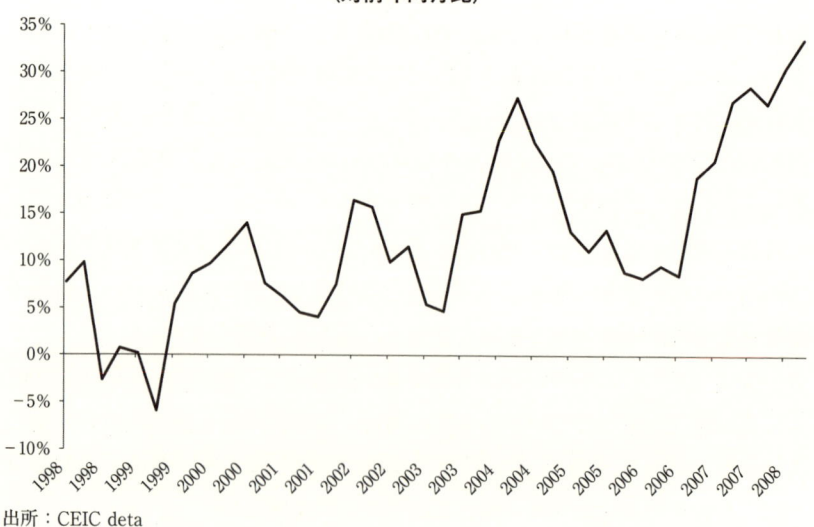

出所：CEIC deta

図6-7 中国の1平米当たり住宅価格

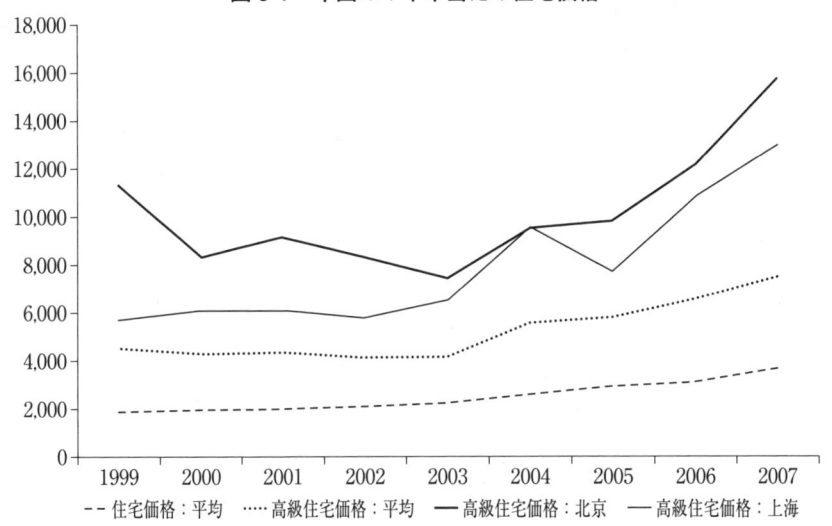

-- 住宅価格：平均　……高級住宅価格：平均　——高級住宅価格：北京　——高級住宅価格：上海

図6-8 アジア諸国における外貨準備の増額
（単位：100万ドル）

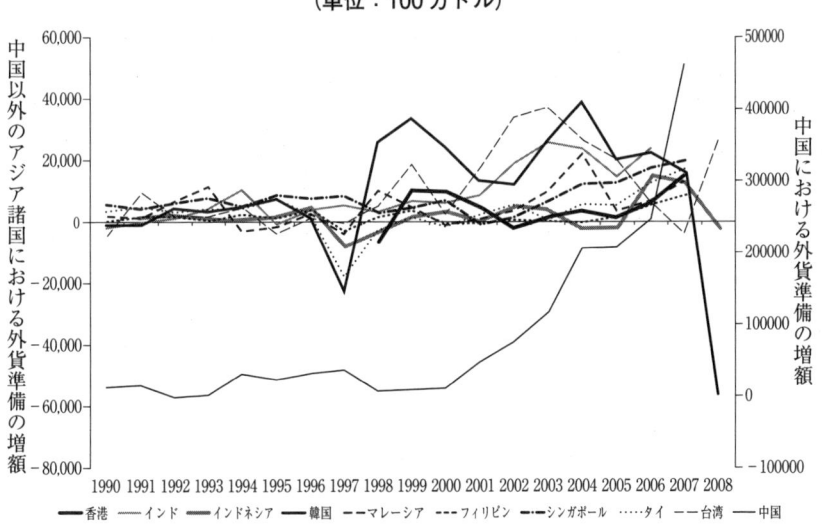

中国以外のアジア諸国における外貨準備の増額

中国における外貨準備の増額

——香港　——インド　——インドネシア　——韓国　--マレーシア　——フィリピン　-・-シンガポール　……タイ　--台湾　——中国

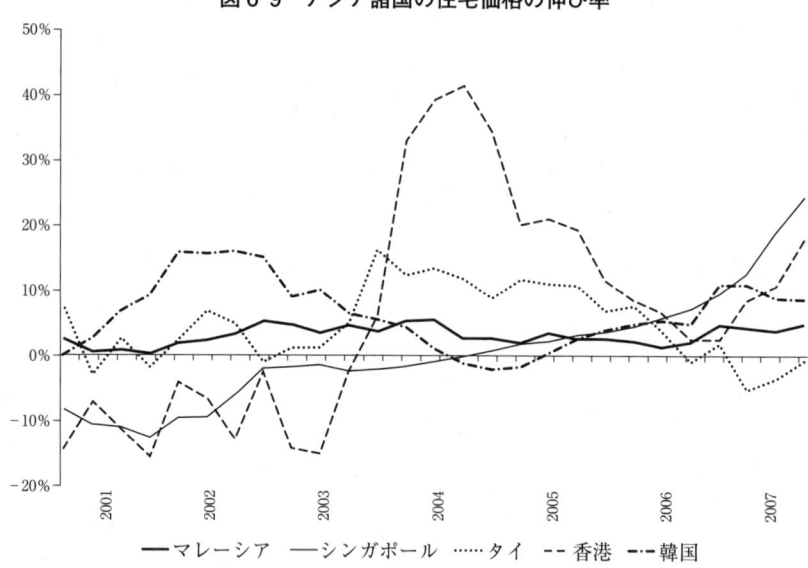

図6-9 アジア諸国の住宅価格の伸び率

凡例: ——マレーシア ——シンガポール ……タイ -- 香港 -・- 韓国

化と為替安定化政策の反映として外貨準備が増大し、不胎化介入が不完全化していれば、中国と同様にアジア諸国内で過剰流動性が発生することになる。図6-9はアジア5カ国の住宅価格の伸び率を示したものだが、対ドル固定相場制を採用し、中国人民元とも事実上の固定相場制の下にある香港の住宅価格が2004年に高騰している。また、2006年、2007年には香港のみならずシンガポールや韓国でも住宅価格の上昇現象がみられる。

4 中国における海外資本取引の自由化

　中国は厳格な資本規制を存続させているが、資本規制は緩和される方向にある。一方、WTOへの加盟など貿易の自由化の大幅な進展、あるいはそれにともなう為替規制の緩和が資本取引の抜け穴（loophole）を作り出し、投機的な資本流入を招くなど、資本規制の効果を減殺させている可能性がある。為替レートの固定性を維持させながら資本取引の自由化を進めると、通貨危機・金融危機に対して脆弱な経済体制を生み出すことはアジア危機の経験か

らも確認済みであり、それ故に中国当局は早急な資本規制の撤廃について慎重な態度を示している。

中長期的には海外資本取引の自由化が中国の経済成長にとって必要不可欠であることは間違いないであろう。しかし、資本取引の自由化があらゆる発展段階の国々にとって経済成長を促進させるとは限らず、特に輸出振興型モデルによって経済成長を推進させている途上国にとっては海外資本取引の自由化が逆効果となる可能性がある。

1990年代以降、数多くの途上国が海外資本取引の自由化を推進したが、それとともに20世紀型危機と呼ばれる資本収支危機が多発した。それ以前に多くの途上国が直面してきた経済危機とは経常赤字、すなわち慢性的な財政赤字や過度の金融緩和政策による過剰消費体質によって経常赤字が拡大し、これが国際収支の赤字問題につながるというものであった。一方、1990年代から多発した20世紀型危機とは、海外資本取引の自由化を推進した国々において将来の経済成長期待などに基づく海外資本の大量流入が発生し、これが当該国の資産価格の高騰や当該国通貨の増価による輸出セクターの国際競争力の低下などにつながると、経済の過熱化を察知した投資家が一斉に資本を引き揚げ、当該国経済が壊滅的な状態に陥るというものであった。特に、短期融資など投機的資金が海外流入資金の大きなシェアを占めている場合には、資本の一斉引き上げで経済が翻弄されやすくなる。また、途上国が固定相場制を採用している場合には、為替リスクの除去から投機的資金の流入を誘発させたり、大量の資本流入に対して為替介入の不胎化が不完全となり、国内の過剰流動性を発生させる事態が予想されることから、固定相場制を採用している国が資本取引の自由化を早急に推進することは深刻な事態を招きかねないとの指摘もある。

こうした背景をもとに、資本規制の撤廃と経済成長との関係について多くの研究が報告されるようになっている[5]。概して、国内経済の保護の観点から、経済発展が未熟な段階にある国のほうが成熟段階にある国よりも様々な規制を課しているが、経済発展の経過とともにどのようにして規制を撤廃するか、すなわち改革の順序（sequencing）に関する議論も注目されている。改革の順序について概ね得られている合意として、

①資本取引の自由化よりも貿易の自由化を先行させるほうが危機に対する頑健性が高まる（Edwards（2004, 2008）など）
②資本取引の中でも海外直接投資の自由化を先行させることが経済発展に最も寄与する

などが挙げられる。

中国では厳格な資本規制が継続しているものの、2001年にはWTO加盟を果たすなど、貿易の自由化はかなり進展している。貿易の自由化を優先させるほうが得策であることの根拠として、1）流入資本の反転や資本逃避が発生し国際収支危機が発生した場合に輸出による外貨収入が安全弁になる、2）国際収支危機により自国通貨が減価しても、自国通貨減価による輸出拡大が危機からの回復に寄与する、といった点が指摘されている。また、資本自由化による資本流入の増加が自国通貨を増価させると、輸出セクターの国際競争力を阻害させることになる。中国のように輸出振興型で経済成長を図る国にとっては特に、貿易自由化を先行させ、貿易の拡大を図った上で資本取引の自由化を進めるという手順が理にかなった選択であるとも言える[6]。

また、中国は経済特区を設置したり、外資系企業に優遇的な税制措置を講じるなど、海外直接投資の受け入れを積極的に推進してきた。海外直接投資による資本流入は短期融資とは異なり、経済状況の変化に敏感に反応し早急な資本引き揚げが起こるような性格の資本ではないため、海外直接投資を中心に海外資本を取り込む形態は危機に対して頑健な経済体制を築くことができる。また、海外直接投資は資本の移転だけではなく、生産技術や経営ノウハウの移転、取引ネットワークへの参入など、企業の生産性向上につながる要因が含まれているため、国内経済の生産性向上への寄与が大きく期待できる。

海外流入資本のうち、短期性資金の比重が高いほど、危機に対しては脆弱になる。図6-10はBRICs 4カ国の海外資本流入の推移を示したものであるが、中国における資本流入では、海外直接投資の比重が相対的に高い。ただ、近年においては銀行融資などのその他投資形態による資本流入の比重が増加傾向にある。

図6-10 BRICS諸国における海外資本流入の形態

(単位：10億ドル)

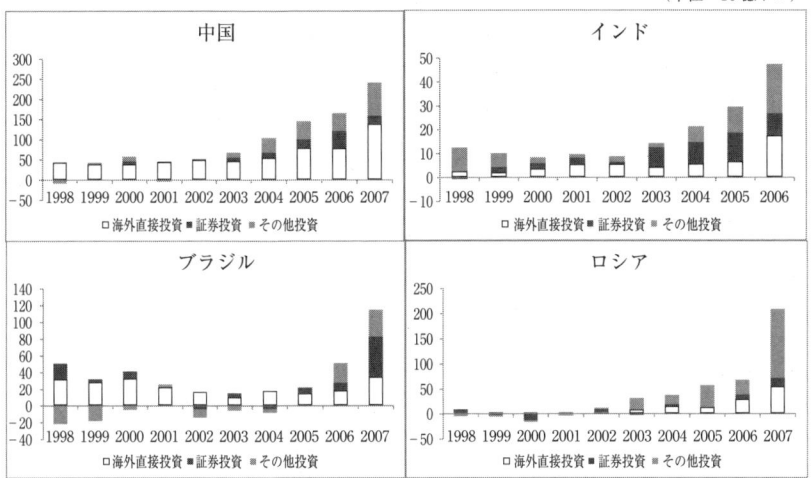

出所：IMF, International Financial Statistics

　東欧諸国や中央アジア諸国などの旧共産国圏の国々においては、急進的な経済改革が進められ、海外資本取引においても自由化政策が促進されてきた。特に、東欧諸国はEUへの加盟など、西側諸国との経済統合をめざした改革を進め、西側諸国からの資本の受け入れが急増してきた。図6-11はラトビア、リトアニア、エストニアのバルト3カ国、スロベニア、ベラルーシ、カザフスタンにおける海外資本流入の推移を示したものである。スロベニアは2004年にEUに参加し、2007年にユーロ導入を実現している。また、ベラルーシとカザフスタンは旧ソ連邦諸国であるが、特にカザフスタンは天然資源を豊富に有する国で、海外からの資本受け入れも急増傾向にあった。図6-11からわかるように、これらの国々では銀行融資などのその他投資による海外資本受け入れが急増していたが、近年のサブプライム・ショックに端を発した国際的な金融危機を背景に、急速な流入資本の引き揚げに直面した。

　図6-12は資本流入額に占める海外直接投資の占有率とGDP伸び率の標準偏差との関係を示したものである。海外直接投資を中心に海外資本の受け入れを進めている国ほど経済危機に対して頑健であれば、GDPの推移が安定することから、グラフでは右下がりの関係が確認されるはずである。図6

図 6-11 その他投資形態による海外資本流入の割合が多い国

(単位：10億円)

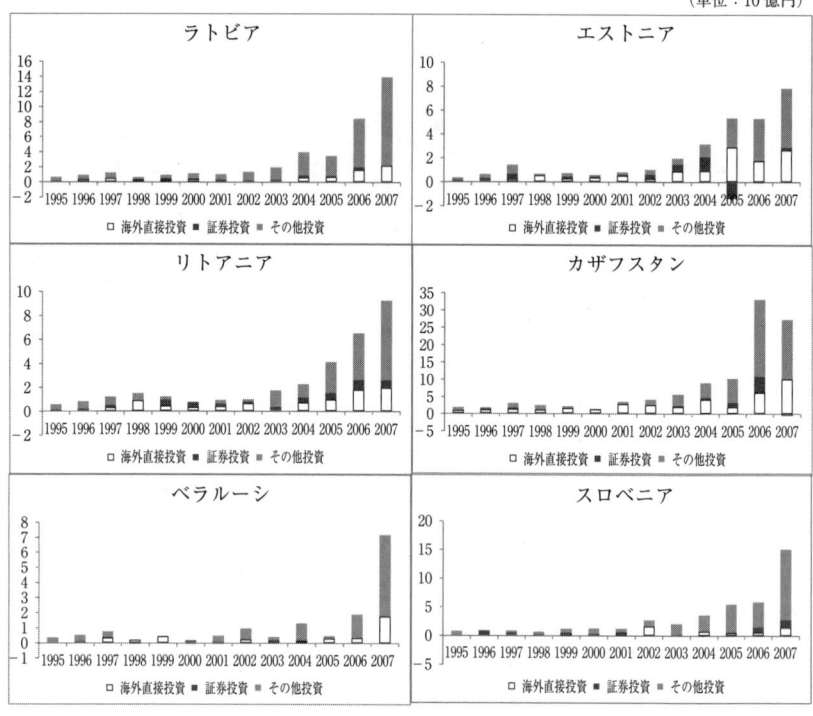

出所：IMF, International Financial Statistics

-12 からはおおよそ上述の関係が示されている。

　図 6-13 は途上国、エマージング諸国を対象に海外からの銀行融資を満期別に示したものであり、また表 6-4 は銀行融資総額に占める 1 年未満満期の融資の占有率を示したものである。中国向け海外銀行融資のうち満期が 1 年以内の融資の占有率は、2007 年 9 月時点で 52.62％である。また、2000 年 9 月における同じ項目は 32.76％であったため、7 年間で 19.85％だけ占有率が上昇したことになる。この増加幅は対象国の中では比較的高い水準である。こうした短期融資には実需に基づく運転資金なども含まれていることから、これだけでは中国の資本流入の脆弱性について確定的なことはわからないが、投機的資金の流入により短期融資の占有率が高まった現象も一部反映しているかもしれない。

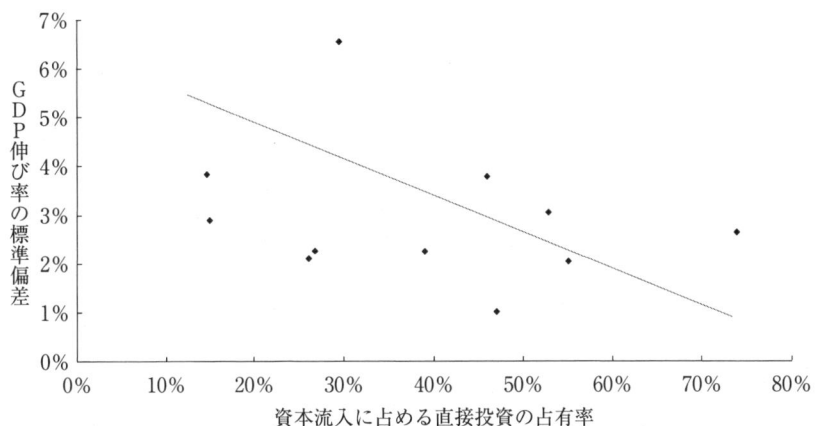

図6-12 GDP成長の安定性と直接投資占有率との関係
（1990年-2006年）

対象国：アルゼンチン、チリ、メキシコ、ブラジル、中国、韓国、フィリピン、タイ、エストニア、ハンガリー、南アフリカ

図6-13 満期別の海外からの銀行融資
（2007年9月時点）

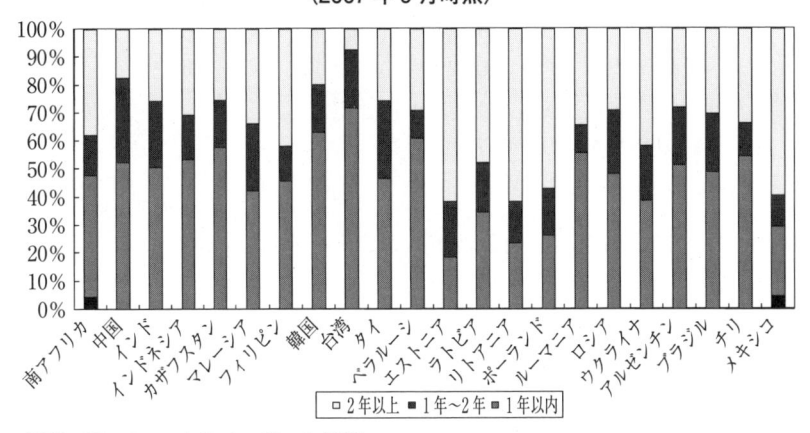

□ 2年以上　■ 1年～2年　■ 1年以内

（出所：BIS, *Quarterly Review*, March 2008）

短期資金流入により経済が危機に対して脆弱になると考えられることから、短期性資金の流入に対して規制を課すという方法も考えられる[7]。ただし、この点に関して、Forbes（2005）は、長期資金の調達手段が限られる中堅・

表 6-4　1 年以内満期の融資の占有率

	2000 年 9 月	2007 年 9 月	差額
南アフリカ	61.03%	47.89%	−13.14%
中国	32.76%	52.62%	19.85%
インド	43.28%	50.60%	7.32%
インドネシア	50.43%	53.29%	2.85%
カザフスタン	42.93%	57.83%	14.90%
マレーシア	36.92%	42.40%	5.49%
フィリピン	40.14%	45.72%	5.58%
韓国	57.52%	63.05%	5.53%
台湾	73.44%	71.74%	−1.69%
タイ	39.35%	46.60%	7.25%
ベラルーシ	32.56%	60.98%	28.43%
エストニア	32.29%	18.55%	−13.74%
ラトビア	31.64%	34.57%	2.93%
リトアニア	43.54%	23.24%	−20.30%
ポーランド	38.37%	26.03%	−12.34%
ルーマニア	39.28%	55.45%	16.17%
ロシア	26.14%	48.02%	21.88%
ウクライナ	44.90%	38.62%	−6.28%
アルゼンチン	54.35%	51.22%	−3.13%
ブラジル	52.29%	48.84%	−3.45%
チリ	42.22%	54.44%	12.23%
メキシコ	35.90%	29.33%	−6.57%

BIS, *Quarterly Review,* March 2008

中小企業の成長を阻害する可能性があることを指摘している。

　短期融資による資本流入の増加傾向という現象はあるものの、前述の①、②の観点を考慮すれば、中国は理想的な改革の順序を達成させてきたとも言えるかもしれないが、残された課題は、

　　③資本規制の撤廃と金融自由化のいずれを優先させるか

という問題である。
　③の観点に関しては、

1) 国内の金融市場が未発達で、法整備・ガバナンス体制が不十分であると、資本自由化によって海外資本が流入しても、国内金融市場における効率的な使用が期待されないことから、資本取引の自由化が危機の発生確率を高めることになる。
  2) 資本取引の自由化を実施すれば、国内金融機関と外資系金融機関との競合から、国内金融機関のリスク管理体制の整備や金融サービスの向上が期待できる。あるいは外国人投資家の参加によってマーケットのガバナンス体制が向上するなど、証券市場の質の向上を促す可能性がある。

との主張がある。1) の観点から考えれば、国内金融市場の改革を優先させるべきであるという主張が導かれるが、2) の観点からみれば、資本取引の自由化を先行させたほうが良いということになる。

　そもそも、中国を含め、比較的高い経済成長を遂げている途上国は高い貯蓄率を有している場合が多く、海外資金の導入が経済成長の達成に寄与していないのではないかとの疑問がある。経常黒字の発生は国内部門の貯蓄超過を反映したものである。中国を含めたアジア諸国は高い貯蓄率を達成させており、その裏返しとして経常黒字を継続させ、外貨準備を累増させている。国内部門の貯蓄超過は海外へ流出することになるが、その主な流出先は世界全体の経常赤字の8割超を占める米国に流れている。新古典派理論に基づけば、資本は先進国から途上国へと流れるはずだが、この資本の逆流現象は「ルーカス・パラドックス（Lucas paradox）」として指摘されている（Lucas (1990)）。

　Prasad, Rajan and Subramanian (2007) は経常黒字が高い、あるいは経常赤字が少ない（したがって貯蓄率が高い）途上国のほうが経済成長が高くなる傾向を示している。これは、発展段階の低い途上国が海外資本を吸収して経済成長を遂げるという主張とは相反する結果のようにみえる。彼らは経常収支と経済成長率との正の関係の原因として次のように主張している。貯蓄率の高い国には投資機会が豊富に存在し、それが経済発展につながっているが、投資機会の存在が貯蓄のインセンティブとなり、貯蓄率が高くなっている可能性がある。それと同時に、貯蓄率の高さは国内金融市場の脆弱性の反

映であり、資金調達の場として国内金融市場に依存できない、企業が内部資金に依存せざるを得ないことから貯蓄率が高くなっている可能性も指摘している。国内金融市場が未発達で、海外資金を取り入れてもそれを経済発展のために有効に活用することができなければ、国内金融市場の発展が優先されるべきということになる。

中国の高貯蓄率の背景の一つとして予備的動機などを反映した家計の貯蓄の増大があるが、その他に企業の資金制約があるかもしれない。中国の銀行取引において、国有4大商業銀行は圧倒的なシェアを占めているが、その貸出対象の多くが国有企業であった。一方、民間企業は国有企業よりも高い成長性や効率的な企業組織を保有しているにもかかわらず、借入制約を受ける状況にあると言われている。民間企業の成長により中国国内における民間企業の生産シェアは拡大しているが、民間企業が借入制約の下に置かれていることが、中国の貯蓄率にも反映されている可能性が考えられる。

5　累増する外貨準備

近年、先進国に対して途上国の外貨準備の保有が急速に増大しており、特に日本、中国を含めた東アジア諸国における外貨準備の累増が顕著である。固定相場制を採用していれば、為替レートを維持するために外貨準備が増減することになり、国際収支が黒字化する傾向にある国では外貨準備が累増することになる。アジア危機の発生直前まで多くの東アジア諸国は事実上の (de facto) ドル・ペッグ制を採用し、また国際収支も黒字化する傾向にあったことから外貨準備は増加傾向にあった。しかし、アジア危機後は対ドル為替レートの変動を許容する為替政策を実施しているにもかかわらず、危機後のほうがアジア諸国の外貨準備の増加ペースが早い。そこで、急速な外貨準備の増大を説明しようとする試みが行われている。

一般に、各国の通貨当局は対外債務の返済や輸入代金の決済、あるいは為替レート安定化のための備えとして外貨準備を保有すると言われている。実務的な観点からの適正な外貨準備保有額は、3カ月分の輸入代金、あるいは1年相当分の短期債務残高などと言われることもあるが、実際には各国の通

貨当局はこれらのベンチマークよりも過剰な外貨準備を保有している[8]。そこで、途上国の外貨準備に対する需要を説明するものとして、1）輸出振興政策の観点からの外貨準備の保有、2）通貨危機・金融危機への保険としての外貨準備の保有、の視点が注目されつつある。

1）に関して、東アジア諸国は自国通貨を割安な水準に設定し、輸出の拡大を図ることで経済成長を達成する経済モデルを採用してきたとの指摘がある。輸出セクターの発展によって経済成長を遂げる過程で、当該途上国の通貨は増価トレンドを形成することになるはずだが、割高な自国通貨が輸出にブレーキをかけることを通貨当局が望まなければ、通貨当局は外貨買い介入を実施し、自国通貨の増価プレッシャーを抑制させようとする。東アジア諸国における外貨準備の増大はこうした通貨当局の試みを反映したものかもしれない。

日本は1973年以来、変動相場制を採用してきたが、純粋なる変動相場制の下では為替介入を実施する必要はないため、外貨準備は利息の追加とその再投資分だけ増加するのみである。しかし、日本は先進国の中でも類をみないほど頻繁に為替介入を実施し、特に急速な円高が輸出セクターに与える影響が懸念される局面では大規模な為替介入を実施してきた。日本の通貨当局が円安局面で円買い介入を実施することもあったが、円買い介入よりも円売り介入のほうが圧倒的に頻度は高い。このことから、世界第2位の経済大国になった現在においても、日本政府が輸出主導型の経済成長モデルを意図した経済政策を実施してきたことが伺える[9]。

中国が日本を抜いて世界第一位の外貨準備保有国になったのは経常収支、資本収支ともに大幅に黒字化する「双子の黒字」現象によるものだが、そもそも双子の黒字の背景には中国の為替政策がある。すなわち、人民元レートを人為的に割安な水準に設定することで多額の経常黒字が発生し、またこうした為替政策がいずれは修正され、人民元が切り上げられるとの予想からホットマネーが流入し、資本黒字が拡大したというものである。ただし、為替レートの適正水準を測ることは容易なことではなく、どの為替決定モデルに依存するかにより、算出される人民元レートの適正水準は現行レートよりも割安にも割高にもなる[10]。

2）の議論は特にアジア危機以降、注目されている議論であり、通貨危機、金融危機を経験した東アジア諸国を含めたエマージング諸国が危機に備えて外貨準備を保険として蓄積しているといった仮説を支持する結果が報告されている（Aizenman and Marion（2003）、Aizenman and Lee（2007）など）。後者の仮説に関する研究の中で、Obstfeld, Shambaugh and Taylor（2008, 2009）は対外収支危機の他に国内の金融危機に対する備えとしての外貨準備の累積に着目している。アジア危機に見舞われた諸国では、資本流入の停止や資本逃避といった対外収支危機に直面した後に、銀行セクターが壊滅的な打撃を受けた。これは、銀行の貸借対照表の資産側が現地通貨建ての長期資産で占められていたのに対し、負債側が外貨建ての短期負債で占められていたことから、通貨と満期のダブル・ミスマッチが発生したためである。このように対外収支危機は国内の金融危機へと発展する可能性があるが、外貨準備の蓄積があれば、通貨当局が国内金融市場で最後の貸し手（Lender of Last Resort）として行動する際に、外貨準備を流動性供給に使用できる。こうした自家保険に基づく動機（Self-insurance motive）を考慮すれば、途上国による巨額の外貨準備保有を説明できるかもしれない[11]。同様の視点から、Dominguez（2007）は国内の金融市場の発達度と外貨準備との関係について考察しており、未発達な国内金融市場を抱える途上国の通貨当局にとって、外貨準備は資本逃避が発生した際の外貨の流動性供給手段になる点を指摘している。

ただし、Jeanne（2007）は、途上国の中でもアジア諸国は相対的に危機に見舞われる可能性が低いのに対して保有する外貨準備が特に膨大であることから、危機に対する予備的動機だけでは外貨準備の累増を説明できないとし、むしろ輸出振興政策の観点からアジア諸国の外貨準備を説明できるのではないかと指摘している[12]。

外貨準備の保有にはコストがかかる。日本を含めた外貨準備保有国において、外貨準備の大半は米国国債などの流動性の高いドル債券で占められている。特に、途上国は高収益が期待できる数多くの投資機会を国内に抱えていることから、多額の外貨準備を抱えることの機会費用は無視できない。あるいは、民間部門の海外債務の返済に対する備えとして外貨準備を保有するな

らば、民間部門の海外債務にかかる調達コストとの利回りスプレッド分だけ外貨準備保有のコストが発生する。

外貨準備保有のコストはこうした利回りスプレッドに限らない。通貨当局の外貨準備資産の大半が米国国債などで占められているのは流動性の観点からだけではなく政治的な配慮もある。また、偏ったポートフォリオ運用を行っていることは、分散投資の利益を無視し、為替リスクに晒された状態を作り出していることにもなる。さらに、外貨準備の保有は金融政策の新たなる制約にもなり得る。

外貨準備の放出方法として、民間による対外証券投資を自由化するという選択肢があり得るが、国際的な資本移動が世界的に急速に拡大する中の資本自由化には不可逆性があり、状況が悪化した場合の資本逃避を制御できないという問題が生じる[13]。中国にとって資本流出規制が時期尚早であるとするならば、通貨当局の監督が機能する形で外貨準備の放出策を考える必要がある。そこで、Prasad and Rajan（2008）は中国の外貨準備の運用方法として、通貨当局の監督下にある運用会社に免許を与え、外貨準備資金を使った対外分散投資を実施させることを提案している。この提案の下では、中央銀行が外貨放出のタイミングや売却の規模をコントロールすることが可能であり、中央銀行が分散投資の技術向上を図る必要もない。また、免許を得た運用会社は対外分散投資の経験を蓄積する機会を得られ、運用のスキルを向上させることも期待できる。

中国には中国投資有限責任公司（CIC）という国富ファンド（Sovereign-wealth Funds）があり、外貨準備資金を用いた運用を実施している。実際に、CICは米国の投資ファンドであるブラックストーンや投資銀行のモルガン・スタンレーなどへの運用を行ったが、経営陣には官僚出身者が多く、自主経営が謳われてはいるものの実際には政治色が強いとの指摘がある（小森（2008））。また、金融の専門知識をもった人材が不足しており、運用体制の基盤作りを急いでいる。中にはシンガポールの政府投資公社やテマセクホールディングのように、公的な機関であっても、金融の専門知識やノウハウを備えた人材を揃えて積極運用を行っている国富ファンドもある。CICはシンガポールの国富ファンドをモデルとして設立されたが、公的機関による資産

運用の効率性向上をどのようにして実現するかは大きな課題である。

日本でも膨大な外貨準備の活用方法に関して様々な議論が行われている。日本の外貨準備は、日本銀行が財務省から委託を受け、財務省・外国為替資金特別会計の資金を使用して、外国証券の売買、すなわち為替介入を実施する形で管理されている。また、財務省は外国証券購入のための原資として、外国為替資金証券という短期国債を発行している。運用される外国証券の大半は米国国債であり、米国債は流動性等の観点から比類ない投資対象となっているが、負債側は円建ての短期証券であることから、外貨準備資金は金利リスク、為替リスクに晒されていることになる。

そもそも世界第2位の経済大国になった日本でこれだけ巨額の外貨準備を保有し、かつ米国国債に偏ったポートフォリオ運用を行っていることについては様々な批判があり、運用した外国証券の利息部分など部分的にでも積極運用を開始すべきとの主張などがある。日本も国富ファンドを創設して外貨準備の積極運用を開始するか、あるいは Prasad and Rajan（2008）の提案のように公的機関による自主運用ではなく民間への委託により資産運用の効率化を図るかなど、日本の外貨準備運用においてどのようなシステムを導入すべきかについてはさらなる議論が必要である。

6　今後の中国の課題――金融制度改革と日中を含めたアジアの通貨制度の行方――

中国は IMF8 条国移行（1996 年）、WTO 加盟（2001 年）、金融サービス貿易の自由化（2007 年）を果たし、為替取引、資本取引の自由化を徐々に促進させつつある。国際金融のトリレンマによれば、自由な海外資本移動、為替レートの固定性、独立した金融政策の3つを併存させることは不可能であり、海外資本取引の自由化を進めれば独立した金融政策を放棄するか、あるいは為替レートの変動性を容認する必要がある。中国当局は資本規制の撤廃について慎重な姿勢を崩していないが、金融サービス貿易の自由化は資本規制を無効にする可能性がある。

金融サービス貿易の自由化により、外資系金融機関の中国国内市場への参

入が促進されることになるが、参入した外資系金融機関が海外資本流入の促進剤となり、資本流入が拡大する可能性が考えられる。Li (2005) は、外資系金融機関を経由して海外資本が中国市場に流入する経路として、外資系金融機関が海外のインターバンク市場から資金を調達する経路と、海外本店からの借入による経路を挙げているが、人民元高が予想される局面において、外資系銀行の本店からの借入が大幅に増加する現象がみられると指摘している。

一方、外資系金融機関の中国市場への参入は中国金融市場の質の向上につながる可能性も考えられる。たとえば、Li (2005) は外資系銀行のインターバンク市場への参加が、地域毎に分断されていた国内インターバンク市場を統合させ、さらに外資系銀行に対する人民元貸出金利の大幅な引き下げにつながったと指摘している。

あるいは、外資系金融機関との競合により、国内金融機関が提供する金融サービスに様々なイノベーションをもたらしたり、国内金融機関のリスク管理体制、ガバナンス体制に影響を及ぼすことも予想される。たとえば、中国市場での圧倒的なプレゼンスを誇るにもかかわらず、経営の独立性が低く、国有企業向けのずさんな融資拡大から不良債権を積み上げてきた4大国有商業銀行の改革がこれまで進められてきたが、中国政府は民営化および株式上場の手続きを進めるとともに、戦略的海外投資家の活用を打ち出し、4大国有商業銀行の効率性の向上、ガバナンス体制の強化を図ってきた。中国政府は戦略的海外投資家に対して、自己資本の充実化のための出資を仰ぐだけではなく、外資系金融機関からの経営ノウハウ、リスク管理・評価基準の導入、企業統治に関する影響などを期待している。

表6-5はエマージング諸国における外資系銀行の参入シェアを示したものである。中国において外資系銀行はまだわずかなシェアしか占めていないが、外資系金融機関の参入解禁を契機に、今後は増加の一途をたどることが予想される。

従来の中国の銀行は完全なる国家保障の下にあったが、1990年代より銀行に対する規制監督体制の見直しが行われ、それは金融サービス貿易の自由化を経て強化されるものと言える。銀行規制監督体制が民間金融機関による

表6-5 外資系銀行が銀行市場に占めるシェア

国名	シェア（％）
中国[a]	2.0
韓国[b]	6.6
香港[c]	33.0
台湾[c]	7.5
マレーシア[c]	24.4
タイ[c]	10.3
インドネシア[c]	6.6
ブラジル[c]	20.7
メキシコ[b]	17.3
チェコ[b]	48.3
ポーランド[b]	68.8
ロシア[c]	8.1

a) 2004年データ、b) 2001年データ、c) 2003年データ
OECD『中国経済白書2006』より。

　自助努力を促す体制へと移行しつつあるのは世界的な潮流だが、中国においてもバーゼル合意[14]を銀行監督体制に反映させるなど、銀行によるリスク管理体制を主体とする規制体制への移行を図りつつある。さらに、国家補償による銀行監督体制からの脱却の試みの一つとして、2009年には預金保険制度の確立も予定されている。

　中国における中心的な銀行改革の1つが4大国有商業銀行の改革であり、中国政府は巨額の公的資本注入や不良債権の金融資産管理公司（AMC）への切り離しを行い、4大国有商業銀行の立て直しに注力してきた。一方、OECD（2006）は、4大国有商業銀行よりも透明性、健全性が上回るはずの株式制商業銀行の格付けよりも4大国有商業銀行の格付けが高くなる傾向が強いのは、市場参加者が業績ではなく政府支援を織り込んで判断しているためとし、4大国有商業銀行の改革に対して懐疑的な見方をしている。仮に4大国有商業銀行が経営不振に陥ったとしても、規模が大きすぎて経営破綻をさせることができず、それがモラルハザードを助長させる可能性は否定でき

ない。国有商業銀行の不良債権比率は低下傾向にあるが、銀行経営に対してどこまで政府関与を排除できるかが国有商業銀行の将来性にとって重要になる。

　国内金融市場の規制監督体制を整備し、プルーデンス政策[15]の充実を図ることは海外資本取引の自由化を進める上でも非常に重要である。急激な海外資本流入の急増が起こった際に、通貨当局の各金融機関に対するチェック機能が拡充されていなければ、国内金融市場は危機に対して脆弱となる。ただ、複雑な海外資金取引をフォローするためのチェック機能を拡充することは、専門知識を有した人材を確保するなど通貨当局の体制作りが必要で、短期間での対応は困難であるかもしれない。

　中国の金融市場の形態は間接金融偏重型であるが、1990年代の日本やアジア危機に直面したアジア諸国と同様、銀行が不良債権を抱えて機能不全に陥ると、経済全体の資金循環が滞り、経済の停滞を招く恐れがある。そこで、銀行改革とともに、証券市場の改革も進められている。具体的には、機関投資家の育成を意図した証券投資信託に関する法制度の制定、外国人へのA株株式市場の開放、元建て債券発行の推進など社債市場の育成、などが実施されている。

　輸出振興型による経済発展を模索している中国にとって、資本流入や輸出増大による人民元高の輸出セクターへの打撃が懸念されることから、変動相場制への移行は容易なことではない。しかし、海外資本取引の自由化の過程では固定相場制のほうが危機の発生可能性は高くなり、いずれは為替レートの変動性を受け入れざるを得ない。

　アジア各国は互いに密接な経済関係にあることから、アジア各国の為替政策の選択において外部性が発生し、アジアにおけるプレゼンスが高い中国の為替政策が周辺諸国の為替政策に影響を及ぼす可能性については上述した。ただし、アジア各国が一様な為替政策を採用しているわけではない。伊藤（2007）は人民元とその他のアジア通貨の対ドル為替レートについて検証している。最近におけるアジア各国通貨の対ドル為替レートはアジア危機直後と比較すれば変動性が縮小しているが、アジア危機以前のようなドル・ペッグ制には戻っていない。一方、中国は2005年7月に管理フロート・通貨バ

スケット制を導入したものの、事実上のドル・ペッグ制を実施していることから、人民元の対ドル為替レートはアジア通貨の対ドル為替レートと比較すると小幅な変動にとどまっている。また、アジア各国はドルに対する自国通貨の増価を許容しているが、それに対して人民元の増価幅は小さい。そこで、為替レートで測ったアジア域内の国際競争力に変化が生じており、これがアジア域内の不安定要因になり得る可能性がある。相互依存関係が強いアジア地域においてアジア通貨単位（AMU）の導入が提案されているが、ドル・ペッグ制の弊害を回避するだけではなく、アジア域内社債市場の育成、あるいは域内金融取引の活性化などの副次的な効果も期待でき、アジアにおける地域統合をさらに発展させるものと考えられる。

注
1) 85年、86年頃の円高不況の下では低金利政策は物価の安定という金融政策の最終目標と矛盾することはなかった。しかし、87年以降もドル安に歯止めがかからず、さらにブラック・マンデーを契機とした世界的な同時株価暴落を受けて米国、欧州諸国が低金利政策を採用したことから、日本の利上げの余地は制限された。こうした中、銀行融資の拡大、不動産などの資産価格の高騰が発生したが、日本で利上げ政策へと転換が図られたのは1989年に入ってからであった。
2) 一般に、通貨が果たす機能として、取引手段、価値尺度、価値保蔵手段が挙げられるが、第三国の通貨が国際市場において同様の機能を果たす場合、その通貨は媒介通貨、決済通貨、契約通貨、資産通貨としての役割を果たすと説明される。媒介通貨や決済通貨は取引手段、契約通貨は価値尺度、資産通貨は価値貯蔵手段の機能を果たすとみなされる。

2つの通貨を交換する為替取引が第三国の通貨を介して間接的に行われる場合、その第三国通貨を媒介通貨と呼ぶ。また、決済通貨は貿易や国際的金融取引の決済の際に選択される通貨をさす。契約通貨は貿易や国際的金融取引の金額表示に使用される通貨であり、多くの場合、契約通貨がそのまま決済通貨として使用される。資産通貨は投資資金の運用に用いられる通貨であり、資産通貨建ての証券等も含めて定義されることが多い。上述のケースは民間取引で基軸通貨が使用されるケースであり、公的取引においても基軸通貨は介入通貨、準備通貨などの機能を果たしている。
3) リーマン・ショックが発生した2008年後半では、中国においても資本流出が拡大し、外貨準備が減少した。
4) フォワード・ディスカウント（あるいはプレミアム）とは先渡為替レートが直物為替レートに対して何％減価（あるいは増価）した水準で値付けされているかを示すものである。直物為替レートに対して先渡為替レートがドル安水準で値付けされている場合、「ドルの先物はディスカウント」であると言い、逆の場合には「ドル

の先物はプレミアム」であると言う。

　カバー付き金利平価が成立すれば、フォワード・プレミアムは中国と米国の金利差と等しくなるが、資本取引の完全自由化が達成されていない中国においてはカバー付き金利平価は成立しない。フォワード・プレミアムは金利差も一部反映しているとは考えられるが、マネーマーケット金利で測った米中の金利差がほぼ消滅した2003年から2004年にかけての時期や、あるいは米国の急速な利下げ政策により金利差が縮小した2007年から2008年の時期にかけてドルの先物ディスカウントが拡大するなど、金利差では説明できないフォワード・プレミアムの変化がみられる。こうした時期に中国向け資本流入が急増していることから、将来の人民元高予想に基づいた資本流入が起こっていたことがうかがえる。

5）サーベイとしては、Prasad and Rajan (2008)、Obstfeld (2009) などがある。
6）ただし、貿易の自由化を図ると資本規制の有効性が低下するため、資本自由化を推進せざるを得なくなるという側面はある。
7）チリは大量の資本流入に対処するために、1991年に短期性負債に対して高率の準備率を課した。また、その後も抜け穴を利用した資本流入が後を絶たなかったため、資本規制の追加を断続した。こうした一連の資本規制により、流入資本の満期を長期化することには成功した。
8）Rodrik (2006) などを参照。
9）野口 (2007) は、円安政策は非効率的な外貨準備の運用を放置するだけではなく、非効率的な産業を温存することにもなると批判している。なお、日本の通貨当局による為替介入は2004年3月16日以来実施されていない。
10）白井 (2004) などを参照。
11）Obstfeld, Shambaugh and Taylor (2008, 2009) は国内金融市場の規模の尺度としてM2を使用し、途上国の外貨準備に対する需要をM2で説明できることを示した。一方、Jeanne (2007) はM2に対する外貨準備の占有率も上昇傾向を続けており、輸入額や短期海外債務だけではなくM2で測っても途上国による外貨準備の保有が過剰であることを示唆している。
12）Jeanne (2007) は外貨準備の対GDP比率と経常収支の対GDPの間に強い相関関係が存在することを示し、継続的な経常黒字発生による意図せざる結果として外貨準備が積み上がった可能性も指摘している。
13）たとえば、タイ政府は大量の資本流入にともなうバーツ高から国内輸出企業の国際競争力が低下する事態を防ぐために、2006年12月18日に資本規制を実施したが、急速な資本引き揚げによる株価急落の事態を招き、資本規制の一部を撤回させた。
14）国際業務を行う銀行の自己資本比率に関する国際統一基準をさす。
15）金融機関の破綻防止や金融システムの安定化をめざすための各種の政策・措置をさす。

参考文献

Aizenman J. and J. Lee, (2007), "International Reserves: Precautionary versus mercantilist views, Theory and Evidence," *Open Economic Review*, Vol. 18, pp. 191-214.

Aizenman J. and N. Marion, (2003), "The high demand for international reserves in the Far East: What is going on?" *Journal of Japanese International Economics*, Vol. 17, pp. 370-400.

Dominguez K.M.E., (2007), "International Reserves and Underdeveloped Capital Markets," mimeo.

Dornbusch R., (2002), "Malaysia's crisis: Was it different?," S. Edwards and J.A. Frankel, eds., *Preventing Currency Crises in emerging Markets* (A National Bureau of Economic Research Conference Report), The University of Chicago Press, pp. 441-458.

Edwards S., (2004), "Financial openness, sudden stops, and current account reversals," *NBER Working Paper*, No. 10,277.

Edwards S., (2008), "Sequencing of reforms, financial globalization, and macroeconomic vulnerability," *NBER Working Paper*, No. 14,384.

Forbes K.J., (2005), "The microeconomic evidence on capital controls: No free lunch," *NBER Working Paper*, No. 11,372.

Friedman M., (1953), "The case for flexible exchange rates," *Essays in Positive Economics*, University of Chicago Press.

Fukuda S. and S. Ohno, (2008), "Post-crisis exchange rate regimes in ASEAN: A new empirical test based on intra-daily data," Singapore Economic Review, Vol. 53, No. 2, pp. 191-213.

Jeanne O., (2007), "International Reserves in emerging market countries: Too much of a good thing?" *Brookings Papers on Economic Activity*, 1, pp. 1-79.

Lucas R., (1990), "Why doesn't capital flow from rich to poor countries?" *American Economic Review*, Papers and Proceedings, Vol. 80, No. 92-96.

McKinnon, R. I. (2001), "After the crisis, the East Asian Dollar Standard Resurrected: An Interpretation of High-Frequency Exchange Rate Pegging," in J. Stiglitz and Y. Shahid eds., *Rethinking the East Asian Miracle*, Oxford University Press, pp. 197-244.

Obstfeld M., (2009), "International finance and growth in developing countries: What have we learned?" *NBER Working Paper*, No. 14,691.

Obstfeld M., J.C. Shambaugh and A.M. Taylor, (2008), "Financial stability, the trilemma, and international reserves," *NBER Working Paper*, No. 14,217.

Obstfeld M., J.C. Shambaugh and A.M. Taylor, (2009), "Financial instability, reserves, and central bank swap lines in the panic of 2008," *NBER Working Paper*, No. 14,826.

Prasad E., R. Rajan and A. Subramanian, (2007), "Foreign capital and economic growth," *Brookings Papers on Economic Activity*, 2007 (1), pp. 153-230.

Prasad E.S. and R. Rajan, (2008), "A pragmatic approach to capital account liberalization," *NBER Working Paper*, No. w14,051.

Rodrik D., (2006), "The social cost of foreign exchange reserves," International Economic Journal, Vol. 20, No. 3, pp. 253-266.

伊藤隆敏 (2007)、「中国の為替政策とアジア通貨」独立行政法人経済産業研究所 *RIETI Discussion Paper series*, 08-J-010。

大野正智・福田慎一 (2004)、「貿易決済通貨の決定メカニズム：東アジアにおける「円の国際化」の視点から」、内閣府経済社会総合研究所、*ESRI Discussion Paper Series*, No. 86。

小川英治・川崎健太郎 (2008)、「東アジアにおける共通通貨バスケット導入の可能性」、福田慎一・小川英治編『国際金融システムの制度設計：通貨危機後の東アジアへの教訓』、東京大学出版会、pp. 59-83。

OECD (2006)、『OECD 中国経済白書 2006』中央経済社。

小森正彦 (2008)、『国富ファンド・ウォーズ』東洋経済新報社。

白井早由里 (2004)、『人民元と中国経済』日本経済新聞社。

野口悠紀夫 (2007)、『資本開国論』ダイヤモンド社。

玉置知己・山澤光太郎 (2005)、『中国の金融はこれからどうなるのか：その現状と改革の行方』東洋経済新報社。

福田真一・計聡 (2001)、「通貨危機後の東アジアの通貨制度」『金融研究』第 20 巻第 4 号、pp. 205-250。

Li-Gang LIU (2005)、「金融サービス貿易の自由化が中国銀行部門へ与える影響」独立行政法人経済産業研究所　RIETI policy Analysis Paper, No. 7。

第7章

国際金融危機：金融システムのグローバル化と中国
——機関投資家の変貌——

丸　淳子

1　はじめに：金融市場のグローバル化と金融危機

　金融システムはグローバル化に慎重であり、多くの国で金融産業は他の産業に比して規制性が強かった。金融機関の過当競争による金融機関の破綻は単に企業の倒産では済まされず、社会的に大きな影響を与えるからである。しかし、経済発展には資金が必要であり、とくに、発展途上国においては、技術とともに資金の提供をうけることが不可欠である。信用力が低い発展途上国への資金提供は最初、援助という形で先進国からの政府借款が中心であるが、次第に経済的利益が見込める民間企業対象の民間金融機関の貸出が増加する。
　このような資本移動は国内に限られていた投資と消費をグローバル化することで、国内のショックを分散化させ、効率的配分を達成させることができる。また、貯蓄は低金利国から高金利国に移動することにより、経済成長率が高められる。さらに、資金のグローバルな移動は運用効率を求める資金の供給者である先進国の投資家にとっても魅力的である。しかし、資本移動への期待はたびたび大きな問題、すなわち、国際金融危機をともなうものであった。過去20年間におけるおもな国際金融危機が以下のように列挙される。

- 1980年代初め：ラテンアメリカ
- 1990年代はじめ：スカンジナビア
- 1994年：メキシコ
- 1997年：タイ・インドネシア・韓国
- 1998・9年：ブラジル
- 2001年：アルゼンチン

　1980年代以前の発展途上国への民間資金流入は商業銀行のシンジケート団が国家や公的部門の企業に対しての中期貸出であった。1980年代に入ると、公的貸出より民間貸出が増加した。1980、90年代、世界的に金融の自由化が進展したという背景があり、多くの国の金融システムは銀行中心から資本市場の育成・整備が進められ、1990年代後半にはグローバル・ポートフォリオの拡大で、先進国から発展途上国への株式・債券投資が急増した。金融の自由化は厳しい規制の下に行動してきた銀行業務を緩和させ、銀行業務の拡大は資本市場のリスクを含むようになり、業務リスクを高めた。いい換えれば、倒産しないはずの銀行が簡単に倒産するような問題が生じたのである。

　1997年のタイ発の通貨・金融危機は銀行システムに加えて通貨市場・証券市場を巻き込んだものであった。タイでは、金融自由化・グローバル化の象徴のようなオフショア市場が開設されたが、管理不十分で、外-外の取引を行うはずのオフショア市場を通して外-内の短期資金流入が増加し、安易にタイ国内に貸し出しされてしまった。外資で借り入れた資金はたちまち不良債権化していった。さらに、1993年、世界銀行から出版された『アジアの奇跡』にみるように、急速な経済成長と平行して急速に整備された証券市場、とくに、株式市場へ海外からグローバル・ポートフォリオの一環としてアジアの経済発展を担保とした資金流入が増加していた。流入資金は先進国の機関投資家の投資と発展途上国の富裕層の個人投資であり、後者はとくに非常に短期な取引であった。また、前者はグローバルなポートフォリオ構築の視点からアジアへ投資しているが、発展途上国にみられる不安定・不透明な市場での投資であり、このような資金は流出も非常に迅速に行われるので、金融危機を拡大させることとなった。

これに対して、今回のサブプライム・ローン問題による国際金融危機は先進国であるアメリカ発である。また、問題の拡大には証券化が大きくかかわっている。金融システムのグローバル化の進展にともなって生じる危機は金融システムの証券市場化あるいは証券化の進展によってあらたな危機の発生・拡大を顕在化させたのである。金融システムの自由化、グローバル化の進展は市場参加者のプロフェッショナル化を促している。すなわち、個人投資家から機関投資家へという市場参加者の交替である。他方、資金の借り手は高リスク化あるいは小口化が進展している。本稿では、2001年にWTOに加盟し、国内市場を慎重にグローバル化してきた中国の現状と今後の展望を機関投資家をキーワードに、中国に先んじて発展したアジアの新興国の経験を踏まえて分析する。また、100年に1度ともいわれる今回の金融危機に対して、世界的に金融規制改革が議論されている。今回の金融危機において直接的な影響が小さかった中国は今後どのように行動するのかという点も興味深いので、この点にも論及したい。

2　金融システムの2つの類型：資本市場中心と銀行中心の変質

(1) 資本市場中心と銀行中心

　金融の役割の第一は資金の移転である。資金の移転は異時点間で行われるから、金融取引・金融契約が確実に履行される保証はない。すなわち、金融取引には不確実性がともない、結果としてリスクが発生する。誰かがリスクを負担しなければならないが、一般に、投資家はリスク回避的な行動をしている。リスクの負担にはプレミアムが要求される。
　将来の不確実性から発生するリスクはどのように認知され、それに対するプレミアムが決定されるのであろうか。資金移転時点で利用可能な情報を収集・分析して不確実性の程度を予想・期待しなければならない。金融において最も重要な役割は情報を収集・分析して、それに基づいて金融商品を評価することである。完全競争市場においては、市場参加者に対して情報は与えられているもの、すなわち、誰にでも無料で手に入るものであった。しかし、

金融市場においては、情報こそが競争の本質であり、金融産業は情報産業といわれる所以である。金融資産の最終保有者の多くは家計（個人投資家）である。家計の保有する金融資産は個々にみると零細であるが、総計すると国家の金融資産のほとんどになっている。資金供給者である家計と資金需要者である企業や政府を効率的に結びつけるために金融仲介機関が誕生してきた。金融仲介機関は銀行中心と資本市場中心に２分類される。

　銀行中心の金融システムでは、銀行が預金によって資金を家計から集め、預金者である家計はほとんどリスクを負担することなしに収益（金利）をうけとる。銀行は集めた預金を資金需要者に貸し出すことによって収益を獲得し、預金金利を払っている。個々の銀行は資金需要者を直接審査して、貸出の有無・貸出条件を決定してきた。当然、貸出の不良化からの損失は銀行の負担、すなわち、貸出にともなうリスクは銀行がとっている。銀行は多様な貸出（貸出債権のポートフォリオ）によってリスクを分散させている。

　資本市場中心の金融システムでは、最終投資家である家計が金融取引にともなうリスクを負担する。家計が資金需要者のリスクを判断する情報収集・分析する膨大なコストを減少させるスキームが証券である。資金需要者が発行する証券は資金需要金額を細分化したものであるから、家計でも保有可能である。証券の特徴は譲渡性であり、既発行証券は売買される。証券の流動性によって、投資家は損失を減少させることができる。この市場が流通市場であり、市場で決定される価格は市場参加者である投資家の取引の結果である。つまり、証券価格は投資家のもっている情報を反映したものである。問題は家計のような投資家が資金需要者の情報を収集・分析してリスクを評価するためには膨大なコスト負担しなければならない、あるいは、そもそもその能力がないかもしれない。とくに、市場が拡大・グローバル化するに従い、情報収集・分析の質・量は累乗的に増大する。

　資本市場の拡大やグローバル化は資金需要者と家計の間に金融仲介者である機関投資家の存在をクローズアップさせることとなった。第３節でみるように、東南アジア諸国の経済成長プロセスをみると、初期の資本市場での主たる投資家は家計（個人投資家）であった。しかし、資本市場の拡大とともに機関投資家、とくに、海外機関投資家のプレゼンスが増大してきた。機関

投資家は独自に情報収集・分析によって多様な証券を評価し、適当なポートフォリオを作成しリスク分散を行っている。機関投資家が家計に代わって資産運用することが効率的である要因は規模の経済性である。ただし、今回の金融危機にみられることは、金融市場のさらなる拡大、グローバル化は個々の機関投資家では情報収集分析が追いつかず、資産運用に利用する情報は多くの機関投資家にとって既成品になっていた。つまり、多くの機関投資家は独自の情報や分析ではなく、既成の情報で行動していた。これが危機拡大の大きな要因であったと考えられる。

(2) 金融のグローバル化と機関投資家行動の変化

1970年代では銀行業務は国内貸出中心であり、様々な規制により銀行間の競争制限により、リスクが低く抑えられていた。銀行中心システムの優良貸出先は大企業であった。銀行は大企業に関する情報を自ら調査・審査した結果により融資を行ってきた。融資には銀行と企業間に情報の非対称性という課題があるが、日本では、株式持合いなどを利用して、長期関係を維持してきた。しかし、充分な情報開示が可能な大企業は銀行借入より多様な資金調達が可能な資本市場中心システムを選択しはじめ、他方、銀行は次第に安定的な融資先である大企業のウェイトを減少させざるを得なくなった。さらに、金融自由化により銀行間の競争が激しくなった。銀行経営はリスクの少ない融資一辺倒では成り立たなくなってきた。従来のような預金を集めて融資する銀行貸出構造では高いリスクを負担できない。銀行サービスの中心であった預金・貸出業務から、投資家のニーズに応じたリスク・リターン金融商品である証券を提供するサービス業務への転換が急速に進んでいる。銀行がリスク商品を提供するための情報は銀行自身が創出しているのではなく、リスク商品を作成している運用機関や評価機関・格付け機関からの2次的な情報を使用することが多くなっている。

他方、資本市場の拡大は情報の収集・分析に経済性を活かせる機関投資家の重要性を強め、資本市場のグローバル化は市場の機関化現象に拍車をかけている。では、機関投資家は独自の情報で意思決定をしているのであろうか。資本市場が国内市場だけというような限界的市場であれば、独自でかなりの

情報を収集・分析できるが、市場の拡大・グローバル化とともに、個々の機関投資家が独自情報を作成することはコスト高となっている。機関投資家の使用する情報の多くは外部から購入するものとなってきている。

　銀行の主業務である貸出は大口融資から小口融資に移行している。たとえば、住宅ローンは融資額が数千万円と小口であり、さらに、融資期間は30年というように非常に長期である。購入住宅を担保とした融資が多いが、個々の住宅ローンのリスクを見積もることは難しい。小口融資におけるリスク回避の根拠は分散投資である。多数の小口融資は分散投資によってリスクを軽減させられるという原理である。リスク軽減の程度は多数の小口融資がどのくらい多様化されているかである。多様化とは融資焦げ付きがばらばらに生じるということである。サブプライム・ローンの例でも明らかなように、小口である家計への融資の焦げ付きは家計の所得の変動から生じる。景気の悪化は多くの家計の所得を減少させ、ローン返済を不可能にさせる。景気悪化時には分散投資の原理は機能しなくなる。

　小口融資である住宅ローンが拡大した要因の1つは債権の証券化である。債権の証券化は銀行システムと資本市場システムの同質性を高めたと考えられる。銀行は個々の住宅ローンのリスクを把握せず、安易に貸出をして、さらに、証券化して売却していた。情報の少ない商品であるのに販売可能になったのは、格付け機関の評価である。格付け機関は住宅ローンのリスクをどのように評価しているのか。サブプライム・ローンにおける貸出リスクが不動産バブルによって過小に評価され、結果的に、証券化商品の格付けは甘すぎ、格付けを信用した投資家は大損したのである。購入した投資家の多くは機関投資家であり、機関投資家の使用している情報が2次、3次、……であることが問題であろう。機関投資家の投資決定の基になっている情報が似たり寄ったりになってしまっていたのである。

　1997年に発生したアジアの金融危機で注目を浴びたのはヘッジ・ファンドであった。投資ファンドであるヘッジ・ファンドは私募ファンドで機動性が高い。アジアの小さい通貨・証券市場はジョージ・ソロス率いる1ファンドによって多大な影響をうけた。つまり、機関投資家が市場を動かしてしまった。他方、今回のサブプライム・ローン問題では、世界中の多くの機関投

資家が破綻して市場から退散させられた。

3 東南アジアの金融グローバル化と海外機関投資家

(1) 経済成長と金融システム

　本節では、中国に先駆けて経済的に発展したマレーシアとタイなどから、経済成長と証券市場の関係、金融グローバル化における海外機関投資家の機能および1997年の金融危機と証券（株式）市場の関係を考察する。金融危機は21世紀型の通貨危機をきっかけにして、各国の金融システムの脆弱性をさらけ出した結果であった。東南アジア（に限らないが）の経済成長の初期における資金の供給は商業銀行を中心とした間接タイプの金融システムであった。発展初期において、経済成長を支える貯蓄動員のコストは非常に高く民間の金融機関に任せてもうまく機能しにくい。資金供給者である家計は典型的にリスク回避的であり、預金の安全性に重点を置く。家計貯蓄の増大には効率的な預金機関が利用されることが必要であり、とくに、銀行の支店ネットワークの範囲と、地方共同体に対してのサービスに依存している。しかし、全国規模の支店ネットワークを構築することはコストがかかり過ぎて銀行が自主的・積極的に行動できない。貯蓄の安全性と仲介の効率性という非価格要素に影響を与えることによって、金融部門を通しての貯蓄増大にはレント（低金利政策の下で、優遇資金の配分によって発生する収益）を創造することが効果的である。これらのレントは、（銀行の「フランチャイズ」を作ることによって）銀行が長期的な経済主体として営業するインセンティブを作り出す。[1]

　レントを創造するという金融抑制をもちいる政策は金融市場においては銀行システムにおいて機能するもので、資本市場（証券市場）では機能しにくい。それはレントの創造は市場の競争条件が整わないから意味がある。経済発展初期段階においては、あらゆるところで市場の競争条件は機能せず、競争的市場を前提とした資本市場は成立しがたいのである。このような金融抑制は動学的な政策レジームであり、経済発展に合わせて調整され、より自由

でより競争的な金融市場へ移行していく。この先に資本市場の機能する金融システムが考えられる。

　金融深化の低い経済では、金融抑制には預金金利規制と貸出金利規制の双方、参入規制、資本市場からの競争制限が含まれるが、金融深化の進展は金融抑制の最適基準を低下させ、これらの規制が次第に緩和・廃止される。このプロセスが金融自由化である。東アジアでは、1980年代に経済発展とともに金融自由化が進展したが、銀行システムの自由化が達成される前に資本市場は急速に拡大されていった。本節では、資本市場の発展の順序およびそのスピードを分析し、1997年に生じた通貨・金融危機における資本市場の役割と海外機関投資家の影響を考えることにする。

　証券市場に機関投資家が登場するのは、市場の拡大にともなってである。現在の中国やインドでは主役はいまだ個人投資家であるが、中国では、証券市場改革の一環として機関投資家の育成を促す制度整備が進み始めている。インドでは、機関投資家の育成は今後の課題であるが、急成長している経済を背景に海外機関投資家の注目度が増している。すでに経済発展をしてきた東南アジア諸国は機関化現象が定着している。世界的にみても、経済成長とともに証券市場は拡大し、機関化現象がみられる。ここでは、東南アジアの経済成長と証券市場の関係および市場拡大と機関投資家の関係を考察する。

(2)　東南アジアの資本（証券）市場の発展

　証券市場発展の順序として、T.Hellman、K.Murdock&J.Stiglitz (1997) は株式市場の導入に先立って政府証券の私募債市場を開設すべきであると提言している。発行体として信用度が高く、情報が正確である政府債を私募で発行するということは、リスク評価がしやすく、私募であることから投資家は限られた専門家であるからである。さらに、奥田 (1998) によれば、東南アジア8カ国の金融データから金融発展の傾向を次のように指摘している。

　①　途上国では銀行制度の比重が大きい。理由はリスクの小さい銀行預金への需要が高く、公開情報が乏しいときに、効率的情報生産には情報市場を内部化した銀行の方が優位である。

　②　公開市場を利用した資金移動は所得が高い国ほど高い。経済発展に

より所得が上昇し資産規模が拡大するとリスク回避度が弱くなること、また、会計基準の徹底や開示度の高まり、および、決済システムなどの金融インフラの整備などがあげられる。まず、預金からシフトするのは債券市場である。株式市場については株価変動によって時価総額が大きく変動するため、経済発展との対応関係が必ずしも明瞭でないが、債券市場については経済発展との明瞭な対応関係がみられる。ただし、途上国の債券市場では、国公債が中心であり、信用度の低い民間企業の社債は少ない。

証券市場では、証券の評価（価格形成）は市場参加者である投資家が証券発行者の提供する情報などを分析した結果である。完備市場ではないので、情報コストは取引の結果に重要な影響を与える。ある量の情報を収集するコストは固定的であるから、情報コストは規模に関して低減的である。証券市場の拡大による多様な証券投資を行うためには、規模効果が働かなければならない。零細な個人投資家が情報に関して優位に立つことは困難になる。さらに、証券投資にともなうリスク低減を図る最良の戦略は分散投資である。機関投資家が提供する運用サービスが投資家の負担する取引コストに見合うのであれば、機関投資家の存在意義は高まる。

債券市場、とくに、国公債市場の情報は得られやすいし、債券市場の投資家は機関投資家のような専門家である。かなり効率的な市場が期待される。しかし、実際には、国家財政の赤字を国公債発行で調達できるような金融システムが構築されていない。さらに、国公債の流通市場では投資家不足で流動性が乏しいことが多い。個人投資家は債券取引を活発に行うことはない。せいぜい、満期のある債券投資は満期まで保有する。この段階で適当な機関投資家、保険会社や年金運用会社などはほとんど存在しないのである。結局、個人投資家が参加しやすい株式市場が先に発展するケースが多かった。発展途上国の個人投資家の特徴は情報が極端に少なく、また、短期投資の傾向が強いのである。株式を経済ファンダメンタルで購入していないし、購入することも非常に難しい。発展途上国では、債券市場の発展・拡大は達成されにくいが、株式市場はGDP比でみて、先進国より高くなることもしばしばであり、規模からみると急速に発展していることが多い。

たとえば、マレーシアとタイは当時、中所得段階の国々であるが、これらの証券市場の特徴は株式市場が経済規模に比して大きい、あるいは、急速に拡大しているのが特徴であり、1980年代後半からの拡大が確認される。たとえば、マレーシアは時価総額の対GDP比が1990年半ばには4・5倍になっていた。また、1993年でみると、一人当たりGDPに対する株式時価総額ではマレーシアは香港、シンガポールに並んで世界最高水準にあり、タイも世界の5指にはいっている。マレーシアのように多くの国営企業を民営化し上場することで株式市場規模の急速な拡大を実現させたことは事実である。しかし、株式市場の急速な拡大が債券市場に先だって実現したのはなぜかを問うことは、バブルの発生・崩壊と金融危機を考える上で重要なポイントであろう。

(3) 証券市場の機能

1) 証券（市場）システムと機関化

　黒字主体（資金供給者）から赤字主体（資金需要者）への資金移動はエージェンシー・コスト（情報の非対称性を減少させるためにかかるコスト）から免れることができず、エージェンシー・コスト軽減のために銀行システムあるいは証券市場を通して資金取引を行う。多くの途上国の資金移動拡大を阻む共通要因として、①保有資産は少なく、リスク回避度が高い傾向、②企業の経営・生産・販売技術が低く、事業リスクが高い、③経済的意思決定に必要な情報が著しく不足、④金融の人材、会計、税制、決済制度など金融全体のインフラの未整備、などが指摘されている。[2]

　銀行システムは銀行が規模の経済を発揮してリスク分散、審査費用・債権管理費用の節約、資金の使用期間の調整を行うが、証券市場では市場に参加する個々の投資家が各自の自己責任でこれらの機能を行う。このための条件である証券市場のインフラ整備として、適時の情報開示、取引所の整備、証券会社や人材の育成、市場の監督機関の創設など様々なことがクリアされねばならない。このようなインフラの供給はコストがかかるので、市場が小さいとペイしない。また、リスク回避的な投資家の最適行動は分散投資である。保有資産の増加が投資家のリスク回避度を低下させるということもあるが、

資産増加は新しい金融仕組み商品の供給を増加させることによって、投資家により多様なリスク資産を提供させることが可能になる。これは個人にとって代わって投資する機関投資家の登場を促進させる、いわゆる、機関化現象が生じる。

さらに、証券市場で重要なことは証券の流動化である。流動化のコストが大きければ証券市場の機能は発揮されない。そのためには上で述べたインフラ整備に加えて、流通市場のインフラ整備が重要である。流動性は他の条件が等しければ、規模が大きいほど高い。なぜなら、発行証券数が多く、株主が適当に分布しているほど、売買機会は増加する。それゆえ、経済規模が小さい国での証券市場は成立しにくいのである。日本においても、最近新興株式市場での株式公開が定着してきているが、しばしば、株価が乱高下する。新興株式市場銘柄は経済ファンダメンタルズのリスクが大きいが、その上、流動性が非常に低い。ジャスダック証券取引所では一部マーケット・メーカー制度を採用していたが充分に機能せず、この制度を廃止した。過剰流動性はバブルを、流動性不足は株価の急落を招くのである。

2) 株式市場と債券市場

証券市場を大別すると、株式市場と債券市場である。東南アジアの金融システムの発展過程をみると、株式市場が債券市場に先んじて発展している。資金取引に関してはリスクから免れることはできない。銀行システムにおいては、銀行がリスクを負担している。銀行が預金保護を最大の経営指針にしているとき、銀行の貸出政策はその指針が制約条件となってくる。結果として、リスクの高い貸出は実行されにくい。証券市場経由の金融取引は投資家の自己責任で行われるから、リスク回避度の低い投資家の存在は、リスクの高いプロジェクト、たとえば、将来の経済成長を支えるようなベンチャー・ビジネスが日の目をみる可能性が高い。企業業績の最終責任者は株主であるから、株主は債券保有者よりリスクを多く負担している。その代わり、業績が好調時には多くの収益を獲得できる。他方、株式が企業の経営権に係ることも可能であるのに対して、債券、とくに民間企業が発行する社債にもリスクはともなうが、株式に較べてリスクは限定されている。

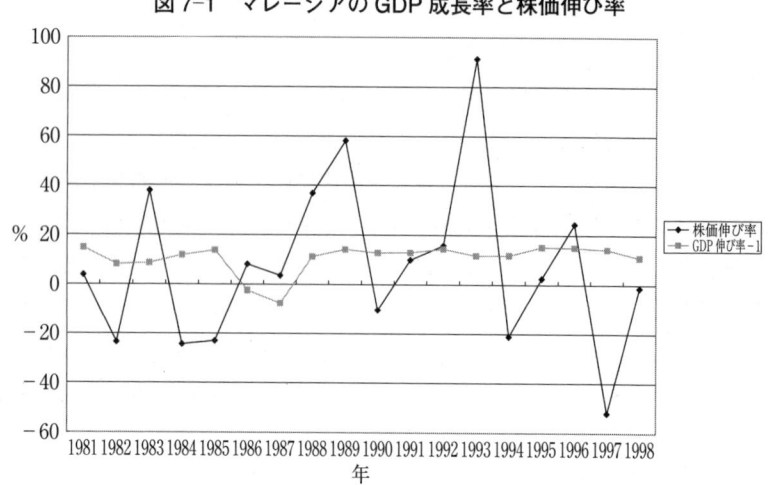

図 7-1　マレーシアの GDP 成長率と株価伸び率

投資家がリスクを負担するにあたって、リスクを評価するためには情報が必要である。株式のリスクは企業全体のリスクであるが、社債のリスクは個別社債のデフォルトの可能性から生じるリスクである。整備された証券市場をもたない発展途上国で、社債を評価することは株式以上に難しい。社債の評価にはその信用リスクを評価する専門機関である格付け会社や利回りのベンチマークとなる国債市場の確立が要請されるが、これを充たすことは容易ではない。他方、株式の評価にも情報は重要であるが、短期売買が選好されるときには、企業業績の予想よりは市場の需給関係が重視される。株価は経済ファンダメンタルズに比して大きく変動するが、投機家にはこれを利用して儲けようという動機が働いている。図 7-1 はマレーシアの株価変化率と GDP 成長率を示したものである。株価は経済ファンダメンタルズよりはるかに変動していることが分かる。

債券を保有し、売買する投資家は投資の専門家、すなわち、機関投資家が中心である。利子率の期間構造を把握し、投資目標を最適化するためには高度知識・技術が要求されるからである。さらに、多様な債券（債券は発行日が異なると、異なる債券である）の大口取引は標準化するのが難しいので、取引所取引は馴染みにくい。債券市場は日本の例をみても分かるように、取

引高の90％以上は店頭取引であり、投資家と相対取引するディーラーが中心的役割を果たす。発展途上国では、プロである機関投資家も資金と投資情報を保有する債券ディーラーも簡単に育成することは期待できない。

3）証券取引所の役割

　証券市場が銀行経由の資金取引と大きく異なる点は、証券に流動性があるということである。証券の譲渡性は短期の証券取引を可能にさせる。現在のように、インターネットが普及し、証券取引が特定の場所で行われることがほとんど意味をもたない状況になる以前では、証券取引所の存在は大きな意味をもっていた。不特定多数の投資家を対象とする取引は、取引対象（証券）が標準化されていることが望ましい。証券取引所は一定のルールのもとで取引対象を選択し証券を上場させ、それを売買する組織である。標準化された証券は投資家に認知されやすく、取引がスムースに行われることが期待され、流動性確保につながる。証券の標準化に関しては、株式は債券よりやりやすいので株式の上場化が進んでいる。株式は発行時が異なっても同一権利を有し同値であるが、債券は発行時に依存するからである。

　証券取引所システムは欧米ですでに長い歴史をもち、発展途上国の取引所設立にはお手本があるので、取引所を形式的に整えるのはそんなに困難なことではない。アジア各国（タイは例外）が欧米の植民地であったため、比較的早い時期に証券取引所が存在していた。さらに、東アジアの経済成長下、急速に拡大した各国の証券取引所の整備、コンピュータ化の進展は先進国におけるハイテク技術の応用によって短期間で整備可能であった。

(4) 証券市場における海外機関投資家

　発展途上国の投資家は資産水準が低く、リスク回避度が高いのが特徴といわれている。確かに、平均的には、リスクを負担できる投資家ではない。発展途上国の特徴の1つは所得格差、資産格差の大きいことである。ほんの一握りの投資家が国内総資産のほとんどを保有している。この富裕層はリスクを負担して資産選択を行うことが可能である。タイでも、マレーシアでも投機的な短期投資を実行する富裕階層、多くは、華僑が積極的に株式投資を行

っている。[3] 充分に整備されていない株式市場では、投資家は公開開示の企業情報を当てにして株式取引を行うことはできないであろう。私的な関係から得られる情報や市場の需給関係情報を駆使して収益を狙っている。このような行動は株価を乱高下させるであろうが、投機的行動を好む投資家には魅力的な市場でもある。

他方、海外投資家も発展途上国の株式投資に興味をもっている。海外投資家は2つのグループに分けられる。1つは、海外機関投資家、典型的には、欧米の機関投資家である。かれらはグローバル投資を実践し、海外市場への分散投資を戦略としている。発展途上国の経済成長が見込められれば、発展途上国の株式投資のウェイトを増加させる。投資判断は経済ファンダメンタルズを重視するが、流動性も重要な投資指標の1つとなる。それゆえ、投資対象は規模が大きく、流動性が確保される銘柄が主となる。他の1つは投機的短期取引を好む海外投資家であり、多くは周辺国の華僑富裕層などである。

一見、タイの株式市場は順調に拡大し、市場整備も進んでいるようにみえたが、市場の脆さを内包しながらの膨張であった。海外投資家の影響はプラスにもマイナスにも作用する。海外投資家は投資対象としてタイを選択しているが、状況次第ではタイへの投資を自在に変動させることができる。自身のポートフォリオの投資効率を求めるときには迅速な資金移動が必要である。マレーシアでは、1992、3年に株価が急騰したが、このとき、米国は金利が非常に低く、米国資金がアジア各国にシフトして株式購入に回った。迅速な資金移動のためには流動性が重んじられるので、アジア市場で取引可能な時価総額の大きい株式銘柄は限られてしまう。海外投資家の増加は流動性の高低により、市場をシグメントさせる要因になっている。

では、国内の機関投資家は育成されているであろうか。タイの機関化は1990年代に入ってもなかなか進んでいなかった。投資信託は1992年まで国営の投資運用会社が1つだけ存在していた。株式市場の活況を背景に大衆投資家を株式市場に呼びこむ手段のひとつとして、民間の投資信託運用会社が設立されたのである。設立直後の株式相場の活況により、立て続けに投信運用会社が設立されたが、その後の相場不振で運用資産は伸びなかった。

マレーシアにおける株式市場の育成はタイよりも目的が明確であり、ブミ

プトラ政策（マレーシアがマレー人の社会・経済的地位向上のために実施する優先政策）の一環として、所得格差および所有格差の是正に株式市場を利用することであった。株価上昇からマレー人に超過収益が回るように工夫されたものであった。この目的のために使用されたのが国営の投資信託である。国営投資信託はブミプトラ専用として設定されたが、運用対象が株式であるにもかかわらず、収益率は確定であり、預金金利よりもかなり高かった。このようなノーリスク・ハイリターンを実現させることが可能であったのは、マレーシアの特徴である多くの国営企業の存在である。国営投資信託は国営企業の株式を時価以下で組込むことにより、高い収益を確保した。国営企業の民営化には上場するものと持分権（会社への出資額に応じた権利）を国営持ち株会社（PNB）に譲渡するものがある。国営企業および非ブミプトラ企業の上場時には、新規上場価格が時価の2分の1以下に抑えられ、新規上場株式の30％以上がブミプトラの機関投資家および個人に割当てられる仕組みになっていた。

　国営投資信託およびEPF（被雇用者年金基金）のような年金の株式保有は長期保有で市場の価格形成をリードする機関投資家の機能は果たしていなかった。他方、民間の投資信託も急増しているが、その資産額は国営投資信託にくらべて、6分の1と少ない。さらに、そのパフォーマンスは良くない。マレーシアでは、機関投資家のウェイトが一見高いのであるが、その実態は国内機関投資家が機能しているとはいえる状態ではなかった。価格形成に関与したのは海外投資家と国内個人・法人投資家である。

(5) 東アジア金融危機における海外投資家の功罪

　証券市場の発展には機関投資家の存在が重要であるが、発展途上国には国内機関投資家は少ない。そこで、期待されるのが海外機関投資家である。

　海外投資家のベネフィット：海外機関投資家のベネフィットはグローバルな投資から得られる収益である。発展途上国の経済成長率の期待値は高く、さらに、先進国の収益率との相関が低いから、より効率的なポートフォリオが作成できる。

　海外投資家のコスト：海外投資にともなう為替変動リスクに加え、発展途

上国の株式市場での取引コストは高い。取引コストとは、株式の売買コストだけではなく、情報収集・分析コスト、流動性のコスト、決済などの市場インフラの不備から生じるリスク・コストなどである。たとえば、1997年の通貨・金融危機のときのマレーシアの株式市場規制（売却金の本国返送が不可）などもコストに含まれる。さらに、発展途上国では、海外投資家に対して、保有制限を行っているので、最良の株式数を保有することができないこともある。

海外投資家はこのようなコスト・ベネフィットを考慮したうえで、積極的に投資を行ってきた。他方、海外投資家に対して、制限を設けているものの、次第に制限を緩和させてきた途上国の株式市場であるが、途上国からみたベネフィットとコストはどうなっているのか。

途上国のベネフィット：民間企業の成長にとって重要なリスク・マネーを獲得する機会の拡大である。そのうえで、機関投資家が主体の先進国の海外投資家は非常に洗練された投資技術・戦略をもっているから、国内の株式市場の価格形成に貢献するであろうし、この結果、証券会社の整備や国内機関投資家の育成にもよい影響を与えることが期待される。発展途上国の証券市場のインフラ向上の例として、証券業界の育成・発展によい効果をもたらしたことがあげられる。従来、証券会社は単に証券売買の注文を取引所に繋ぐという消極的なブローカーとして機能していた。これでは、あらたな市場参加者を増加させることはできない。とくに、専門家である機関投資家を参加させるためには、証券会社が積極的に情報収集・分析した質の高い情報を提供しなければならない。調査部門の充実である。海外証券会社との提携などにより、国内証券会社のアナリスト業務などは飛躍的に進歩した。

さらに、海外機関投資家の行動はコーポレート・ガバナンスの向上にも役に立つことがある。日本の株式市場では、永らく高い株式持合いによって、機関投資家より法人投資家（株式持合いを目的に株式を保有する投資家）が多く、株主は企業を監視する機能を果たせていなかった。1980年代後半のバブルが崩壊した後、株式持合いは次第に弱まり、市場に放出された持合株のうち、優良株の多くが海外機関投資家によって保有された。優良株を株価上昇とともに売却してキャピタルゲインを獲得するばかりでなく、企業業績

向上に対して意見を述べる、いわゆる、コーポレート・ガバナンスへ積極的にかかわることが顕著になった。日本において、コーポレート・ガバナンスが論じられ、株主にとって企業価値を高めるために海外機関投資家は機能したのである。東南アジアにおいても、海外機関投資家が企業業績向上あるいはコーポレート・ガバナンス向上に役立った。[4)]

　途上国のコスト：多くの途上国では海外投資家に対して設けている規制は、途上国の産業・企業規模が小さく、規制がないと簡単に外資系企業になってしまうことを保護するためであった。さらに、通信産業・航空産業など国の基幹あるいは機密産業への外資進出にはより強い規制が存在している。これらの規制は機関投資家の行動制約であり、海外機関投資家の能力を引き出させていない。海外機関投資はコーポレート・ガバナンスに影響を与える行動をする一方で、資金の流入・流出が激しいという一面がある。海外機関投資家は国内個人投資家とは違う面から迅速に資金移転を行う。途上国への投資は経済ファンダメンタルだけでなく、政治的要因のウェイトも大きい。そもそも、政治的要因は経済にも大きな影響を与える。それゆえ、予期せぬ政治的ショックから逃げ出すためには流動性が重要であり、結果的に、規模の小さい流動性の低い証券投資を避ける傾向が強い。

4　中国の証券市場：国有企業の株式会社化と証券市場の機能

　社会主義国家でありながら市場経済を志向した中国は世界経済に急ブレーキがかかった現在時点で最もその存在感を高めている。中国の金融システムの発展の仕方は他の発展途上国と異なる。しかし、証券市場の発展は株式市場が債券市場より早く、急速に発展したことについては同じである。中国の証券市場の特長を機関投資家に焦点をあてて分析してみよう。その上で、中国から海外へ向けての投資においては、政府系ファンドの規模が大きくなっているので、中国では海外投資家の国内市場への影響とともに、中国の機関投資家、とくに政府系機関投資家の海外での行動が注目される。

(1) 中国株式市場の特徴

最初に、中国株式市場の特徴を上海・深圳取引所開設からみておこう。図7-2は株式市場規模を時価総額でみたものである。1995年までは市場の成長は低かったが、1995年以降急速に拡大している。時価総額は発行株式数と時価（株価）によって決まってくる。図7-3は上海の総合株価指数の推移で

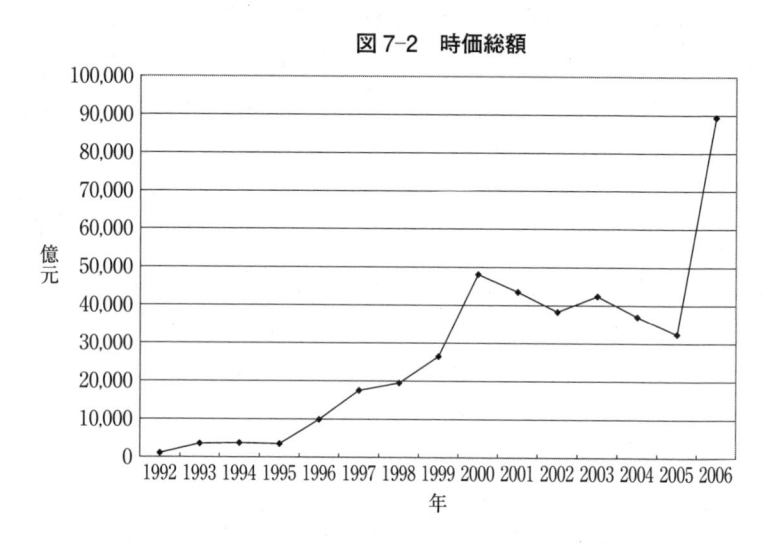

図7-2　時価総額

（億元）

図7-3　上海株価総合指数

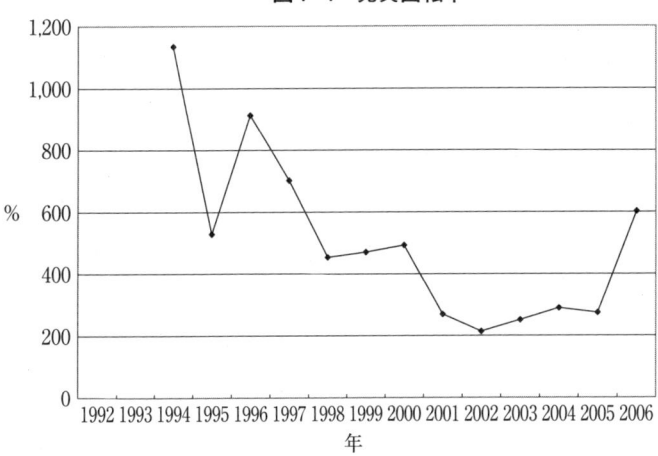

図 7-4 売買回転率

ある。2000年をピークに2005年半ばまで低迷している。2005年以降の株価上昇は次節で述べる証券市場改革の結果である。中国株式市場で最も特徴的なのは、売買回転率の高さである。図7-4でみると、1994年には回転率は1,000%という異常さがみられるが、これは平均して1ヶ月に1回の売買があるということであり、非常に短期売買であったことを示している。株式市場が低迷していた2001、2002年でも200%以上であり、市場が回復した2006年には再び600%に高まっている。中国株式市場はいまだかなり短期売買の傾向が強い。

図7-5は国内上場会社数と海外（香港）上場株式数である。国内上場株式数は順調に増加して、2006年現在1,400社を超えている。また、個人投資家が中心である国内取引所に比べて機関投資家の多い香港証券取引所への上場会社数は143社となっている。図7-6は発行株式数の推移である。2005年までは安定的な伸び率であったが、2006年に急増している。これは超大型の企業、すなわち、中国工商銀行や中国銀行という国有銀行の株式会社化、上場が実現したからである。

(2) 中国の証券市場改革

中国の証券市場の拡大・発展は社会主義国家であることから、東南アジア

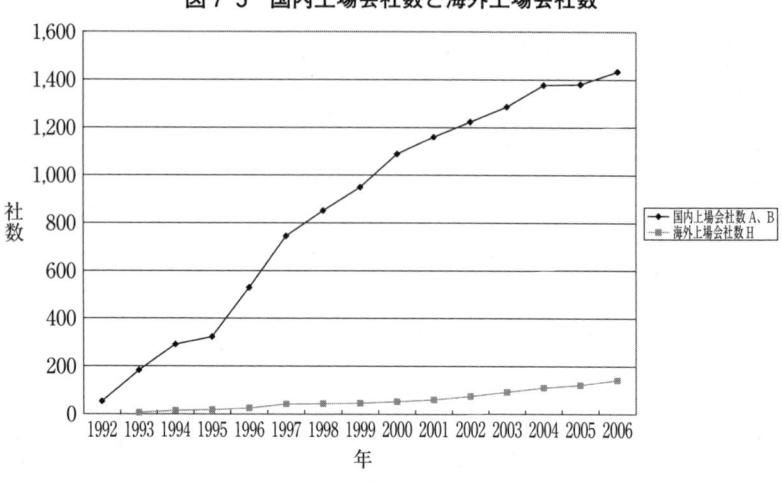

図 7-5 国内上場会社数と海外上場会社数

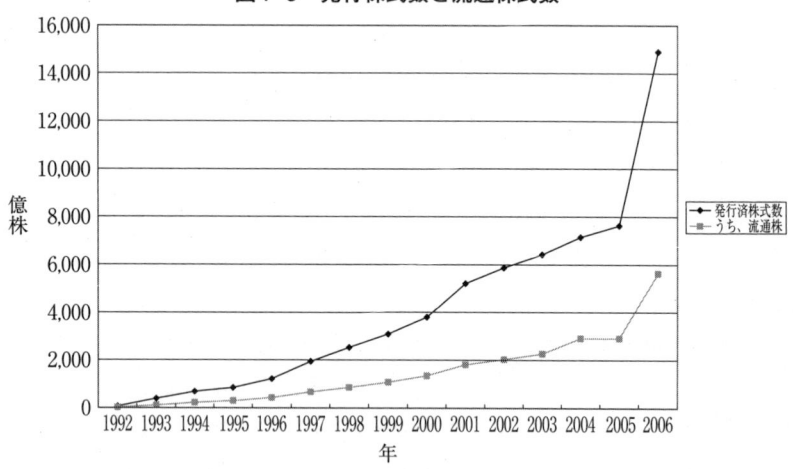

（社数、1992–2006年、国内上場会社数 A、B／海外上場会社数 H）

図 7-6 発行株式数と流通株式数

（億株、1992–2006年、発行済株式数／うち、流通株）

の発展途上国とは異なるところが多い。中国に証券市場が登場したのは、社会主義市場経済の導入が契機であった。債券の発行は1980年代前半から開始されているが、流通市場の発展は1990年代も後半であった。ここでは、より発展・拡大が速い株式市場の発展と改革をみよう。

中国で証券市場改革が加速化したのは2003年の共産党第16期中央委員会第3回全体会議からであった。「社会主義市場経済体制を改革する若干の問

題に関する決定」の中で、「資本市場と他の要素市場の発展に力を入れる。資本市場の改革開放と安定的発展を推進し、直接金融を拡大する」を明確に公表している。さらに、2004年には、国務院が「資本市場の改革開放と安定的発展の推進に関する若干の意見」を発表した。資源配分機能を発揮すること、国有経済の構造改革と戦略的再編と非国有経済の発展に資すること、直接金融の割合を引き上げることとともに資本市場に機関投資家が重要であることが述べられている。

　このような改革にもかかわらず、中国の株式市場は図7-3でみたように、2001年以降2005年半ばまで株価指数は下落し続けていた。この期間、中国経済は実質10％前後の成長率を記録していた。株価下落の最大の要因は市場で価格決定する投資家の信頼が得られなかったことであった。中国株式市場の最大の欠陥は非流通株の存在であった。中国の企業の多くは国有企業であるから、金融システムを直接金融へ誘導するためには国有企業の株式会社化および株式の公開・取引所への上場が必須である。しかし、社会主義を標榜している政府は国有企業の支配権を手放すことを躊躇しがちであった。そのため、平均的には3分の1が株式公開され流通可能な流通株であり、残りの3分の2は流通されない非流通株となっていた。

　非流通株の存在は流通株主の利益を損ない、市場価格の決定という株式市場の資金配分機能を不全にしてきた。流通株価は市場の需給で決定されるが、非流通株価は基本的に企業の純資産（簿価）から算出される。株価は本来企業が保有している資産から将来得られる収益を予想して決定されるから、両株価は異なり、流通株価の方が高くなっていた。株式時価発行に応募するのは流通株主であり、非流通株主は応募しない。時価と簿価の差を利用して得られた資金は、多くの場合、流通株主の利益にならないように使用され、さらに、非流通株主の株価が純資産から算定されているので、企業支配者である非流通株主は市場価格に関心をもたなかった。株主総会は形骸化し、公開情報は不公正で不透明であり、コーポレート・ガバナンスが機能できる余地はまったくなかったのである。

　非流通株改革としては、1999年と2001年に国有株売却を試みたが失敗した経緯があった。その原因は流通株価と非流通株価の格差を調整しなかった

ため、価格の低い非流通株の市場への放出は流通株価の下落を招いた。さらに、市場の透明性不足から投資家の不信を増大させ、非流通株改革は株式流通市場を活性化できなかった。2005年に実施された改革「上場会社の株式分断の改革実験に関する問題の通達」において、国有株売却による資金調達を目的とするのではなく、流通株と非流通株が同じ1株であっても権利・義務に格差があることから生じる欠陥を是正し、本当に同株・同権利・同株価を実現させることを狙っての改革である。これは中国語で「股権分置改革」と呼ばれている。改革は進展し、2007年7月現在で、非流通株改革が必要な株式の9割が改革終了されていると思われる。

5 中国国内証券市場におけるプレーヤーとしての機関投資家

　東南アジアの発展途上国にみられた株式市場の発展段階の初期において、投資家は個人が中心であり、短期売買、情報が不十分なための投機的売買であり、価格形成を通しての資金配分を期待することはできなかった。情報を収集・分析することが個人より効率的に行える資産運用のプロである機関投資家がほとんど機能していなかった。このような状況は中国でも同じであった。中国国内の機関投資家の動向をみておこう。なお、新興株式市場における個人投資家の多くは富裕層であるが、中国では、必ずしも富裕層ではなく、一般大衆の市場参加が盛んなのが特徴であり、これらの投資家は非常に投機的・短期的売買をしている。

　中国政府は投資信託や保険・年金などの機関投資家の市場参加を促すことによって、市場の厚みや安定性を高めることを政策的な課題とし、規制緩和や制度設計を実施している。

(1) 投資信託

　中国の投資信託は1991年10月に第1号が設立された。その後、証券会社や地方政府によってクローズド・エンド型投資信託（投資信託の作成者が買戻しを保証しないファンド）が設立され、上海証券取引所と深圳証券市場に上場された。東南アジアや日本の経験から、証券会社や政府が投資信託を運

用することは市場メカニズムにとって好ましいことではないといえる。政府が投資信託会社を設立することもマレーシアの例をみても分かるように市場システムに馴染み難い。政府系投資信託会社はリスクに応じたリターンを達成するという目標を逸脱するからである。たとえば、投資信託を利用して所得の再配分を行うことを目指したマレーシアの国営投資信託会社の運用行動は市場メカニズムと矛盾していた。また、政府系企業の株式に関して市場では得られない情報の独占化も問題となったのである。

1998年の投資信託制度の刷新により、投資信託の運用は基金管理会社に限定された。国内資本の新規参入は活発化し、また、WTO加盟後、外資合併企業の新規参入も活発化された。2002年以降の新規参入により、国内基金管理会社は22社、外資合併基金管理会社20社であり、2006年末現在57社になった投資信託の資産残高は1998年には120億元であったのが2006年には9,090億元に急増しており、2004年から資産残高は取引所上場株式の時価総額の10％ほどの規模であり、外資合併企業の資産残高のウェイトは4割となっている。日本において、投資信託普及が芳しくなかった理由の1つが悪いパフォーマンスであった。リスクを考慮したリターンが市場平均よりかなり低かったのである。この傾向を改善した要因の1つが外資系投資信託運用会社であった。中国においてもパフォーマンス改善に資産運用の経験の深い外資系基金管理会社の参入はよい影響を与えることが期待される。

投資信託の普及には投資信託の販売の役割が重要である。日本では、長いこと投資信託の普及が進まなかったが、理由の1つが販売であった。証券会社の販売目的が手数料収入であり、手っ取り早く収入を得るためには回転売買が横行していた。しかし、このような販売によって、ファンド購入者である投資家は市場から退出してしまうので、販売残高は増加しなかった。本来、長期保有が投資目的である投資信託は売買手数料より販売残高にともなう信託報酬を収入源にすべき商品である。1996年に開始された金融ビッグバンの改革の目玉の1つが投資信託の普及であり、預金から投資へという個人投資家の資金シフトを促進させることを期待したものであった。1998年末に従来証券会社のみの販売であったのが、銀行等金融機関にも販売が認められ、現在では、投信残高の半分以上は銀行経由になっている。

中国の投資信託販売は2001年に証券会社に加えて銀行の参入が認められた。証券会社の投資信託販売が不振であったからである。2005年現在で、銀行のウェイトは54％で証券会社22％、基金管理会社の直販24％を凌いでいる。民営化を進めている4大商業銀行（中国工商銀行、中国農業銀行、中国銀行、中国建設銀行）は全国に1万から2万の店舗を展開しており、投資信託の販売に積極的に取り組んでいる。投資信託というリスク商品の普及のためには充分な金融教育・金融リテラシーが課題となる。

(2) 保険会社

中国の保険は財産保険（財産損害保険）と人身保険（生命保険、健康保険、損害保険）に分類される。伸びの大きい人身保険のうちでも生命保険の伸びは高い。所得の増大や生活水準の向上、公的保障の不足などが背景にある。1949年に設立された国営の中国人民保険公司が前身であるPICCグループとチャイナ・ライフ・グループ、1988年設立の平安グループ、1991年設立の太平洋グループの保険料収入市場でのシェアが非常に高く、外資系保険会社のシェアはまだ低い。

保険会社は証券市場にとって重要な機関投資家である。1995年10月以前、保険会社の資産運用は銀行預金、国債、政策性銀行金融債といった安全資産に限定されていた。その後、運用の多様化が進められた。ただし、2006年では、リスク資産への投資比率には上限が設けられている。2007年6月の保険会社の運用資産残高は2兆3,000億元（およそ37兆円）であるが、未公開株取得を含む株式投資が11.78％、証券投資信託が7.71％である。政府も保険会社の証券市場での役割を重視し、保険資産の運用体制の改革・発展の指針・方向性を打ち出している

(3) 年金

中国の年金制度は企業と個人の自助努力を促す体系を目指して改革が進んでいる。年金は3つの柱からなっている。強制加入の基礎養老保険、任意加入の企業年金・団体保険、個人貯蓄である。証券市場との関係からみると、基礎養老保険の運用先は銀行定期預金と国債の安全資産に限定されている。

企業年金には信託方式による新たな運営スキームが導入され、確定拠出型になっている。新スキームは委託人、受託人、口座管理人、託管人、投資管理人とそれぞれの役割を明確にして運営される。企業年金は任意であるが設立条件が厳しいので現在の規模は小さいが、拡大が期待できる。年金資産の運用を請負うのは投資管理人であるが、投資管理人になるためには厳しい資格審査が課せられている。また、運用商品ごとにポートフォリオに対する上限割合が定められている。

　年金制度の最終的なセフティネットとして、全国社会保障基金が設立されている。この社会保障基金の資金は政府補助と運用収益である。基金の資産運用の特徴は民間運用機関を活用した委託運用である。基金の運用ガイドラインとして、預金・国債が50％以上、企業債・金融債が10％以内、証券投資ファンド・株式が40％以内となっている。自家運用は預金に限定されていたが、国有銀行の株式化にともなって株式を上場前に取得することが認められている。

(4) 海外機関投資家：適格外国機関投資家

　1997年に起こったタイ発の通貨・金融危機の直接の原因は外資の急速な流入・流出であり、急速に発展していたアジア各国に伝染したのである。しかし、まだ国際化の進んでいなかった中国への影響はほとんどなかった。その状況からみて、中国の金融システムの急速な国際化は得策でないと考えていた。ただ、急成長する中国経済はその牽引力として貿易においても世界から注目されていたので、中国市場の国際化は避けられない状況となってきた。2001年のWTO加盟を契機に中国経済の国際化が進展し始めた。WTO加盟は金融システムの国際化を達成しなければならなかった。

　証券市場の外国人投資家への開放は限られていた。中国株は流通株と非流通株に分けられる。流通株は流通A株（社会公衆株）と流通B株（国内上場外資株）に分けられる。前者は国内一般投資家向けに人民元で取引される株式で、上海・深圳両取引所に上場されている。後者はもともと外国人投資家向けに発行されたものであり、上海・深圳取引所に上場されたものである。額面は人民元であるが、上海では米ドル、深圳では香港ドルで取引されてい

る。このように外国人投資家は国内一般投資家と隔離された市場で売買せざるを得ず、当然、同一企業のA株とB株の株価間には裁定は生じない。

このように、従来外国人投資家がA株・A株発行企業の法人・国有株を取得することは禁止されてきた。ただし、個別に認可を受けて外国企業が国内株を保有することはあった。経済の国際化の進展にともない、外資企業の国内企業への参加やそれを通した企業経営改善などの期待から、2001年のWTO加盟を契機に外国人投資家、とくに、機関投資家に対しての制度が変化している。中国政府は外資資本を国有企業の再編に活用するための規定を公布し、外資資本の上場企業の非流通株取得による買収が可能となった。

2002年11月に、適格外国機関投資家（QFII: Qualified Foreign Institutional Investors）による国内証券市場への投資が解禁された。QFII制度の下では、証券監督委員会から認可された海外の投資信託運用会社、保険会社、証券会社、商業銀行などの機関が、国家為替管理局から認められた投資額の範囲内において中国国内の証券市場に投資することが可能になった。認可対象機関となるための条件として、財務状況が健全であること、コーポレート・ガバナンスや内部管理制度の仕組みが整っていることなどがあげられる。また、具体的な基準が投資機関別に設定されている。

中国にとって海外投資家、とくに機関投資家の参入は歓迎すべきことであるが、他方、中国企業を支配するほどの参入には警戒心をもっているので、投資限度額を設けている。限度額は1機関とQFII全体に対して設定されている。1機関の投資限度枠は最低5,000万ドルから最高8億ドル、株式については、1機関の投資は1企業の発行株式数の10％を超えないこと、また、QFII全体で20％を超えないこととなっている。さらに、国務院はQFII全体に対する限度枠をもうけていて、当初、40億ドルであったのが100億ドルに枠が拡大され、その後、300億ドルまで拡大された。

その他、投資機関および資本回収やカスディアン（有価証券を投資家に代わって保有・管理する機関）と利用証券会社についてもいろいろの規定が設けられている。認可取得状況は2006年末で52社、許可された投資枠総額は99億9,500万ドルである。

6 海外市場における中国の機関投資家・投資機関

(1) 適格国内機関投資家

2006年4月に中国人民銀行は銀行および基金管理会社に対して、対外証券投資を解禁し、さらに、すでに海外運用を行っていた保険会社に投資枠の拡大を認めた。それに加えて、中国政府は適格国内機関投資家（QDII: Qualified Domestic Institutional Investors）制度を導入した。中国で規制されてきた資金移動は2001年のWTO加盟後、徐々に流動化されてきた。また、外貨準備高の急増でその運用も国家的戦略となった。1997年の東アジアで生じた通貨・金融危機では、海外機関投資家による資金の流入・流出は大きな問題を引き起こした。中国では、海外機関投資家の高度な投資技術を利用する適格外国機関投資家制度を設置する一方で、国内機関投資家の育成を急いでいる。

(2) 政府系ファンド

中国の政府系ファンドが国際金融市場で存在感を高めている。世界的にみて、政府系ファンド（Sovereign Wealth Fund: SWF）の資金源はオイル・マネーと外貨準備金である。表7-1（金 堅敏 2008.8：p.10）は世界の主要なSWFである。中国投資有限責任公司（CIC）は6番目であり、最大のアブダビ投資庁の4分の1にも満たないが、設立間もないことを考慮すると、非常に注目されるところである。中国経済の高成長とともに輸出が急拡大し、中国政府の外貨準備高は日本を抜き、2009年9月末には2兆2,726億ドルと日本の2倍以上になっている。外貨準備高は国内の過剰流動性を引き起こすリスクをもっている。また、多額の資金を寝かせておくことは国家的損失である。世界的にみても、外貨準備高を利用した政府系ファンドが目立ち始めていて、グローバルな証券市場の新しい参入者となっている。

そもそも、SWFは純粋に収益志向の機関投資家なのか収益以外の目的、たとえば、国家の産業政策という政策的インプリケーションのもとに行動し

表7-1 世界の政府系ファンド

	ファンド	国・地域	資産（億ドル）	設立年
1	アブダビ投資庁	UAE	8,750	1976
2	政府年金ファンド――グローバル	ノルウェー	3,800	1996
3	政府投資公社（CIC）	シンガポール	3,330	1981
4	バリアス（Various）	サウジ	3,000	N.A.
5	次世代準備ファンド	クウェート	2,500	1953
6	中国投資有限公司（CIC）	中国	2,000	2007
7	テマセクホルディング	シンガポール	1,592	1974
8	オイル準備ファンド	リビア	500	2005
9	カタール投資庁	カタール	500	2005
10	Fund de Regulation des Recettes	アルジェリア	426	2000
11	アラスカ永久ファンド公社	米国	380	1976
12	ブルネー投資庁	ブルネー	300	1983
13	その他		1,714	
	総額		28,763	

（出所）*The Economist*, Jan. 19, 2008.

ているのであろうか。民間の機関投資家と同じであるならば、その資産規模からみて今後のグローバルな金融市場への影響は良くも悪くも大きいであろう。また、国家の産業政策を実現する主体として市場に参加するときには、市場の最大の機能である価格決定というメカニズムを逸脱するという危険も考えられる。

では、中国のSWFは金融市場でどのように位置づけられるであろうか。[5]

1）中国の政府系ファンド：CICの設立目的

中国の政府系ファンドは中国投資有限責任公司（CIC）が注目されているが、CIC以外にも数多く存在し、将来的にはCICと同じレベルの機関も登場するといわれている。まず、CICをみてみよう。

中国では、急速に拡大する貿易黒字や安定的に増加する対内直接投資を通して国際収支は急増し、外貨準備高は為替相場安定のために必要とされる額

をはるかに超えるほどに膨らんだ。そのため、外貨準備の過剰な分の運用が重要な課題となった。2007年にCICが100％国有の政府ファンドとして運用資産2,000億ドルから開始し、現在、3,000億ドルほどの運用資産となっているとみられている。CICは会社法に基づき設立された有限会社であり、取締役会、監査役会、運営管理委員会などのガバナンス機関が備わっている。

　CIC設立にあたり、中国政府は商業目的、独立運営、透明性の向上を3原則とすることを表明している。政府系ファンドは民間の投資ファンドと同様、リスクを分散させてリターンを高めることを目標としている。しかし、CICの投資政策は公表されていないので、政府の戦略の実施ではないかと警戒する向きもある。

2) 中国の国有投資主体：運用利益目的と政策投資目的

　中国の政府系投資機関はCIC以外にも数多くあり、このうち、最大の投資資産をもつ国家外貨管理局はローリスク・ローリターンへの投資からハイリスクへの投資（フランス系石油メジャーや英系石油メジャーの株式保有）も開始したとアナウンスされている。政府系ファンドはリスクを分散させてリターンを獲得するポートフォリオ投資以上に政治的戦略から投資先を選択しているようにみえる。アメリカのハイテク、軍需、エネルギー企業を傘下におさめることでアメリカに進出する中国企業を支援するなどである。

3) 国有投資主体と産業政策の関係

　2007年に中国の金融機関は積極的な対外M&Aを実施した。CIC、中国国家開発銀行や中国4大国有銀行である中国工商銀行、中国銀行、中国建設銀行、中国開発銀行などが海外金融機関の買収や出資をしている。さらに、国有企業の大規模な対外M&Aが金融ばかりではなく、資源・エネルギー分野、通信サービス分野などへも盛んに行われている。中国において、政府系ファンドや国有投資機関は多様ではあるが、完全にバラバラに行動しているのではなく、一定の相関関係をもっている。とくに、CICと国有金融機関との間では出資を通じて密接な関係にある（金　堅敏 2008.8：p. 20）。

4) 中国の対外投資規制

　中国の対外投資規制レジームは、国有投資機関か民営投資機関かを問わず政府関係機関の認可が必要である。海外投資の認可基準は各行政機関により違うところはあるが、どの機関でも適用されるのが『海外投資産業指導政策』であり、①急用の資源・素材、②製品・設備・技術・労務輸出を誘導する投資、③技術能力向上に有利（技術、マネジメントノウハウ、人材）が優先的分野である。

7　おわりに：金融危機後の規制改革と中国

　今回の金融・経済危機は先進国発であり、21世紀型のあらたな脅威といわざるをえない。金融市場メカニズムにあらたな金融技術を駆使した結果が世界中の金融市場だけではなく、経済全般に100年に一度といわれる危機を招いたのである。この場面で各国は政府が前面に出てきて公的資金を使用して金融機関を支え、市場の資金循環を維持せざるを得なかった。また、金融市場経由の景気後退に対しても消費喚起のために公的手段を繰り出している。

　成熟した市場経済では影が薄いはずの政府の存在感が高まり、さらに、自由競争市場を標榜してきたグローバル金融市場に規制改革を行うための国際協議が開催され、具体的な金融規制が議論されている。J. スティグリッツ教授は「市場の問題は金融機関の大きさではない。金融機関同士の（過剰な）相互依存にある。金融機関は責任を負える範囲で投資すべきだ」と日経新聞（2009.9.16の朝刊）のインタビューで述べている。

　金融市場の拡大・グローバル化は市場参加者の機関化を進展させた。サブプライム・ローン問題で明らかになったのは、市場の主たるプレーヤーである機関投資家・金融機関が取引している金融商品について情報を自分で収集・分析するということが投資対象の拡大とともに難しくなり、証券アナリストや格付け機関の資料を鵜呑みにし行動している。まさに、スティグリッツ教授のいう通りである。さらに、彼らは金融市場で最も重要な流動性枯渇による価格急落リスクを正しく認識していなかったのである。その上、安易にリスクヘッジする手段としてCDS（credit default swap：債務不履行のリ

スクを保証する金融商品）を活用してきた。結果として、機関投資家・金融機関は自己責任をはるかに超えた投資を行い、市場の混乱を招いたのである。投資家が自己規制できなければ市場として規制改革を行わざるを得ないし、G20財務相会議でも何らかの規制を行うことについては合意が得られている。金融規制改革として、具体的には、リスクの高い証券化商品の評価を厳格にして圧縮を促し、銀行の財務の健全化を高めようというものである。金融を有効に活用させるために市場システムに代わるものがない以上、市場を効率的に公平に機能させるためにはどのような規制が必要なのかが問われている。1997年の新興国危機においても国際金融改革が打ち出されたが、危機が過ぎると改革は進まなかった。その轍を踏まないような長期的な改革が必要であろう。

　では、今回の国際金融危機は世界の中で経済的に急速に高いプレゼンスを示している中国にとって、どのような意味があるのであろうか。国際金融危機が与える影響や損失に関して、中国は先進国とは明らかに異なっている。もちろん、輸出に依存している部分が多い実体経済への影響は中国でも大きいが、金融および金融システムに関しては違うのである。市場がなかったところへ市場システムを慎重に導入してきた中国において、金融機関・機関投資家の国際的な運用業務は発展途上にあり、サブプライム・ローンに端を発した金融危機に巻き込まれていない。今回の金融危機において、多くの国では、政府の出番が増加し規制が強められているが、中国はもともと市場経済に移行したとはいえ政府の影響力が強い。とくに、金融においては、政府の資金があらゆるところで機能しているのである。中国の投資機関は国家機関である割合が非常に大きいが、民間金融機関も国家機関との結びつきが強いと指摘されている。

　世界経済が順調に推移しているならば、中国の金融市場の閉鎖性に関して注文が出たかもしれない。証券市場への海外機関投資家の参加は可能になったが投資枠が存在し、政府がコントロールしている。他方、中国の機関投資家が世界市場での投資には政府資金が重要な地位をしめ、その運用は政府がコントロールしている部分が大きい。現在のような金融混迷期には、中国の慎重な行動が世界市場から批判されることは少ないかもしれない。

しかし、中国の経済力・資金力には市場を健全に運営していく上で問題・課題が指摘されよう。ポートフォリオ投資の機関投資家としての中国の政府系ファンドは当然コスト・パフォーマンスから収益を確保するべきである。商業目的である利益最大化がなされるべきであるが、CICの投資ガイドラインなどの投資政策の公表はなされていない。

また、政府系ファンドのウェイトの大きいことは、民間投資家が知りえない情報がインテリジェンス機関によって収集でき、国家保証によって低コスト資金の調達が可能になるなどの公平でない競争条件の下で有利に行動できるのではと懸念されている。中国の機関投資家の行動に市場を維持していくための十分な透明性が問われているのである。

注
1) T.Hellman、K.Murdock& J.Stiglitz (1997) 参照。
2) 寺西 (1991) 参照。
3) この項は Pakorn Vichyanond (1994) による。
4) 丸・米澤・松本 (2003) 参照。
5) 金 堅敏 (2008) 参照。

参考文献

T.Hellman、K.Murdock& J.Stiglitz (1997)「第6章 金融抑制：新しいパラダイムに向けて」青木昌彦・金 基・奥野（藤原）正寛編『東アジアの経済発展と政府の役割』日本経済新聞社。

寺西重郎 (1991)『工業化と金融システム』東洋経済新報社。

奥田英信 (1998)「第8章 開発途上国における銀行」奥田英信・黒柳雅明編著『入門 開発金融』日本評論社。

Pakorn Vichyanond, (1994) "Thailand's Financial System: Structure and Liberalization." Thailand Development Research Instistute.

今岡日出紀 (1998)「マレーシアの金融」大蔵省金融経済研究所編『ASEAN4の金融と財政の歩み――経済発展と通貨危機――』。

金 堅敏 (2008)「中国企業の海外投資戦略と政府系ファンド」『Economic Review』2008.7。

丸 淳子 (1998)「ASEAN4の資本市場の形成と展開」大蔵省金融経済研究所編『ASEAN4の金融と財政の歩み――経済発展と通貨危機――』。

丸 淳子 (1997)「機関投資家の機能」『証券経済研究 第6号』日本証券経済研究所。

丸 淳子 (1997)「国営企業の民営化と株式市場への影響」『武蔵大学論集』第45巻第1号。

丸　淳子（1997）「投資信託の経済的機能再考——香港・シンガポール・マレーシア・タイ投資信託の比較から——」『証券経済研究　第8号』日本証券経済研究所。
丸　淳子（1999）「マレーシアの証券市場の発展と課題：通貨危機と株式市場」国際貨幣研究所『マレーシアの金融問題』。
丸　淳子（1999）「証券市場の役割と問題点」日本貿易振興会アジア経済研究所『特別通商政策事業報告書：マレーシア』。
丸淳子・米澤康博・松本勇樹（2003）「東アジアにおける外国人投資家によるコーポレート・ガバナンス」、花崎正晴・寺西重郎『コーポレート・ガバナンスの経済分析』東京大学出版会。
河合正弘＋QUICK総合研究所アジア金融研究所（1996）『アジアの金融・資本市場』。
青木昌彦・金　基・奥野（藤原）正寛編（1997）『東アジアの経済発展と政府の役割』日本経済新聞社。
王京濱（2005）『中国国有企業の金融構造』御茶の水書房。
丸　淳子（2000）「東南アジアの金融危機と証券市場」『武蔵大学論集』第47巻第3・4号。
野村資本市場研究所編（2007）『中国証券市場大全』。
ジャン・ティロール（2007）（北村行伸・谷村和代訳）『国際金融危機の経済学』。
呉敬璉（2007）（青木昌彦監訳・日野正子訳）『現代中国の経済改革』。
中国証券監督管理委員会編（2009）（大和総研訳）『中国資本市場の発展』。

第8章

グローバル金融恐慌：発展途上国とインド

ジョッティ・ゴーシュ、C.P. チャンドラシェーカー[1] 著
横川信治訳

1 発展途上国に対する衝撃

(1) 恐慌の同時性

　この1年で、発展途上国とその他の新興市場は、先進国の金融市場を襲っている嵐や資本主義の中心地の不況の衝撃に、甚だしく影響されるということが明らかになった。図8-1が示しているように、過去数年間にわたる国民所得の変化には、驚くべき世界的な同時性が存在する。

　これは、世界資本主義の歴史でいくぶん異例である。この1世紀のほとんどにおいて、先進国の景気循環は、発展途上国の同時的な動きにそれほど明確に反映されていなかった。また一般的に少数の発展途上国に限られていた。現在の経済危機は、最近まで国内バブルを生みだした大量のホット・マネー流入の「受益国」であった中欧や東欧のようないくつかの地域で特に激しい。その経済危機は、アメリカ合衆国のより大規模で劇的なバブルに似ていなくもない。しかし、マクロ経済政策で最も「慎重」と広くみなされているアジアの発展途上国ですら、他国の沈滞からまぬがれることはできなかった。アジアの発展途上国のほとんどで経常収支は黒字を記録し、その成長は（少な

図 8-1 実質 GDP 成長率（％）

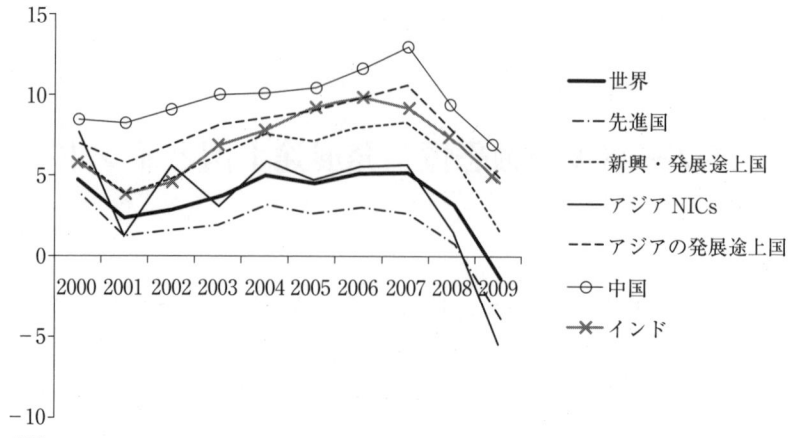

出所：IMF, *World Economic Outlook*, April 2009.

くとも多くの国で）投機的なバブルではなく輸出に基づいていた。アジアの発展途上国の中で、世界経済の代替的な成長の極になりうる独自の自律的な成長経路を持っているので、西側から「切り離されている」と当初は予測されていた中国とインドも非常に似た傾向を示している。

(2) 恐慌の伝播機構

　この急激でほとんど即時的な下落傾向の伝播は、種々の形態の経済的統合に強く関連している。その統合は、先進国と発展途上国の双方を含む世界中の政策変化によって一般的に誘発された。その結果として、先進国から発展途上国へ、一つの地域から全ての地域へと恐慌を広げるいくつかの伝播機構が形成された。このような伝播機構には、商品とサービスの輸出・資本の移動・出稼ぎと送金の型・石油や食料のような重要な必需品の世界市場価格の急激な変化が含まれている。これらは発展途上国に顕著に作用するが、その衝撃は、特にインドのように潜在的に大きな国内市場を持つ諸国では、国内の政策措置によって緩和できることを忘れてはならない。

図8-2 財とサービスの世界貿易（年変化率%）

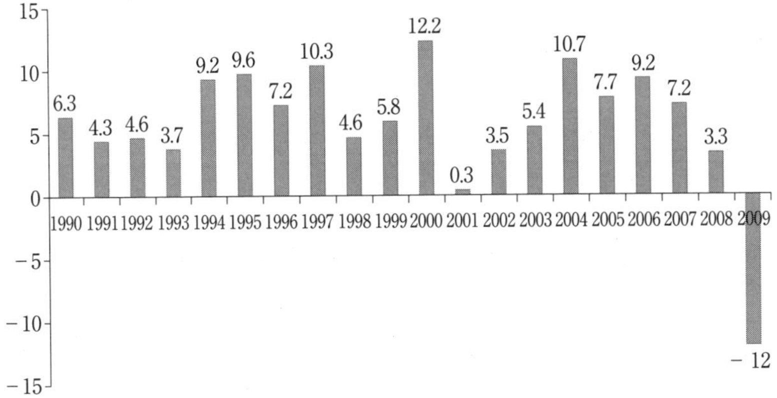

出所：IMF, *World Economic Outlook*, April 2009.

1）世界貿易

図8-2から明らかなように、世界貿易はこの恐慌によって急激に悪化した。2001年に起こった先進国の不況は、世界の輸出を顕著に減速させたが、貿易の増大は続いた。対照的に、2009年には財とサービスの世界輸出は急激に減少すると予測されている。図8-2に示されているシナリオは、楽観的な予測の一つであり、世界貿易機構（WTO）は、2009年に輸出が15%減少すると現在予測している。

この同時性は、世界貿易の様式の変化にもかかわらず、アメリカ合衆国（2次的にはEU）が他の全ての国にとって外部需要の最も重要な源泉であり続けていることに主によっている。アメリカ経済は、最終的には持続不可能であるが、高度な個人支出によるその飽くことを知らない輸入需要を通じて、世界の他の国々の成長の原動力になっている。ほとんどの国は、今やほんの10年前よりも輸出市場に強く依存しているので、輸出の急激な減少が明らかに国内経済に劇的な影響を与えているのである。

中国が世界経済成長の代替的な源泉になるという、当初の楽天的な観測は間違っていることが、この1年間ではっきりとした。2008年末から、中国の輸出は急激に減少し、国内製造業生産は停滞した。その生産チェーンに含まれる多くのアジアの発展途上国を引っ張ってきた中国の成長は、主に輸出

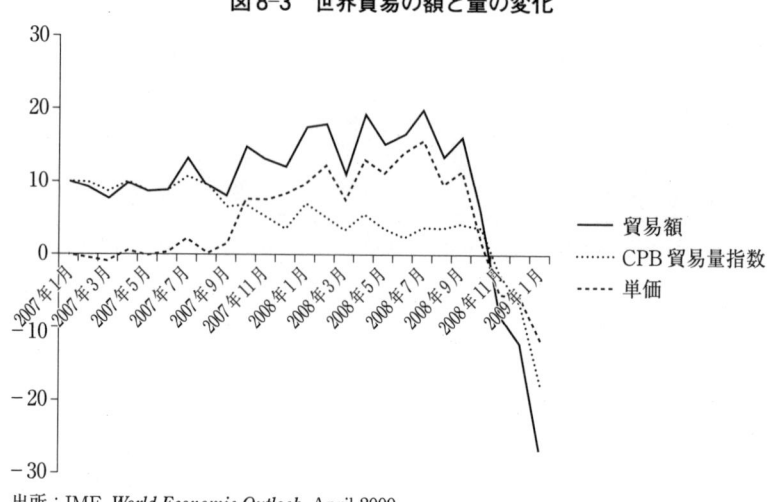

図 8-3　世界貿易の額と量の変化

凡例：
― 貿易額
⋯⋯ CPB 貿易量指数
‐‐‐ 単価

出所：IMF, *World Economic Outlook*, April 2009.

主導であった。アメリカ合衆国・EU・日本を合わせると、中国の輸出の半分以上を占める。それらの国の経済危機は、中国の輸出と経済活動の両方に必然的に影響する。中国の政策担当者は、財政政策の拡張によって国内経済に焦点を移行させることによって対応し、また他の国への貿易の多様化にも向かった。しかし、先進国おける不況で生じた不足分を補うに足る世界的な需要を生みだすには程遠い。中国の世界輸入に占める割合は、同じ規模で成長の原動力になるにはまだ小さすぎるのである。

　2008 年中ごろから世界貿易の拡大は減速し、2008 年末から減少し始めた。しかし、興味深いことはこれが価格と量の両方の減少を反映している点である。言い換えると、競争圧力は、輸出国に市場占有率を維持または拡大するために価格を引き下げることを余儀なくさせたが、それが総輸出量の回復をもたらしていないのである。その結果、貿易額は、貿易量の指数だけによって決定されるものよりもさらに急速に減少した。これは、それが発展途上国を二重の拘束に巻き込むという点で重要である。すなわち、輸出量の減少が生産と雇用に悪影響し、次に輸出の単位価格の下落がそのような輸出による所得を減少させ、国内経済に波及効果を引き起こすのである。

2) 資本移動

多くの発展途上国で輸出単価の下落が生じた原因の一つは、為替相場の下落である。これは、1930年代の世界大恐慌で起こった意識的で競争的な平価切り下げ〔近隣窮乏策〕ではない。また、当該国の貿易または経常収支の赤字によって正当化される程度でもない。むしろ、ほとんどの場合、それは流動性の高い資本流出を反映した不本意な結果である。アメリカ合衆国やEUに金融資本が逆流した結果である。これが恐慌伝播の第2の主要な機構を示唆している。すなわち、発展途上国から急激な逆戻りを示した資本移動である。この悪いニュースのほとんど即時的な流布は、部分的には発展途上国に広がった金融自由化の結果である。金融自由化は、資本市場を資本の流動性によって直接的にかつはるかに強く統合し、いたるところで新しい同じ形態の金融不安定性を生みだした。

とは言っても、流動的な金融資本が発展途上国から資本主義の先進的なコア〔中心地〕に国際的に移動することは、必ずしも経済的な「ファンダメンタル」を反映したものではない。なぜならば、現在コアの経済は、より大きな問題を抱えているからである。発展途上国への民間資本の総流入は、2008年までの5年間前例のない増大を記録した。驚くべきことは、これが金融資本の純流入を伴っていなかったことである。なぜならば、全ての発展途上地域は、資金を使うよりも外国為替準備を積み上げることを選択したからである。このため、中央銀行の安全資産への投資と、発展途上国の国富ファンドという形態で、前例のないさらにより多くの資金の南から北への逆流があった。自由な資本市場が、富裕国から貧困国へ正味の資金の移転を生みだすという考えを、完全に打ち砕く現象であった。

ところが、2008年初めから国際資本移動に変化が見られた。証券に投資された資金が、アメリカ合衆国や他の北の市場に逆流し始めた。アメリカ合衆国の証券がもはや安全ではないので、この逆流は「安全への逃避」を意味しない。むしろサブプライム・ローンやその他の北の資産市場で生じた損失をうめるためであった。また、アメリカ合衆国とヨーロッパ経済圏で信用収縮の影響が出始めたので、取引に必要な流動性を確保するためであった。これは、発展途上国への資本流入を減少させただけではなく、その証券市場の

時価を急落させた。ほとんどの発展途上国の底の浅い証券市場では、特に外国人証券投資が株価決定に重要な役割を果たすからである。2008年末までには、先進国の信用収縮は、「金融保護主義」と呼ばれる発展途上国への銀行貸し付けの顕著な減少に発展した。直接・間接に政府の管理下にどんどん入っているアメリカ合衆国とイギリスの主な銀行は、国内市場の借り手にまず貸すように命じられた。その結果、発展途上国全体として外国商業借り入れは、2008年の最後の四半期には実際にマイナスになった。

恐慌はまた、貧困国への政府開発援助（ODA）のかなり急速な減少をもたらした。ODAが景気循環増幅的であることはよく知られている。先進国の貧困国への「気前の良さ」は、先進国自体の経済状況の悪化に悪影響を受ける。しかしODAは、いずれにしてもこの20年間、最近のブーム期においてすら、全体的に減少傾向を経験してきた。実際のところ、先進国は、ほとんど実際の成長には役立たなかった大量の外国負債を返済する必要から、発展の見通しが悪くなった国に、債務削減を与えることにすら極度に吝嗇であった。G8諸国が、債務帳消しの多大な国際的圧力にもかかわらず、実質的な債務免除をほとんど与えていないことは記録に値する。また、債務救済を与えた場合には、自国に有利な宣伝のもとに、非常に重くまた被害の大きい政策付帯条件を付けて徹徹たる救済を与えた。発展途上国は、米国とその他の先進国の政府が、自国の銀行がはるかに無責任にふるまったにもかかわらず、その大銀行に与えた負債救済の速さと規模に、気付いていないわけはないのである。

資本のそのような移動の結果、世界のその他の諸国よりも早く回復しそうなアジアの発展途上国であっても、為替相場はかなり急速に下落した。図8-4は、2007年1月から名目為替相場と実質為替相場がどう動いたかを示している。アジア全体としての名目為替相場は、2007年の7―8月期の頂点と比べてかなり顕著に下落した。1年間よりもやや長い期間のうちで、12%の下落である。実質為替相場の動きはより少ない。5%の上昇とその後のほぼ同程度の下落である。動きは大きいとは見えないかもしれない。しかし、低くてさらに下がりつつある関税、非常に低い輸出の利幅という世界的な条件下では、そのような変化は輸出市場に非常に大きな変化をもたらす。アジ

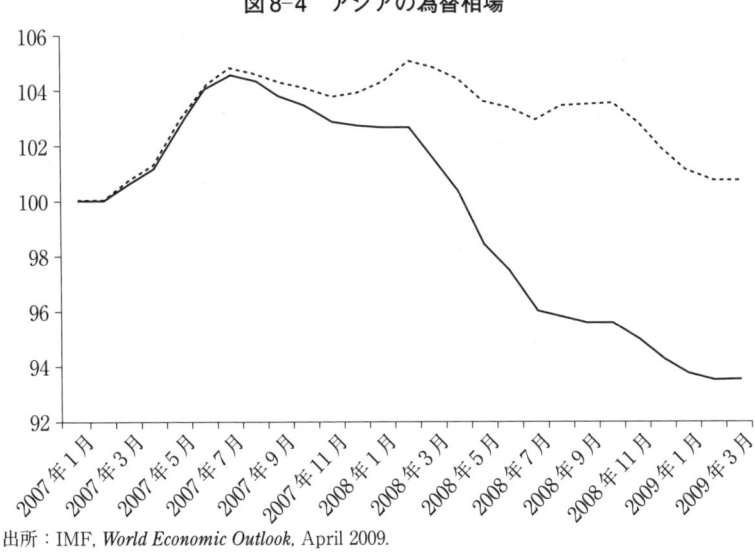

図8-4　アジアの為替相場

出所：IMF, *World Economic Outlook*, April 2009.

――― 名目実効為替相場　　……　実質実効為替相場

アを含む発展途上国は、輸出量が崩壊しているうえに為替相場が下落するという二重苦を味わっているのである。

　現在の恐慌のもう一つの有害な影響は、その最終的な採算性がすでに疑わしくなった大規模な投資プロジェクトの多くの発展途上国での延期やさらには中止であろう。これは、注文の取り消しと雇用の減少がさらに需要を減らすので、マイナスの乗数効果を持つであろう。建設分野はすでに打撃を受けている。まだ成長している経済圏でも、多くの大プロジェクトが中止されている。航空部門は大規模な淘汰中であり、すでに合併と雇用削減の傾向があったインドですらそれは歴然としている。多くの発展途上国で重要な雇用源となっている観光・接客部門は、高級・中級部門を問わずキャンセルと需要の低下に直面している。

3）出稼ぎと送金

　外国為替の主要な供給源でいずれ影響を受けるかもしれないのは、送金収入である。特に北の諸国を本拠地としている出稼ぎ労働者からの送金である。

すでに、米州開発銀行は、2008年は対内送金の実質価値が中南米で減少することが記録される最初の年であると推定している。8月のメキシコへの送金は前年度よりすでに12％減少していた。その送金は、米国を受入れ国とする労働者からのものがほとんどであり、さらに悪くなる一方である。バングラデシュ・レバノン・ヨルダン・エチオピアなど送金に強く依存している国では、その他の諸国からの送金の減少の記録もある。ところで、送金のパターンはかなり複雑であり、出稼ぎ労働者の性別に関わっている。労働の国際移動はジェンダー依存が大きい。男性の出稼ぎは、製造業と建設分野の雇用が多く、女性の出稼ぎは、（看護や家事などの活動を含む）大きくケア経済と定義されるものと「接待」などのサービス部門に集中している。この違いが送金のフローに影響を与える。男性の出稼ぎ収入は、受け入れ国の景気循環により強く結びついている。この恐慌中の北の雇用削減は、すべて男性労働者が大部分を占める建設・金融サービス・製造業に集中していた。対照的に、女性労働者が大部分を占めるケア活動は、人口統計的要因・制度的取り決め・受け入れ国の女性が家庭の外で働く程度などの景気循環以外の要素に影響される。したがって、女性出稼ぎ労働者の収入は景気循環を通じてより安定的であり、男性と同じようにすぐに増減しない。（フィリピンやスリランカのように）女性の出稼ぎの割合がかなり大きい送り出し国は、送金の減少による悪影響を受ける程度が低い傾向にある。実際、フィリピンでは、最近のほとんどのデータは送金額が年約2％の割合でいまだに少し増え続けていることを示している。これは、衝撃が全くないということを意味しないが、出稼ぎの大部分が男性である場合と比べて、悪影響が軽微で緩慢であることを意味している。

4）第一次産品価格

最近の恐慌はまた、第一次産品ブームの終わりを示している。これは、第一次産品輸出に主に依存している発展途上国にとっては悪いニュースであり、第一次産品を輸入している先進国にとっては良いニュースである。ブームの崩壊は、主に投機的な投資行為によって引き起こされた石油とその他の第一次産品価格の前代未聞の上昇に続いて起こった。たとえば、国際石油価格は

2008年の7月には1バレル当たりほとんど150ドルになったが、同年の12月には1バレル当たり40ドル以下に下落した。ブレント原油先物は、7月のほとんど150ドルから70ドル以下に下落した。第一次産品価格の重要な指標の一つであるロイター・ジェフリーズCRB指数は、12月初めには最高記録であった7月の50％以下に下がっていた。この10年間の前半に起こった金融の規制緩和は、商品先物市場における無規制の活動を許可した。それは、新タイプの金融的投機家の商品取引所への参入の主要な後押しとなり、投機活動の新しい手段となった。その結果は、2008年を通じて、食料用穀物やその他の農産物だけではなく鉱産物と石油などの重要商品が見せた過剰な不安定性である。投機的活動は、明らかにここ一年間の商品価格の不安定性の背後にある。しかし、これからしばらくは経済の大幅な景気後退のために、商品価格は下落し続けるか低水準にとどまりそうである。

　この事態は、商品を輸入している発展途上国（特に石油輸入国）に、インフレーション抑制のために一息をつく時間を与えるかもしれない。しかし、食糧危機は、発展途上国の人口のほとんど全部に猛威をふるう可能性がある。また現在の世界経済恐慌は、それを緩和するものではないであろう。2008年の重要食料品の劇的に高い国際価格は、食糧不足国の食料安全保障に悪影響を与え、現地の社会的弱者の食糧確保に打撃を与えた。金融的投機が、ここ1年の農産物を含む多くの第一次産品価格の急激な上昇の主な原因である。その後の急激な価格下落も、金融市場の変化、特に金融機関が他での損失をカバーするために流動性を必要としたことに関係している。これらの価格変化は実際の需要と供給を全く反映していなかった。と言うのは、いずれもこの1年ほとんど変化していないからである。

　そのような乱高下は、食糧の生産者にも消費者にも悪影響を及ぼした。それは、農業者に混乱した、紛らわしい、しばしば完全に間違った価格信号を送った。それが、ある局面では過剰な作付けを、他のときには耕作不足を引き起こした。また、発展途上国への国際価格の伝播は、価格が上昇するときには非常に速かったが、国際価格が下落したときには遅く、価格の逆転はまだ起こっていない。食糧の生産者と消費者は、ともに極度の価格不安定で損失をこうむった。そして唯一得をしたのは、急速な価格変化で利益を得た、

金融的投機家である。

　つい最近、重要な食料品の国際価格は下落した。しかし、一人当たり所得の低い多くの発展途上国と大部分のすでに飢えている人々にとって、それはまだ高すぎる。さらに、食糧の小売価格は、多くの発展途上国でほとんど下落していない。実際、金融恐慌は、貧しい発展途上国の政府が、その国民の要求を満たすために十分な第一次産品の供給を確保するのを一層難しくした。

(3) IMFの延命とその二重基準

　上記の要因は、全てあるいはほとんどの発展途上国に影響を与える圧力である。しかし影響は、異なったところでは異なって感じられる。特に、金融危機の伝播の程度や現地の金融恐慌の可能性は、当該発展途上国が金融自由化の過程をどこまでたどってきたかに依存している。大きな外国負債と経常収支赤字の国は、特別の困難に直面する。すでに、金融市場はクレジット・デフォルト・スァップ〔CDS、信用リスクを売買する金融デリバティブ〕の形態で、パキスタン・アルジェンチン・ウクライナのような国の債務不履行の危険性を80％以上と推計している。カザフスタンやラトビアのような場合には、銀行の高いレバレッジ〔借入率〕が債務不履行の危険性の原因である。トルコやハンガリーの場合は、非常に大きな経常収支赤字がその原因である。米国にならって金融市場の規制緩和を極限まで進めた発展途上国（たとえばインドネシア）は、最もひどく悪影響を受けているので、その国自体が本格的な金融恐慌を引き起こす可能性がある。対照的に、中国は比較的安定している。中国は、その銀行制度のほとんどをまだ国の管理下に置いていて、先進国の市場の現在の混乱の元凶である多くの金融「革新」を許していないからである。

　IMFの役割は、この変化した背景のもとでまた重要性を回復した。IMFが、特に発展途上国で、知的な信頼性を失ってしばらくたつ。その政策処方箋は、非常に異なった経済と背景を持つ問題に、画一的なアプローチを押しつけ、柔軟性にも想像力にも乏しいと広く認められている。その処方箋はまた、理論的に見ても完全に時代遅れである。それが依存している経済モデルと原理は、洗練されたヘテロドクス経済学の分析だけではなく、主流派経済

学内部でのさらなる発展によっても論駁されている。IMFによって提唱された政策は、発展途上国の経済過程の実態からも全くずれている。その結果、IMFは、タイ・韓国からトルコ・アルジェンチンまで、対策のために呼ばれたほとんどすべての新興市場の恐慌で間違ったことをしてきている。

　IMFは、私的な浪費によって引き起こされた恐慌に対して、財政黒字の拡大を求めた。また、恐慌によってもたらされた資産価格の下落に対して、高利子率と金融引き締めを強調した。さらに、経済の下方スパイラルに対して、公的支出の減少による財政縮小を要求した。景気回復を果たした国は、明らかにIMFの助言にも関らずに回復したのである。また、反対の政策を積極的に遂行することによっている場合すらある。発展途上国の政府の間には、IMFのローンはそれに付随してくるひどくお粗末な政策条件のために高くつきすぎるという認識が広がっていた。いくつかの中南米の国を先頭に、IMFのローンを早く返済することが流行のようになっていた。

　ここ数年間、IMFにその存在自体が無意味であるというさらにひどい運命が訪れていた。IMFと世界銀行は、2002年から発展途上国からの返却が新しい貸し付けを上回っていたので、資金の純受け取り手になっていたのである。発展途上国は、活気のあった民間借入と債券市場での取引に関心をむけていた。中国・東南アジア・そしてある程度はインドですら、その他の発展途上国に投資を始めたので、発展途上国は援助借款とその他の民間借款の新しい資金源を見つけたのである。したがって、IMFは近年の国際経済の舞台では実際のところ重要なプレーヤーではなかった。そしてその存在理由を疑問視されるまでになっていた。

　しかしながら、G20を含む最近の動きは、IMFをまた延命させた。資本主義のコア諸国のいくつかの政府は、IMFの強化を訴えた。IMFは、発展途上国と新興市場に緊急の場合を含めてより多く貸せるように、追加の資金を注入された。恐慌が広がり発展途上国を巻き込むにつれて、多くの発展途上国と移行経済は、緊急に流動性を得る必要に次々と迫られ、すでにパキスタン・ウクライナ・ハンガリーを含むいくつかの国がIMFに列をつくり、IMFとの合意にサインしている。しかし、そのようなIMFの強化は、現在の職員構成とイデオロギーの枠組みでは、それが付加する融資条件が発展途

上国の事態をはるかに悪化させる。IMF は、先進国と発展途上国に露骨な二重基準を適用している。先進国には、その過去の処方箋と対照的に、反景気循環的なマクロ経済政策を許している（IMF 2008 34 ページ）。しかし、自国が原因ではない今回の恐慌に巻き込まれた発展途上国には、同じ助言を全く適用できないらしい。IMF はさらに、現在の景気減速にもかかわらず、発展途上国には財政と金融を含む全ての戦線で恐慌の真っ最中でも引き締めを行う余地があると、信じている。IMF は、すでに資金を求めてきた諸国にそのような条件を押しつけている。IMF のこの明らかに不公平で潜在的に破滅的なアプローチを考えると、恐慌に影響された発展途上国のために、それほど破滅的ではない緊急融資の代替的な源泉を早急に検討しなければならない。そして、中期的にはより民主的で融通の利く国際的な金融体制を築く必要がある。

　問題の一部は、IMF の制度的な構造にある。現実が急速に変化しているにもかかわらず、IMF とその関連団体は世界経済の帝国主義的な管理をいまだに反映している組織である。今回の金融恐慌は、世界的な軍事力と影響力を持つ米国が、自国の経済モデルを世界中のその他の国のほとんどすべてに押しつけたことを起源とし、資本主義のコアで起こっている。そのため、それに付随する非常に多くの問題を含んでいる。この恐慌の深刻さは、次の数十年間の世界を形作る世界的な政治経済的変化のきっかけになりそうである。世界経済の覇権国での経済的な脆弱性の目もくらむような暴露は、地政学的な移行を結果としてもたらしそうである。米国内の大規模な救済と財政的刺激策は、米国の公共負担の大幅な増大をもたらすであろう。それはまた、アメリカ・ドルの強さの主な源泉であった、米国の軍事的支配の維持を困難にするであろう。劇はまだ途中で最終的な決着は明らかではないが、米国による世界経済と政治の支配が今や深刻に疑問視されていることと、米国が回復不可能かもしれない一撃をこうむったことは否定できない。次の 10 年間における世界の変化は、直線的でもないし方向も定まっていない。しかしながら、新自由主義の経済モデルの明らかな失敗から、地政学的または経済的な移行よりも大きな移行が起こるかもしれない。市場が最もよく知っている、また自動調整が金融規制の最もよい形態だという考えは詐欺であることが、

今や完全に暴露された。したがって、まだ実際の経済で最後まで演じ切られなければならないが、この蔓延する金融恐慌は、あまりにも長い間支配的であった経済学の枠組みに異議を申し立てるだけではなく、より進歩的で民主的な代替物で置き換える本当の機会を創造するかもしれない。

2　インド経済に対する衝撃

(1) インドのブームの原因

　米国で世界金融・経済恐慌が勃発したときに、主流派経済学者と政府のスポークスマンの一部は、中国と並んでインドは世界システムから「切り離されて」いるので、影響を受けないかもしれないと主張した。これは、インドの最近の高成長が、一人当たり所得の低さ・高い労働力率・そして扶養しなければならない学童と年金受給者の少なさを意味する人口の若さによるものである、という信念に基づいていた。さらに、「健全な」国内金融部門は、国際的金融システムからのショックに無縁であると見られていた。しかしながら、インドの最近のブームの原因を正しく認識していない点で、少なくとも部分的には、この主張は間違っている。

1) 富裕層のブーム

　最近の成長は、財政的譲歩〔減税や助成金〕と消費者信用ブームに火を付けた金融規制緩和が、人口の上から五分の一の消費に拍車をかけたことに基本的に依存している。このブームは、デフレ的財政政策・雇用増大の少なさ・および引き続く農業不況が、国民所得の賃金分配分を減少させ大衆の消費需要を減少させた状況のもとですら、総GDPの成長の増大を急速にもたらした。経済の利潤分配分のかなりの上昇と、金融活動の急増（2007-8年に不動産業と合わせてGDPのほとんど15％になった）は、資産価格の上昇と合わせて、特に都市部の富裕層と中産階級の信用による贅沢な消費を可能にした。それがまた、上昇期を通じてより大きな投資と産出量を創出した。初期の成長の主な刺激剤としての公共支出の強調は、1990年代にはエリー

トと芽生えつつある中産階級の負債による住宅投資と個人消費に置き換えられた。したがって最近のインドの成長の筋書は、同時期のいくつかの先進国と発展途上国の経験を特徴づけた、投機的バブルによる拡大の筋書と基本的に同じである。

　この進展も、2008年の中ごろまでにはその限界に近付いていた。国民の比較的少数層の負債によって刺激された消費に主に依存するGDP成長は、大衆の需要によるものより制限的で結局はより脆弱な国内市場を意味していた。輸出の増大（特にソフトウエア・IT関連サービス・幾種類かの製造品）は大きかったが、輸出は国内需要の減少傾向を相殺するほど大きくはなかった。高率の投資は、国内市場の急速な拡大と、減税や隠れた助成金の形での大量の財政的リベートへの期待によって駆り立てられていた。しかし財政的リベートはある額以上には増大しなかった。その結果、世界的な景気悪化の影響が急速な輸出の減少を通じて伝染する前に、2008年の初めにはインドの経済成長は減速し始めた。2007年4月-2008年3月の会計年度に9%だった実質GDP成長は、次の2四半期にはいずれも7.6%に減少した。工業生産は、2007年12月に頂点に達し、2008年4月には6.5%減少し、2009年1月現在まで以前の最高点のはるかに下にとどまり続けている。したがって、国内のバブルによる成長過程は、世界恐慌の衝撃がさらに強い圧力をかける前に、すでに落ち込んでいた。

　2008年の中ごろまでには、世界恐慌がインドを襲う前にすでに「富裕層のブーム」はその限界に達していた。恐慌は、製造品の輸出を減少させ、資本移動を逆転させ、状況をはるかに悪くした。資本は、インドに流入するのではなく、今や流出している。外国人証券投資の流出、外国銀行のインド企業への貸し付け減少、さらにはインドの投資家ですらその資本のより多くを外国に移動させたことによって、インドの資本勘定は悪化した。

2) 財とサービス輸出および送金の減少

　恐慌が展開するにつれて、実体経済が影響を受けた経路の一つは、直前のブームに際立って貢献した財とサービスの輸出の減速である。インドの貿易のGDP比率は、1995年の11%から2006年の23%に上昇した。もっとも、

インドの輸出増大は主にサービスに頼っている点で、ほとんどが製造品の増大による中国とは異なっている。財貿易の分野では、インドの輸出の成功は、衣料・化学・薬品・金属・工学財などの数少ない分野に限定されている。前の3分野の輸出が世界市場の活気によって成長したのに対して、後ろの2つは主に2002年からの中国の需要の増大によっている。他方、サービス分野においては、インドは2005年に世界輸出の17%を占め、コンピュータ・情報サービスの世界経済における最大の輸出国になった（WTO、RBI 2009に引用）。サービスは、全体でインドのGDPの半分以上を占める。サービスの中ではソフトウエアとIT関連サービスがその輸出とともに増大している（RBI 2009）。しかし、その輸出は、米国に61%またイギリスに18%と非常に地域的に集中している。さらに、1990年代中ごろからの、経常収支流入のもう一つの大きな貢献者である送金の割合の増大も、米国から来ている。これは、ソフトウエアとIT関連サービスを現地で供給するアメリカ就労ビザを持つ短期出稼ぎの増大を反映している。これも、主に米国といくつかの先進国で稼がれたサービス貿易の所得の一形態であると見なすことができる。

　貿易を通じるこれらの経済統合の形態を考えに入れると、世界の景気後退はインドの輸出と経済活動に直接的に影響を与えると予測するほかない。財輸出が、まず最初に影響を受けた。2008年8-9月の財輸出は、一年前のものから10%以上減少した。他方輸入額は、石油の世界価格が下落しているので、以前ほど早くはないが、増え続けていた。その結果、2008年の8月から12月の貿易赤字は363億ドル（GDPの12.6%）に拡大した（RBI 2009のデータから計算）。

　拡大しつつある貿易赤字の問題は、この時点ではまだ増大していたサービス輸出と送金の流入である程度緩和されていた。したがって、経常収支赤字は、貿易収支赤字よりもはるかに小さかった。しかし、2008年の10月から12月の経常収支赤字は、前年度の同じ時期の2倍以上（GDPの5.1%）まで拡大した（RBI 2009、中央統計局 Central Statistical Organisation 2009）。

　ソフトウエアと事務処理外部委託（以下BPO）の契約が、2年や3年のように長期契約であるため、世界恐慌とインドのサービスの純輸出への影響との間には時間差が予測される。恐慌は契約更新と新しい契約の調印に影響

を与える。総収入に対する最初の衝撃は、契約の合計に占める過去の契約の割合が多いほど少ないであろう。送金の場合には、時間差はさらに大きくなるであろう。外国で職を失った労働者は、帰国するときに貯めておいた貯金を持って帰る傾向があり、この偶発的効果は、最初は海外雇用の減少による送金の流入の減少を相殺してあまりあるからである。さらに、2008年を通じるルピーの減価は、利子率の格差の拡大もあって非居住者口座へのルピーを単位とするより多くの送金を勢いづけたようである。しかし以上のような時間差は、2009年末には解消されるであろう。2009年中ごろには、インドのいくつかのソフトウエアとIT関連サービス企業が収益増大の減速を予測し、新規雇用を減少し、労働者を一時解雇さえしだした。米国からの送金収入（送金流入の40％以上を占める）は、米国における不況の深刻さと、就労ビザ労働者の雇用とビザ発行のなりゆきによって、打撃を受けそうである。

3）資本流出と株式市場の暴落

また、資本勘定は、この20年間で初めて赤字になり、2008-9年度の最後の4半期にGDPの約1.5％の赤字になった。外国の投資家は、支払い義務を果たし母国の市場における損失を相殺するために、インドで売り越し、その資金を本国に送金した。その額は、2008年4-12月期に560億ドルにものぼった。外国の銀行はインド企業への貸し出しを止めた。インド居住者でさえ、法規が許す範囲で資金をインドから持ち出した。

直近の資本流入が、証券市場と不動産市場で投機的バブルの引き金となったように、資本流出の一つの結果は、インドの証券市場の暴落である。資本流入は、インドの株式市場で株価の前代未聞の上昇を引き起こし、不安定性を大幅に増大した。外国機関投資家（以下FII）は、常に唯一のものというわけではないが、市場を前代未聞の高さに引き上げる重要な勢力であった。図8-5でもわかるように、FIIの投資の累積とボンベイ株式市場の株価指数BSE Sensexの間に強い相関関係が見られる。

インドのような発展途上国の株式市場は、少なくとも3つの意味で厚みがない、または底が浅い。第1に、市場でほんの少しの銘柄しか活発に取引されていない。第2に、これらの銘柄に関して、売買されているのはほんの少

図8-5　外国機関投資家の証券投資の純ストック量とボンベイ株式市場株価指数

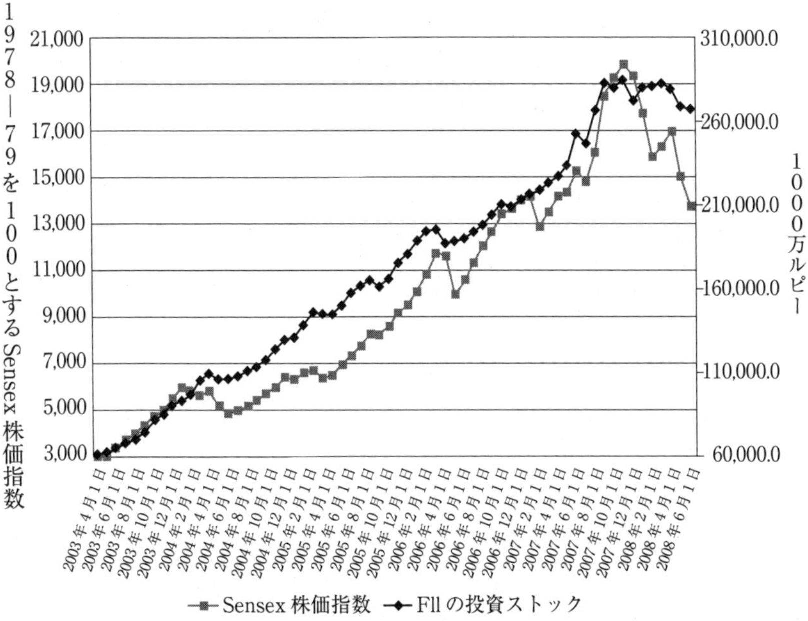

出所：Reserve Bank of India（2008, October 8），Handbook of *Statistics on Indian Economy,* Reserve Bank of India: http://www.rbi.org.in/scripts/AnnualPublications.aspx?head=Handbook%20of%20Statistics%20on%20Indian%20Economy．

しの割合であり、残りは発起人・金融機関・その他の企業支配や影響力に興味を持つものが所有している。第3に、これらの株式の売買の参加者も少ない。その最終的な結果として、投機と乱高下がそのような市場の根本的な特徴である。FIIの投資の増大は急激な価格上昇をもたらす。それがFIIの投資に追加的な動機をもたらし、最初はさらに買うことを促し、価格上昇の訂正が遅れる傾向がある。訂正は、一般的にFIIの撤退によって促され、非常に急激な価格下落の形態をとりがちである。さらに、外国資本の流入は、ルピーの相場を上昇させがちである。それが、外国為替で得られる収益を増大させるので、投資はさらに魅力的になる。どのような訂正でも起こったときには、さらに急激な下落を意味する投資の悪循環を引き起こしがちである。FIIがそのような底の浅い市場で行使できる力を発揮するにつれて、次に、

市場をさらに上昇させ、その後に適切な退場の機会をうかがう投機的投資を助長させる。この隠れた市場操作がしばしば起こると、乱高下は明らかに甚だしく増大する。そしてそのような不安定な市場では、国内の投機家も異常に高価格のときに市場を操作しようとするのである。

　これらを全て言ったうえで、2008年初めに終わる4年間は、インドの株式市場で長期の上げ相場が続いたという点で注目に値する。上げ相場は、インドの成長加速の基底であった投資ブームに、ある程度資金を供給した。FII資金の流入が顕著に増大し、株式市場が次第に上昇した2003-4年から2006-7年の間に、インドの法人部門で払い込まれた自己資本は、ほとんど3倍になった。そのほとんどは第三者割当であった。その販売は、ブームによって引き起こされた高株価によって後押しされた。株式市場では、その販売はほとんどFIIに対して行われた。

　そのような投機によって引き起こされたバブルの後に、外国人投資家の退出は株式市場暴落への逆転傾向の引き金を引いた。外国投資家は、株式市場の累積的な下落に対応し、退出し続けた。これは、株式市場の時価評価だけではなく、外貨準備ポジションと為替相場にも打撃を与えた。2008年の10-12月までには、資本収支全体が赤字になった。赤字額はGDPの1.3％と見積もられている。これは主に証券投資・銀行資本・貿易信用の流出によるものであるが、対内直接投資・短期商業借り入れによる流入も減少した。さらには、短期貿易信用の流入でさえ減少した。その結果、3カ月間に国際収支全体でGDPの6.2％にものぼる赤字が生じた。そのような状況では、2008年6月に3,160億ドルあったインドの外貨準備が、2009年の1月には2,486億ドルになったことも驚くべきことではない。これは著しい減少であるが、外貨準備の量はほぼ輸入9カ月分に相当し、いまだにかなり大きい（RBI 2009c）。

　資本流出のもう一つの結果は、ルピーの急激な減価である。2009年3月までの1年間でアメリカ・ドルに対して30％以上通貨価値は減価し、1ドル当たり51ルピー以上になった。2009年第1四半期のルピーの急激な下落は、全体としての大幅な国際収支赤字を反映している。しかし、減価は、時間の経過とともにさらなる下落を生みだし、独自の累積的な勢いを生みだした。

さらにインドの貨幣市場の奇妙な状況も、資本流出の結果である。一方での流動性の罠と他方での信用収縮の併存である。すなわち、一方では信用力のある投資家は最も低い利子率でも借りたがらず、他方では中小企業や農業者は運転資金に必要な資金さえ借りることができないありさまである。

4) 生産と雇用の減少

これらの金融条件が世界的な景気下落と合わさって、成長率のかなりの下落と、いくつかの部門での生産と雇用の減少をもたらした。雇用の大規模な調査はなかったが、2009年初めには財輸出減少の雇用への悪影響が明瞭であった。公的な調査は、繊維と衣料、金属と金属加工、自動車、宝石と装身具、建設、交通、そしてITとBPO産業において急速に加速しつつある雇用の減少を示している（Labour Bureau, Ministry of Labour and Employment, Government of India 2009）。雇用の減少は、予想されるように輸出向けの産業でより大きい。しかし、これらの調査によれば、圧倒的に国内市場向けの事業においても、雇用減少が見られることは注目に値する。労働市場における量的調整だけではなく、労働者の所得も打撃を受けている。労働人口の半分以上を占める自営業の労働者の所得減少と同様に、工業とサービスにおける労働者の実質賃金（時には名目賃金でさえ）も減少している（NCEUS 2008）。

農業者、特に価格が崩壊した輸出作物を生産している農業者は、投入財価格の上昇と借金の重みを反映して、既存の金銭問題の上にさらに増大する問題に直面している。全ての部門の小規模生産者は、需要の減少と、信用収縮の挟み撃ちに遭っている。闇金融さえも干上がっている。これらの生産者は、一般的に非公式の臨時契約で労働者を雇用するが、彼らの雇用が製造業とサービスの雇用の大部分を占めているので、小規模生産者の経済問題はただちに雇用減少に結びつく。また、在宅労働者は国内・国外市場向けの広い生産チェーンの一部を形成するが、彼らに対する調査は、急速に減少する注文と、出来高賃金の下落を報じている（AIDWA 2009）。

5) 生活条件の悪化

　恐慌のもう一つの重要な衝撃は、一般的な生活条件、ことに家計の食糧安全性に関わるものである。2008年4月から2009年3月までのインフレーション率は全体ではほとんどゼロであるが、食糧と必需医薬品の価格は上昇し続けた。その間に、失業率が上昇し、賃金収入は停滞的か下落した。また、換金作物生産者は価格下落に直面した。その結果、大衆の食糧購買力が下落した。インドの地方と後進地域では、すでに栄養失調が重要な問題になっている。今やこの問題は、食糧価格の上昇と賃金と生計指数の下落で、広がりと深刻さを増している。

　基本的な公共サービス提供の悪化は、かなりの程度まで州政府の財政危機を反映している。中央政府は、多くの州と同様に財政赤字にGDPの2%を限度とする財政責任法を可決している。州政府の場合には、そのような立法は、多かれ少なかれ中央から強制されている。中央政府は、財政責任法を負債救済の条件とし、州による負債を制限している。しかしながら、中央政府の財政的限度は、過去においても難局においては支出の項目のいくつかを予算の範囲から取り除くという、国際的によく知られている方法で一般的に維持されてきた。現在の恐慌で、その限度もかなり緩和された。

　州政府には、残念ながらそのような自由はない。インドの連邦制における州政府は、健康・教育・公衆衛生、および道路・下水・通勤交通制度等の社会資本など、住民に直接影響する公共支出のほとんどに直接責任がある。州政府は、税収が景気下落のために予測よりも減少していることに気づいている。州政府が厳しい予算制約に直面していることから、税収の減少は州政府の支出を制約し、基本的なサービスに必要な支出を増大させるどころか、減少させることになった。

6) 金融の規制緩和と不安定化

　世界恐慌は、個人消費と投資に信用が演じた役割に衝撃を与えることを通じて、インド経済に影響を与えた。インドの国内金融自由化は、国有金融機関と銀行が演じる役割を大幅に変える制度変化をもたらした。1990年代を通じて民間銀行の規制が廃止され、民間銀行は最も裕福な顧客を囲い込んだ。

それにつれて、公的部門の銀行ですら、利子収入と手数料業務からの収入を増大するために、資金調達の新しい源泉・新しい業務・新しい投資の方向を求めて、その戦略を変えざるを得なかった。その結果、銀行は保険会社と合併し、株式市場や不動産市場のような「変動の激しい」市場に参入した。これが、銀行業務の比較的急速な転換をもたらした。インドの商業銀行は、担保が無いかほとんど無い小口信用市場業務を増大した。それに伴ってその資産目録に質の怪しげな貸し付けが増大し、個人ローンの証券化が増大した。急速な信用の拡大は、銀行が短期資金に頼って長期貸し付をしていたことを意味していた。2001年から銀行預金には、短期預金の割合の規則的な上昇が見られた。（1年未満満期の）短期貯蓄の割合は2001年3月の33.2％から2008年3月の43.6％へ上昇した。他方では、5年以上満期の長期貸出の割合は、9.3％から16.5％に上昇した。これは利潤の増大をもたらしたが、この資産―負債のミスマッチの増大は、銀行が直面する流動性危機を増大させた。

　これらの変化は、経済の生産的部門により多くの信用を与えるためではなかった。むしろ小口信用が信用増大の主な原動力になった。その結果、個人向け信用は全体で2004年の非食糧信用総計の8％強から2008年には25％に増大した。特に住宅ローンは、最も早く成長した。（まだ判明していないが）そのかなりの部分はサブプライム貸し付けの可能性が高い。

　金融部門のこのような変化は、現在の恐慌がインドに影響を及ぼすさらに2つの道筋を示している。第1に、資本の国外流出によって引き起こされた金融逼迫と、今や総貸付の大きな割合を占める小口ローンの焦げ付きの恐れによって生み出される不確実性は、先進工業国で起こっているように、小口信用を凍結させ、需要を削減するかもしれない。第2に、過去の負債または雇用の不確実性の重荷を背負った個人や家計は、購買を先延ばしにし、利子支払いや分割支払い約束をそれ以上増加させないことを選択するかもしれない。このようにして信用が利用できても、信用の取引量は縮小するかもしれない。その結果信用による消費や投資需要は減少するであろう。住宅部門・自動車・耐久消費財などの分野の成長は、流動性の緩和と低い利子率によって活気づけられていた信用による購買によって後押しされていたので、これはただちに住宅・自動車・耐久消費財需要に影響する。次に、第2次的には

その他の部門の需要と経済活動の縮小をもたらす。その結果、幅広い工業、サービス、および労働市場の一部は間接的に恐慌の影響を受けるであろう。

　成長の減速は、雇用に対する効果が急激で深刻であれば、累積された過去の小口信用の不履行をもたらすかもしれない。また、金融自由化後の商業銀行の危険資産保有に対する意欲の増大は予期されていたことであるが、それによって引き起こされた投資が減少するかもしれない。両者が合わさると、不良資産の割合の増大によって、インドの銀行部門の支払い不能の本当の危機がもたらされることになる。

(2) 政府の対応

1) 金融緩和政策

　政府の最初の対応は、現在の恐慌の金融側面に焦点を当てていた。3つの主要な要素を含む最初の景気刺激策が2008年末に採用された。これには、第1に、利子率引き下げと、大企業・小企業・州政府・個人の信用機会の改善を狙った、インド中央銀行と政府の方策が含まれている。同時に、外国からの商業借り入れに残存していた制限を除去して、外国からの信用機会も強化された。FIIのルピー建ての社債への投資の天井は2倍以上にあげられた。スローガンは、「もし国内で信用が得られないまたは高ければ、海外から借りろ」のように見える。第2に、州政府と中央政府によって設立された社会資本投資基金（India Infrastructure Finance Company Limited）の資本投資（特に社会資本向け）を可能にし、増大させために、より多く借り入れさせる方策もあった。第3に、購買者とその購買に信用を供給する銀行に様々な誘因を与えることによって、自動車需要に拍車をかける試みがあった。したがって、銀行と金融機関は貸し付けを増大するように励まされ、様々な経済主体は借り入れて使うように懇請された。これには、将来の返済義務を果たすために使える外国通貨での収入を得られそうにもない、不動産のような分野での支出に、外国為替で借り入れることが含まれていた。

　もしこの政策が機能したとしても、そのような政策は、そもそも先進国で恐慌を引き起こしたものと全く同じ経済傾向を強めるだけであろう。いずれにしても、2008年の4月までにこれらの金融的手段は不十分で、どのよう

な意味でも信用状況を緩和するものではないということが明らかになった。これは、多分驚くに値しないが、部分的には流動性の罠のせいである。このような状況に特有であるが、ほとんどの信用力のある潜在的な借り手は、現在の不確実性と景気後退の予測のために借りたがらないからである。また部分的には、銀行が突然危険回避的になったためである。それは全ての信用力の弱い企業が、より厳しい需要条件に直面し、何とか経営を続けるために運転資金を必死で必要としていても、銀行信用を得ることがどんどん困難になることを意味している。

2）財政政策

　上記のような状況では、利子率を引き下げることは、たとえそれが銀行信用を利用できる人の費用を少し減少させるとしても、厳しくなる信用供給の基本的な問題を解決しない。実体経済は、強い財政的刺激策なしに、そのような金融政策でよみがえらないであろう。ケインズ派の標準的な方策である拡張主義的な財政政策以外に代替策はないということが、今やますます広く受け入れられている。財政政策はより多くの経済活動と需要を生み出し、それによって経済を停滞から引き上げることができる。それにもかかわらず、インド政府は、GDP の 0.5％以下の追加的公共支出という比較的小さな規模になった総合財政政策を公表するまでに、異常に長い時間をかけた。この政策は、様々な減税措置と組み合わされたが、その規模は GDP のたったの1％以下であった。

　2009-10 年会計年度の（中央政府と州政府を合わせた）財政赤字全体は、GDP の約 12％に増大しそうである。しかし、その多くは、直接支出と言うよりは減税と援助金の結果である。そのような価格効果を基礎とする財政措置にはいくつかの問題がある。第 1 に、減税については、もし生産者がその産出物価格を引き下げ、その価格低下が次に需要の増大を生み出した場合、あるいはそれがさもなければ廃業した企業が生き残ることを可能にした場合にのみ経済活動を支える点で影響力がある。しかし、インドの市場構造を考えるといずれも必ず起こることではないし、可能性も高くもない。世界中の政府は、経済的に不安定なときには、減税は政府の直接支出ほど活動を刺激

するのに効果的ではないことに気づいている。第2に援助金については、繊維・衣料・皮革のような輸出部門に（輸出信用の利子率を引き下げるような）輸出の誘因をさらに与えようとする方策は、主要な市場が縮小しているので、輸出需要減少の大きな損失の影響を相殺できない。

したがって、インドにおいても直接的な公共支出が、現在の景気下降に対処するのにはるかに効果的な方法である。しかしながら現在までの財政刺激策は、影響を与えるのに小さすぎ、また高い乗数効果を得られそうな支出形態に向けられていない。たとえば、州政府の資金の増大、中・下層の住宅を確保する直接的な投資、農業者の生計を改善するための介入、公共的な食糧配給制度の拡大、雇用計画と社会保障提供の拡大など、いくつかの最も重要な支出可能分野が無視されたり、放置されている。

3）金融のさらなる規制緩和とバブル再現の危険性

金融政策がインドの現在の経済問題解決のために十分でないのに対して、金融を規制する方策は、特に実体経済を不安定化させる過度のリスクテイクを防止するために、明らかに必要である。それにもかかわらず、インド政府はさらなる金融の規制緩和と既存の公的金融機関の民営化に向かっている。これは、最近の世界的な政策傾向に逆行しているように見える。特に、その戦略は、成長が急激に下降するのを防ぐために、信用バブルの萌芽を意図的に膨らませようとしているように見える。言い換えると、回復を覆すかもしれない金融崩壊への下地を作るという危険性を無視して、実体経済の回復のためにもう一度投機的バブルを引き起こそうとしているように見えるのである。しかしながら、そのような金融崩壊の危険性は認められなければならない。たとえまだ負債による恐慌は起こっていないとしても、インド経済は成長を維持するために、個人信用の急速な拡大に大幅に依存しているからである。

さらに、政府の戦略は、国内負債だけではなく外国からの商業的借り入れによる社会資本投資を推し進めている。社会資本投資は明らかに切実に必要であるが、そのような投資を外国負債に依存することは、負債スパイラルを悪化させるだけではなく、通貨ミスマッチを生み出すことになる。なぜなら

ば、社会資本事業は外国為替収入を直接的に増やすものではなく、またその輸出に対する間接的影響はプラスであろうが予測するのが困難だからである。他方では、世界的な利子率が国内的な利子率よりもはるかに低いので、企業は為替リスクを十分考慮せずに、可能であれば常に外国借り入れに頼るであろう。これは、もしルピーが急激に減価すれば、支払い能力問題を引き起こす。そこで外国資本の流出が続けば、インドの外国為替準備ポジションに重圧となるであろう。

今回の世界恐慌の教訓の一つは、大金融機関がほとんど規制されずに、危険を軽視して利潤を求めることが許されるならば、政府は結局それらを国有化せざるを得ないということである。なぜならば、それらの金融機関を破産させることが体制的な悪影響を起こすからである。新自由主義政策は、負債による民間消費と投資に頼り、また規制緩和によって国の役割を最小化した。しかし、それが引き起こした恐慌は最終的には国有化と国の資金による救済の形で解決されざるを得ない。したがって恐慌は新自由主義から撤退することを余儀なくさせるのである。インドの恐慌が展開するにつれて、インド政府が回復のきっかけとしてさらなる民間の負債による支出の奨励に頼るとすれば、また同じような結果に行き着くことになりそうである。

4) 持続可能な代替政策の提案

より持続的な回復のための代替案は、将来の成長のために全く異なった基礎に基づかなければならない。最近のインド経済の拡張が、国民の大部分の生活水準を向上させなかったことを考えると、そのような代替案の方向はかなり明白であるように見える。国内市場における大衆の消費のための生産により多くの刺激を与える財政・金融政策に基づき、賃金主導型成長を強調するべきである。金融政策では金融融合〔信用差別の撤廃〕を優先し、特に農業者と非農業部門の小規模生産者が活用できる制度金融とその他の金融サービスを拡大する。財政政策では、社会資本（特に地方で、たとえば電気・公衆衛生・舗装道路への普遍的アクセスの保障）および保険と教育への公的支出の大幅な増大は、供給制約を大幅に改善するだけではなく、乗数効果の非常に大きい雇用を提供する。農業者に対する特別な政策パッケージは、耕作

費用の上昇と非常に激しい作物価格の変動に対応するのを助け、その結果、地方経済の安定化を推進するであろう。穀物と重要農産物は、生産の誘因を害することなく価格の安定性を確保するために、有利な価格で買い上げられる必要がある。また、非食糧消費と貧困の悪化を抑制するために、広く行き渡った公的流通制度を通じて、貧困者が最低限必要な消費を維持できる価格で流通させなければならない。財政手段はまた、消費と生産両方の形態をより持続可能な方向に移行させる誘因を与えなくてはならない。そのようにして増大した支出は、現存する課税逃避の抜け道を効果的にふさげば、あまり大きな財政赤字をもたらさないであろう。

もちろん、これらのことは、不安定化を増大する資本移動や輸出入の急激な変動に、経済がさらされない場合にのみ明らかに可能である。したがって、貿易勘定と資本勘定双方のより厳格な管理は、このような戦略が成功する前提条件である。

以上見てきたように、インドの最近の高度経済成長は、基本的に世界的統合の増大〔グローバリズム〕に依存していたことが明らかになった。特に、都市部の人口の上位20％の消費ブームに拍車をかけた減税と、金融の規制緩和に依存していた。この「富裕層のブーム」は、デフレ的な財政政策・失業・農業恐慌が消費需要を減少させたにもかかわらず継続した。

法人利潤の大幅な上昇と金融活動の急拡大は、不動産と株式の資産価格の上昇と相まって、富裕層と中間層に負債による贅沢な消費を可能にした。それが、次に、上昇期により大きな投資と産出をもたらした。それゆえその結果は、同時期におけるいくつかの他国の投機的バブル主導型拡張に非常に似ている。インドではまた、株価が理由もなく上昇したことに見られように、投機によるバブルが生じた。バブルはいずれにしてもいつかは破裂するものであるから、それが成長過程を国内と外国に起源を持つ危機に対して脆弱にしたのである。

注

1）Centre for Economic Studies and Planning, School of Social Sciences, Jawaharlal Nehru University, New Delhi India 110067.〔　〕内には訳者による補足を示す。

引用文献

AIDWA (2009) *Women in home based work*, New Delhi: All India Democratic Women's Association, 2009.

Central Statistical Organisation, Government of India. 2009. Estimate of Gross Domestic Product for the Third Quarter (October-December) 2008-09. Press Information Government of India, 27 February 2009, http://mospi.nic.in/PRESS_NOTE-Q3_27feb09.pdf. から入手可能.

Chandrasekhar, C. P. (2008) "Global liquidity and financial flows to developing countries: New trends in emerging markets and their implications", *G24 Working Paper*, Geneva: UNCTAD.

Chandrasekhar, C. P. and Jayati Ghosh (2004). *The market that failed: Neoliberal economic reforms in India*, New Delhi: Leftword Books, Second edition.

Chandrasekhar, C. P. and Jayati Ghosh (2006) *Tracking the macroeconomy, Volume I: The Indian economy*, Hyderabad: ICFAI University Press.

Chandrasekhar, C. P. and Jayati Ghosh (2007) "Recent employment trends in India and China : An unfortunate convergence?" in *Indian Journal of Labour Economics*, http://www.macroscan.org/anl/apr07/anl050407India_China.htm から入手可能.

Committee on Financial Sector Assessment (CFSA) (Government of India and Reserve Bank of India) (2009), *India's Financial Sector: An Assessment, Vols. I to VI*, Foundation Books: New Delhi.

Labour Bureau, Ministry of Labour and Employment, Government of India. (2009). *Report on Effect of Economic Slowdown on Employment in India (October-December 2008)*. Chandigarh: Labour Bureau.

National Commission for Enterprises in the Unorganised Sector (NCEUS) (2008) "The Global Economic Crisis and the Informal Economy in India: Need for urgent measures and fiscal stimulus", New Delhi: Government of India, National Commission for Enterprises in the Unorganised Sector: http://nceus.gov.in/Global_Economic_crisis.pdf から入手可能.

Reserve Bank of India (1997-2008), Basic Statistical Returns of Scheduled Commercial Banks in India, Mumbai: Reserve Bank of India, Various Issues. Reserve Bank of India: http://www.rbi.org.in/scripts/AnnualPublications.aspx?head=Basic%20Statistical%20Returns から入手可能.

Reserve Bank of India (2008, October), Handbook of Statistics on Indian Economy, Reserve Bank of India: http://www.rbi.org.in/scripts/AnnualPublications.aspx?head=Handbook%20of%20Statistics%20on%20Indian%20Economy から入手可能.

Reserve Bank of India. (2009, March). *India's Foreign Trade: 2008-09 (April to December)*. Reserve Bank of India Bulletin, 495-07.

Reserve Bank of India. (2009a, March). India's Overall Balance of Payments in Dollars. Reserve Bank of India: http://rbidocs.rbi.org.in/rdocs/Bulletin/DOCs/T43_TradeBal.xls から入手可能.

Reserve Bank of India. (2009b, March). Foreign Investment Flows. Reserve Bank of

India: http://rbidocs.rbi.org.in/rdocs/Bulletin/DOCs/T46_TradeBal.xls から入手可能.

Reserve Bank of India. (2009c, March). Foreign Exchange Reserves. Reserve Bank of India: http://rbidocs.rbi.org.in/rdocs/Bulletin/DOCs/T44_TradeBal.xls から入手可能.

Reserve Bank of India. (2009d, March 19). International Investment Position (IIP) of India as at the end of September 2008. Reserve Bank of India: http://rbidocs.rbi.org.in/rbiadmin/scripts/BS_PressReleaseDisplay.aspx?prid=20357 から入手可能.

Reserve Bank of India. (2009e, March). Outward Remittances under the Liberalised Remittance Scheme. Reserve Bank of India: http://rbidocs.rbi.org.in/rdocs/Bulletin/DOCs/T46A_TradeBal.xls から入手可能.

Reserve Bank of India. (2009f, March). *Invisibles in India's Balance of Paymenr: An Analysis of Trade in Services, Remittances and Income. Reserve Bank of India Bulletin*, 393-434.

Subbarao, D. (2009), *Impact of Financial Crisis on India: Collateral Damage and Response. Reserve Bank of India Bulletin*, March.

Task Force for Diamond Sector (2009), Report of the Task Force for Diamond Sector, Ahmedabad Reserve Bank of India: http://rbidocs.rbi.org.in/rdocs/Publication Report/docs/TFF0603.doc accessed 24 March 2009 から入手可能.

The Economic Times (2009 26 April), "IT companies find the going tough", *The Economic Times*, 26 April 2009, page 2.

World Bank (2008) "Remittances may buoy developing countries caught in financial crisis", November 24, World Bank: http://web.worldbank.org/WBSITE/EXTERNAL/NEWS/0,,contentMDK:21996712~pagePK:64257043~piPK:437376~theSitePK:4607,00.html から入手可能.

索引

欧文

ASEAN　13, 14, 127, 130, 133, 136, 143, 157
BPO（事務処理外部委託）　42, 247
BRICs　i, 130～133, 157
FDI（海外直接投資）　7, 12, 180, 181, 183
FII（外国機関投資家）　7, 206, 212, 213, 223～225, 248, 254
IMF　25, 242～244
ITT政策（産業・貿易・技術政策）　13, 23, 31
JIT（ジャスト・イン・タイム）　117, 119, 120
NIEs　13, 127, 130, 133, 136, 141, 143, 157
ODA（政府開発援助）　156, 157, 238
OJT（オン・ザ・ジョブ・トレーニング）　122
TQC（全社的品質管理）　118～120
WTO加盟　99, 178, 180, 190, 221, 223

ア行

アジア通貨危機　24, 25, 32, 145, 163, 166, 170, 178, 188
アジア・ボンド市場　170, 194
イトーヨーカ堂　112, 118
インディラ・ガンジー　140～142
インド
　——のIT　42, 43, 128～130, 142, 150, 152, 157
　——の金融規制　256
　——の五カ年計画　133, 137, 140, 144
　——の国際収支危機　143, 157
　——の雇用なき成長　151, 157
　——のサービス業　42
　——の産業争議法（IDA）　140, 141, 151, 152
　——の資本流出　253
　——の社会資本　38, 256
　——の証券市場　238, 248
　——の人口ボーナス　41, 132, 157, 245
　——のソフトウェア　128～130, 146, 147, 149, 247

──のヒンドゥー成長率　133
　　──の富裕層のブーム　245, 246
　　──のルピー　250
エージェンシー・コスト　208

カ行

改革の順序（sequencing）　179
海外資本流入　180〜182, 191
外貨準備　170, 172, 174, 175, 177, 185〜190, 237
為替相場　23, 50, 237, 238
　　──の不整合　14, 24, 32
過剰流動性問題　174, 178
雁行型発展　iii, 9, 11〜16, 31, 46
キーパーソン　122, 123
キャッチアップ　2, 11
機関投資家　200, 203, 206, 220
基軸通貨　169, 174
金本位制（固定ポンド本位制）　18, 20, 21
金融サービス貿易の自由化　190, 191
金融システムのグローバル化　199, 203
金融自由化　184, 185, 237, 242, 252
グリン、アンドルー　1, 28, 57
グローバリーゼーション（グローバル化）　10, 26, 27, 127, 128, 143, 145, 157
ケインズ
　　──の流動性の罠　28, 29, 255, 256
　　──の財政政策　30, 255
経済ファンダメンタルズ　207, 210, 212
現地化　116, 122
コーポレート・ガバナンス　214, 215, 219
交易条件　4, 46, 48
購買力平価為替相場　40, 54
構造変化　45, 49, 59
後発性の優位論　12, 14, 15
国際金融（通貨体制）のトリレンマ　iv, 19, 20, 163, 164, 190
国際金融危機　199, 200
国際通貨協力　20, 22, 24
国富ファンド（政府ファンド）　189, 190, 225, 237

構造的恐慌　26, 30
雇用側の交渉力　53
混合経済　138, 157

サ行

サブプライム・ローン　204, 237
　——危機　30
参加型経営　119, 120
産業構造の高度化　9, 31
産業予備軍　8
ジェネラルモータース（GM）　109, 110, 118
事実上のドルペッグ制　166, 174, 186
市場為替相場　40, 63
システミック恐慌　27
資生堂　112
資本規制　164, 166, 178〜180, 184, 189, 190
資本収支危機　163, 179
従属人口指数　41
循環的恐慌　26, 27
証券化　204
証券の流動性　209, 228
職能資格制　114
食糧危機（食糧安全保障）　241, 242, 252
奨励金　114, 116
新興国　127, 128
新自由主義　2, 3, 10, 257
スティグリッツ、J.　228
スマイル・カーブ　73
スミス、アダム　3
成果主義　115, 116
生産年齢人口　131, 132
世界中央銀行　18, 21, 31
石油価格　47, 241
全員契約制　115
相対的剰余価値　5, 7, 12

タ行

ダイナミック産業　6～8
脱工業化　50, 59
多品種小ロット　117
多面的な技能　118～120, 122
単位費用　45, 51
単位労働生産額　6, 7
単品管理　117, 119, 120
チャン、ハジュン　3
中国
　　――の改革開放　14, 66, 68, 80, 85, 98, 103
　　――の「外資投資ガイドライン」　74, 75
　　――の「革新創造国家」　74, 79
　　――の国有4大商業銀行　186, 191, 192
　　――の「世界の工場」　43, 68, 85
　　――の三大三小二微　108, 109
　　――の社会主義的市場経済　99
　　――の珠光デルタ　98
　　――の自力更生　108
　　――の人民元　15, 16, 32, 85, 86～88
　　――の「走出去」　81
　　――の長江デルタ　99
　　――の南巡講話　99, 105
　　――の利潤率　53, 54, 57
中国投資有限責任公司（CIC）　225, 226
長期雇用　115, 119, 120
貯蓄率　170, 185, 186
賃金のラチェット効果　9, 32
通貨と満期のダブル・ミスマッチ　188
通貨バスケット制度　167, 168, 174
デカップリング論　30, 97, 235, 245
出稼ぎ労働者　240, 248
適格海外機関投資家（QFII）　224
適格国内機関投資家（QDII）　225
特化　4, 5, 9, 12, 50
動学的比較優位　iii, 8, 9, 11, 31
特別利潤　5, 12

投資信託 212, 213, 220
トヨタ 110, 118

ナ行

日本人出向者 112, 113, 120〜122

ハ行

海爾（ハイアール） 106, 116
配置転換 118, 119
覇権 18, 26, 59
バブル 24, 27, 233, 246, 248, 250, 256
比較優位 iv, 4, 9, 45, 50
東アジアの奇跡 2, 3
非居住者インド人（NRI） 143, 154, 157
品質の作り込み 119
フォルクスワーゲン（VW） 109, 110
フォワード・ディスカウント 175, 194
不胎化介入 174, 178, 179
双子の黒字 174, 187
プラント輸出 98, 104
ブレトン・ウッズ体制（固定ドル本位制） 21
プロダクト・サイクル説 11
ヘッジファンド（私募ファンド） 204
ペティー＝クラークの法則 149
変動ドル本位制 22, 23
貿易依存度 16, 43, 44
ポートフォリオ 212, 213, 223
ボーモルのコスト病 8, 16, 31, 56
保護主義 3, 6, 10
ポスト工業化 71, 72

マ行

ミンスキー、ハイマン 28

ラ行

輸入代替工業化　11, 136, 137, 157
ライセンス・ラジ　141, 142, 145
リカード、デービッド　3, 4, 6, 9, 10, 50
利潤圧縮型恐慌　26, 57
利子率のラチエット効果　29, 30, 32
リスクとリターン　221
リスクの社会化　10
リスト、フリードリッヒ　3
流通株と非流通株　219, 223
ルイス型工業化　15, 16
ルーカス・パラドックス　185

■執筆者紹介

横川　信治（よこかわ・のぶはる）
1950年生まれ。東京大学大学院経済学研究科を経てケンブリッジ大学卒（Ph. D.）。アメリカン大学（ワシントンDC）客員教員等を経て、現在武蔵大学教授。専攻は政治経済学。著書に『価値・雇用・恐慌－宇野学派とケンブリッジ学派』（社会評論社）、『マルクスの逆襲』、『進化する資本主義』（以上、共編著、日本評論社）、*Capitalism in Evolution*（共編著、Edward Elgar）等が、訳書にボブ・ローソン著『構造変化と資本主義経済の調整』（共編訳、学文社）、アンドルー・グリン著『狂奔する資本主義——格差社会から新たな福祉社会へ』（共訳、ダイヤモンド社）、ハジュン・チャン著『はしごを外せ——蹴落とされる発展途上国』（監訳、日本評論社）等がある。

ボブ・ローソン（Robert Eric ROWTHORN）
1939年生まれ。オックスフォード大学で数学と経済学、カリフォルニア大学バークレー校で科学方法論を学ぶ。1966年からケンブリッジ大学で経済学を教え、1991年に正教授に就任。現在、同大学名誉教授、同大学キングス校フェロー。1970年代のマルクス・ルネッサンスでは代表的な論客。経済成長・構造変化・国際収支に関する多くの著作がある。著書に『現代資本主義の論理』新地書房、『構造変化と資本主義経済の調整』学文社、*De-industrialisation and Foreign Trade*, Cambridge University Press などがある。IMF、UNCTAD、ILOを含む多くの国際機関とイギリス政府のコンサルタントを務める。

苑　志佳（えん・しか）
1959年　中国河北省保定市に生まれる。1984年（中国）対外経済貿易大学国際貿易学部卒業。1998年東京大学大学院経済学研究科博士課程修了。経済学博士。現在、立正大学経済学部教授。『中国に生きる日米生産システム——半導体生産システムの国際移転の比較分析』（単著、東京大学出版会、2001年）。『現代中国企業変革の担い手——多様化する企業制度とその焦点』（単著、批評社、2009年）他。

板垣　博（いたがき・ひろし）
1947年　松江市に生まれる。1971年横浜国立大学経済学部卒業。1978年東京大学大学院経済学研究科博士課程単位取得退学。現在、武蔵大学経済学部教授。*The Japanese Production System: Hybrid Factories in East Asia*（編著、The Macmillan

Press, London, 1997年)、『ケースブック国際経営』(共編著、有斐閣、2003年)、『中国における日韓台企業の比較研究』(編著、ミネルヴァ書房、2010年)

二階堂　有子（にかいどう・ゆうこ）
1975年　栃木県に生まれる。1997年埼玉大学経済学部卒業。法政大学大学院社会科学研究科経済学専攻博士課程単位取得退学。東京大学社会科学研究所助手を経て、現在、武蔵大学経済学部准教授。著書に、"Technical Efficiency of Small Scale Industry: Application of Stochastic Production Frontier Model" *Economic and Political Weekly*, Vol.39 No.6, 2004)、「対外自由化と経済成長：輸出促進を通じて「雇用なき成長」からの脱却へ」(小田尚也編『インド経済：成長の条件』アジア経済研究所2009)、他。

大野　早苗（おおの・さなえ）
1993年一橋大学商学部卒業。同大学大学院商学研究科博士課程修了。博士（商学）。現在、武蔵大学経済学部准教授。"Exchange Rate Regimes in East Asia after the Crisis: Implications from Intra-daily data" *Seoul Journal of Economics* Vol.16 No.2（共著）、"Post-crisis exchange rate regimes in ASEAN: A New Empirical Test Based on Intra-daily Data" *Singapore Economic Review* Vol.53 No.2（共著）、「アジアの住宅市場における海外資本流入の影響：為替政策と資本規制の観点からの考察」『武蔵大学論集』第57巻第1号、他。

丸　淳子（まる・じゅんこ）
1941年　東京に生まれる。1964年青山学院大学経済学部卒業、(財)日本証券経済研究を経て、1991年武蔵大学経済学部金融学科教授、現在に至る。『株式市場』(共著、東洋経済新報社、1984年)、『証券市場第2版』(新世社、1998年)、「東南アジアの金融危機と証券市場」『武蔵大学論集』(第47巻第3・4号、2000年)、「東アジアにおける外人投資家によるコーポレート・ガバナンス」花崎正晴・寺西重郎編著『コーポレート・ガバナンスの経済分析』(共著、東京大学出版会、2003年)、他。

ジョッティ・ゴーシュ（Jayati Ghosh）
1955年生まれ。デリー大学、ジャワハラル・ネルー大学（JNU）で経済学を学んだあと、ケンブリッジ大学でPh.D.取得。1987年からJNU経済研究・計画所で経済学を教え、1998年に同大学教授に就任。グローバリーゼーション、国際貿易・

金融、途上国の雇用、マクロ経済政策、ジェンダー、インドと中国の発展に関する多くの著作がある。著書に、*Work and well being in the age of finance*, Tulika Books, *Tracking the macroeconomy*, ICFAI University Press, *Never done and poorly paid: Women's work in globalising India*, Women Unlimited, *After Crisis: Adjustment, recovery and fragility in East Asia*, Tulika Books などがある。ヘテロドクス開発経済学の国際的ネットワーク IDEAS の中心メンバーであり、インド首相の教育諮問機関のメンバーでもある。

チャンドラシェーカー　C. P.（C. P. Chandrasekhar）
1954 年生まれ。マドラス大学で経済学を学び、1981 年ジャワハラル・ネルー大学（JNU）で Ph. D. 取得。1979 年から JNU 経済研究・計画所で経済学を教える。1997 年に同大学教授に就任。金融、工業化、途上国における金融・財政・産業政策に関する多くの著作がある。著書に、*Crisis as Conquest: Learning from East Asia*, Orient Longman, *The Market that Failed: Neo-Liberal Economic Reforms in India*, Leftword Books, *Promoting ICT for Human Development: India*, Elsevier などがある。IDEAS の中心メンバーであり、*Frontline* と *Business Line* のコラムニストでもある。

編　者

横川　信治（よこかわ・のぶはる）
板垣　博　（いたがき・ひろし）

中国とインドの経済発展の衝撃

2010年3月23日　第1版第1版発行

編者　横川信治
　　　板垣　博

発行者　橋本盛作

〒113-0033　東京都文京区本郷5-30-20

発行所　株式会社　御茶の水書房

電話 03-5684-0751

Printed in Japan

印刷・製本　シナノ印刷（株）

ISBN978-4-275-00870-1　C3033

現代資本主義のダイナミズム Marxian Political Economy I	伊藤誠編	A5判・二二〇〇円
資本主義経済の機構と変動 Marxian Political Economy II	伊藤誠編	A5判・二五〇〇円
マルクス理論研究	小幡道昭・青才高志 清水敦編	A5判・二九〇〇円
経済学史研究の課題	櫻井毅編	菊判・四〇〇〇円
東アジア市場経済：多様性と可能性	山口重克編	A5判・二五〇〇円
中国農村経済と社会の変動	中兼和津次編	菊判・八四〇〇円
中国国有企業の金融構造	王京濱著	A5判・三六〇〇円
現代中国の政府間財政関係	張忠任著	A5判・五二〇〇円
現代中国税制の研究	曹瑞林著	A5判・五八〇〇円
中国の企業統治システム	唐燕霞著	A5判・六二〇〇円
東アジア社会・経済制度の現状と課題	保住敏彦編著	A5判・三一四〇円
東アジアのビジネス・ダイナミックス	伊藤正一編著	A5判・二七〇〇円
アジアの通貨危機と金融市場	今井譲編著	A5判・二八四〇円

御茶の水書房
（価格は消費税抜き）